政治发展比较研究丛书·专题系列

中国社会科学院创新工程学术出版资助项目

东亚五国政治发展的权力集团研究

著　周方冶　郭　静　周石丹
　　唐　慧　郭继光　李永春

Why Rising and Falling:
the Inspection of Ruling Power Groups
in Five East Asian Countries

中国社会科学出版社

图书在版编目(CIP)数据

东亚五国政治发展的权力集团研究／周方冶等著．—北京：
中国社会科学出版社，2016.1
（政治发展比较研究丛书）
ISBN 978 - 7 - 5161 - 7426 - 5

Ⅰ.①东…　Ⅱ.①周…　Ⅲ.①政治—研究—东亚
Ⅳ.①D731

中国版本图书馆 CIP 数据核字(2015)第 309477 号

出 版 人	赵剑英
责任编辑	王　茵
特约编辑	王　称
责任校对	王佳玉
责任印制	王　超

出　　　版	中国社会科学出版社
社　　　址	北京鼓楼西大街甲 158 号
邮　　　编	100720
网　　　址	http://www.csspw.cn
发 行 部	010 - 84083685
门 市 部	010 - 84029450
经　　　销	新华书店及其他书店

印刷装订	三河市君旺印务有限公司
版　　　次	2016 年 1 月第 1 版
印　　　次	2016 年 1 月第 1 次印刷

开　　　本	710×1000　1/16
印　　　张	17.25
插　　　页	2
字　　　数	291 千字
定　　　价	59.00 元

凡购买中国社会科学出版社图书，如有质量问题请与本社营销中心联系调换
电话:010 - 84083683

本书作者简介

周方冶，男，中国社会科学院亚太与全球战略研究所副研究员，博士，主要研究领域包括东亚政治转型研究、泰国政治与社会研究等，发表学术论文 50 余篇，出版学术著作 3 部，主持国家社会科学基金项目 1 项，主要成果有《王权·威权·金权：泰国政治现代化进程》《列国志·泰国》等。

郭静，女，中国社会科学院政治学所比较政治研究室副主任、副研究员，博士，主要研究领域包括政治发展比较研究、政党政治、政治社会运动、社会保障制度比较研究等，主要成果有《政党轮替的政策价值：英国社会保障政策的政治分析》《争取权力和扩大权利：政治发展进程中的社会运动》等。

周石丹，男，中国社会科学院政治学所博士，主要研究领域包括比较政治研究、日本政治发展、日本国会与政党、日本政治与外交决策等，主要成果有《国外公职人员财产申报与公示制度》《自由威权多元：东亚政治发展研究报告》《草根经济与民主政治》《农政学的一个课题：日本农业保险制度》等。

唐慧，女，解放军外国语学院印度尼西亚语教授，博士，中国非通用语教学研究会理事，主要研究领域包括印度尼西亚社会与文化、华侨华人问题研究等，发表学术论文 30 余篇，主要成果有《印度尼西亚历届政府华侨华人政策的形成与演变》《印度尼西亚研究》《马来古典文学史》《印度尼西亚概论》《文莱文化概论》《马来西亚文化概论》等。

郭继光，男，中国社会科学院亚太与全球战略研究院博士，主要研究领域包括比较政治研究、东南亚政治与国际关系、中国企业对东南亚国家的直接投资及影响等。

李永春，男，中国社会科学院亚太与全球战略研究院博士，主要研究领域包括东北亚国际政治、朝鲜半岛问题等，发表学术论文十余篇，出版学术著作两部，主要成果有《日本和朝鲜封建政权改革比较（1850—1860 年代)》《韩国人心目中的中国形象》等。

代序言：中国的崛起需要深入了解他国

《东亚五国政治发展的权力集团研究》，是国内政治学者与国别问题专家共同努力的学术创新成果，为政治发展的比较研究提供了一个新的研究范式，有助于我们更好地理解和把握政治发展的脉络、规律与趋势。

那么，为什么要深入研究亚洲国家的政治发展？为什么要以国人未曾有过的方式研究外国政治问题？原因在于，当代中国学者要为国家崛起而了解世界。这也正是几十年前美国学者做过的。

美国在第二次世界大战当中及战后崛起为世界头号强国，美国学术界是当代政治学的执牛耳者，第二次世界大战以后最重要的政治学成果基本上出自美国。鲁思·本尼迪克特的《菊花与刀》应算是战后比较政治学的开篇之作。第二次世界大战临近结束的时候，为占领日本和战后管制日本做准备，美军需要了解日本的国情与文化。当美、日海军在太平洋上激战正酣之际，美国政府邀请人类学家鲁思·本尼迪克特对日本历史、国情和文化进行研究。本尼迪克特很快写出了那部后来闻名遐迩的研究报告，实际上是一本日本占领手册。本尼迪克特是一位优秀的学者，自然善于总结、提炼和概括，后来她把那本"占领手册"提炼成了一部学术著作，就是那本被誉为文化心理学与现代日本学杰作的《菊花与刀》。此后，为实现其全球战略和建构、管控世界秩序的需要，美国政府策动，由美国军方和情报部门出面，组织、资助美国学术界对当时美国面对的一系列涉及社会治理与国际战略的重大问题进行研究。塞缪尔·亨廷顿和曼瑟尔·奥尔森等众多学者的研究与学术工作，就是在这样的背景下开始的。亨廷顿在研究了一批发展中国家工业化进程中的社会转型进程之后，对于工业化进程中发展中国家的政治发展与社会转型作出了规律性的总结与概括，部分地解释了发展中国家在工业化进程中普遍出现政治不稳定现象的原因，为预测和应对发展中国家的政治进程提供了一定的理论支持。奥尔森以研究美国工人运动见长。他通过对工会以及罢工行动的观察与研究，发现了人类策动、组织和维持集体行动的内在机制。奥尔森的理论对于认识和控制社会运动奠定了最重要的理论基础。以亨廷顿与奥尔森为代表的学者及其他们的理论成果源自美国国家利益与国家战略的现实需要，在美国崛起、称霸世界的历史进程发挥了重要作用，亦被称为"冷战政治学"。这些学术理论与美国崛起的历史进程相辅相成，交相辉映。

本尼迪克特、亨廷顿、奥尔森以及政治学家达尔、李普赛特等一个个响亮的名字，之所以嵌入了学术的历史，正是因为他们恰逢那个不平凡的时代，他们为自己国家的崛起作出了学术贡献。他们的学术成就生发于时代需要，强国崛起成就了他们对新知识体系的发现。

今日中国迎来了实现民族复兴的伟大时代，崛起的中国需要世界眼光，需要发展战略。中国崛起迫切需要智力支持，需要新的知识。在今日中国，政治学、比较政治学乃至整个社会科学的学术活动，早已超越了个人的层次而上升至国家与民族的现代化运动的境界。时代与国家的需求，为包括政治学在内的社会科学提供了前所未有的巨大动力。进一步讲，新中国建立以来，特别是改革开放以来，中国的工业化、现代化实践又为中国人认识现代化及政治发展规律提供了直接的经验。今天的我们，再也不会像几十年前那样懵懂无知地观看世界，再也不会因"外面的世界很精彩"而头昏目眩、六神无主了。今天的我们，已具有了自身工业化、现代化以及社会发展、社会转型的经历，一定程度上我们也是"过来人"了！这样的经历与体验使我们初步具备了客观观察世界、研究世界的基础。时代提出了要求，时代给了我们条件，我们幸运地承接了这一历史的使命，我们幸运得犹如当年美国学者构建"冷战政治学"那样参与构建了中国的"崛起政治学"。

从2008年开始，我们以政治学者与国别问题专家相结合的方式，启动了亚洲国家与地区的政治发展比较研究。我们首先对日本、韩国、印尼、泰国、新加坡等国家进行了实地调研，进行了大量的当事人采访和现场观察，并于2011年出版了《自由·威权·多元：东亚政治发展研究报告》一书。通过比较研究，我们初步形成了一些有关工业化时代政治发展的具有普遍性、规律性的理论认识。

首先是政治体系的结构问题。

在我国，关于这一问题已有的政治学知识主要来自两个方面：一是由梁启超为主开辟的，以宪法、法律与机构为着眼点的政治体系的宪政学说；二是马克思主义的国家与法的理论，特别是其中的"国体—政体"学说。二者有一定关联又有一定的认识上的递进关系。

梁启超是我国最早的政治学家之一，他根据在国外多年考察游历所获得的政治知识及亲身从事政治活动的经验，对中外政治体制进行了梳理、概括与介绍，尤其是依据宪法、法律和政治机构三大要素，对近现代西方政治体系进行描述与概括。梁启超关于政治体系的宪政学说因其具有初始性、开创性而对后世影响深远，至今依然是中国政治学教科书介绍政治体系的基本范式。如教科书上对美国政治体制的介绍不外是：美国是一个联邦制的国家，是按照三权分立原则建立起的总统制、两党制、普选制和司法独立的国家。

宪政学说依据宪法、法律和机构从规范意义上描述政治体系，是对政治体制现象与外观层面的揭示，具有基础性的认识意义。但政治体系实际运行毕竟与法律规定和文字描述有很大区别。马克思主义的国家与法的学说以"国体"与"政体"概念揭示了政治体系中阶级统治的实质。宪政学说隐含着一个关于政体性质的命题，即政治体系是一个以自由与平等为基本价值的整合与分配社会利益的体系，所有的宪法和法律都是以自由、平等为原则的。但马克思主义的无产阶级专政学说认为，政治体系内部的阶级关系是不平等的，政治权力的实质是统治阶级对被统治阶级的压迫。因此，马克思主义将法律上平等的政治关系与实际上不平等的政治关系的事实抽象和概括为一对概念范畴：国体与政体。按毛泽东的解释，政体是国家的形式，而国体是国家的实质，即谁统治谁、谁压迫谁的实质性的政治关系。马克思主义的"国体"与"政体"概念超越了传统宪政学说的认识水平，把政治学关于政治体系的认识从规范性、表面化层面推进到了实际政治关系、政治实践的层面。

"国体"与"政体"概念虽然推进了关于政治以及政治体系的认识，但这个概念是论断性的，是一个政治哲学层面的分析性的概念，它没有具体地揭示出政治体系中宪法、法律、机构与实际政治权力的表现形态和相互关系。确切地讲，"国体—政体"学说没有说明国体存在的具体形态以及国体实现统治阶级意志的具体机制。因此，这一理论还需要进一步阐发和深化。

在对亚洲国家与地区的政治发展的调研和比较研究中，我们逐渐发现和意识到政治体系的内部结构问题，并提出这样的问题：现实中的政治体系是以何种形态存在的？宪法、法律等规范的政治制度与实际权力运行、与政治实践是怎样产生关系的，即政治体系运行的实际形态是怎样的？

在对多国和地区的调研与考察过程中，我们注意到这些国家或地区的法律体系是基本相同或相似的，但政治体系的实际情况、实际运行却有很大差别。在有些情况下，一些国家的主要社会集团可以超越或操弄宪法、法律，控制社会的实际政治进程。随着调研的深入，我们发现：在相同或相似的主要以宪法、法律、机构组成的政体结构之下，还有一个实际上决定着国家或地区政治进程以及重大决策的政治权力结构，即存在着掌握和控制着实际政治权力的政治精英阶层或集团。我们进一步发现，掌握和控制政治权力的精英阶层与社会的利益结构又有着必然的、密切的关系。一些掌握主要社会资源的社会集团掌控和影响着掌握政治权力的政治精英，重要社会集团之间的差别、矛盾影响着权力结构中政治精英的关系，即社会利益结构在一定程度上决定和影响着政治权力结构。

因此，我们提出了政治体系的内部结构问题，并将政治体系划分为政体结构、权力结构和利益结构三个层面，是一种合理的抽象，目的在于为认识政治体系提供有效的分析框架：第一，从这三个基本层面及其相互关系中认识和解释政治体系的性质、特性和功能，可以比较全面和深刻地而不是表面和片面地把握和理解政治体系；第二，三个层面的立体认识可以提供一个对于不同政治体系进行比较的框架，而传统的从单一宪政体制层面的比较无法得出有价值的认识；第三，三个层面的综合有利于对政治体系的发展变动趋势作出预测。

其次是政治发展的动力问题。

亚洲政治发展研究，帮助我们在政治发展的原因、动力及进程等方面获得了新的理论认识。其中，我们的核心发现是：工业化、现代化进程中新出现的社会阶层、利益集团是现代社会政治发展的主要动力，新兴社会集团获取政治参与和获取政治权力的努力导致政治体系的变化。新兴社会集团是政治发展的主要动力。

我们认为，工业化及其导致的社会结构变化是当代政治发展的基础性原因。政治发展是政治体系的结构性变动，既可以是政治体系内部权力结构、宪政体制的变化；也可以是体系的更替，旧制度、旧体系被新制度、新体系所代替。政治发展的原理反映了政治体系结构性变动以及政治体系更替的发生机制，即政治发展的原因、动力及一般进程。马克思主义认为，社会发展进程中经济基础决定上层建筑。我们所发现的政治发展的动因在一定程度上具体表明了，在工业化、现代化进程中，经济基础发生了怎样的变化以及经济基础是如何"决定"上层建筑的。

亚洲各国的政治发展，即政治体系、政治制度的改变，国家政权的更迭，从根本上讲是工业化、城市化进程中社会利益结构变化的结果。工业化时代政治发展的相关因素如下：

第一，工业化导致新社会集团出现。工业化进程带来了广泛而深刻的社会流动、身份改变、财富增加和社会集团关系变化，其中最为重要和最具影响力的变化是，新的社会阶级、阶层和利益集团的出现，即社会学所说的"巨型社会聚集体"的出现。我们称之为"新兴社会集团"。

第二，新兴社会集团政治参与引发政治体系权力结构变动。新兴社会集团是政治体系的"陌生人""后来者"，不具备特定的法律地位，缺乏政治权力，在利益分配中处于不利位置，由此产生新兴社会集团政治参与的意愿和动力。

第三，政治体系中的政体结构与权力结构吸纳政治参与存在相悖作用。一般情况下，政体结构具有开放性，而政治权力结构具有封闭性，政体结构一般在法律意义上平等对待各个社会集团及其利益诉求，通过平等竞争分配利益和权力。但政治权力结构为既定精英集团所掌握，既定精英集团具有排斥权力分享倾向，导致新兴社会集团对于政治权力结构的参与度强，以争取分享权力。

第四，新兴社会集团通过政治参与进入政治权力结构，进而改变权力结构和政体结构，导致政治体系变化及政治发展。政治体系变化与政治发展同时也取决于既定权力精英集团的适应性，既定权力精英集团自身调整能力和对于新兴集团的制约与整合能力决定着政治权力结构及政体结构变动的方式和程度。

概括地说，政治发展的动因是工业化阶段社会利益结构变动产生的新兴社会集团的政治参与，政治发展的内在机制是新兴集团参与和既定权力精英围绕政治权力的博弈，新兴集团的参与意志和能力、既定权力精英的制约和整合能力等两方面的因素，决定着政治发展的最终进程。

再次是政治发展的策略问题。

自欧美先行进入工业化发展阶段以及资本主义社会后，亚洲便陷入了历史的被动与"落后挨打"的境地。殖民主义以及殖民主义威胁是自近代以来亚洲国家的共同历史遭遇与经历。

独立建国是亚洲国家走工业化、现代化发展道路的政治前提，但如何找到符合本国本地区实际、切实可行的发展道路却是艰难和曲折的。亚洲地区是在欧美早期实现了工业化、世界经济政治体系已经形成、国际经济政治秩序已经不再适用于后发展国家实现发展的时代条件下，走上发展之路的。后发展的条件与环境迫使亚洲国家必须进行新的探索，必须找到一条适合于时代条件和本国环境的独特发展道路。

在第二次世界大战结束后，亚洲国家，特别是东亚国家及地区在实现工业化的进程中，都建立了一种保障民众权利与集中国家权力的政治与社会体制，即实行开放"权利"与关闭"权力"的对冲体制。一方面，在经济社会领域，一定程度上开放经济社会权利，扩大社会自由，通过保障人民的权利，建立起普遍的发展预期，以刺激全社会的生产积极性、主动性，为国家的工业化和经济发展提供了巨大动力；另一方面，在政治领域，集中权力于政治精英阶层，强化国家政权，依靠政权力量推动国家工业化的战略性发展。我们称这种体制为：亚洲的威权体制。

工业化进程既是物质生产进程，也是社会关系发展的进程，推动了传统社会向现代化方向发展的"社会转型"。所谓"社会转型"一般具有四项主要表现：社会大流动、身份大改变、财富大增加、关系大变化。工业化、现代化将所有社会成员卷入其中，人们渴望实现流动、改变身份、拥有财富，而途径大致有两条：一是经济途径，即通过生产、经营活动实现其追求；二是政治途径，即通过政治活动、集体行动，通过争取政治权力对社会价值进行"权威性分配"来获取利益。

如果在社会急剧变动的时代开放政治权力，无疑就是开放社会流动的政治途径，必然吸引社会集团通过政治参与获取利益，由此导致各个社会群体和集团的政治斗争和权力争夺。而社会进程主题转向政治参与、政治斗争，其结果往往是社会动荡，严重的情况下甚至会中断工业化的进程，使社会陷于混乱。在工业化进程中权利与权力双重开放，能够刺激社会集团通过政治活动改变法律、政策，即直接改变社会利益分配规则和利益格局来获取有利地位和更多利益，但这种分配性激励的结果是将社会引向广泛的集团斗争和社会冲突，最终导致社会动荡，严重情况下则会阻断和断送工业化和现代化进程。

　　纵观亚洲多国及地区工业化的历史，在较短时期内成功实现国家工业化的部分亚洲国家（主要是东亚国家），在开放权利通道的同时，关闭了权力通道，其关键效应在于防止和阻断了工业化阶段和社会矛盾多发期社会集团通过政治活动和政治参与直接争夺国家政权，进而直接改变利益分配规则的活动，从而将社会参与的潮流导向了生产活动、经济领域，引导社会群体与集团通过经济行为、经营活动，而不是通过政治性活动争取社会流动、身份改变和占有财富的机会。这种特殊的发展策略激励和促进了社会各个阶级阶层和集团通过经济活动获取利益，从而推动了工业化和国民经济的快速发展。我们将"对冲"体制所产生的这种效应称为：生产性激励。

　　从 2012 年以来，我们开始在横向与纵向两个方面继续推进亚洲政治发展的比较研究。一方面，我们在横向上进一步拓展对象国实地调研的范围，先后将印度、伊朗、马来西亚、柬埔寨、越南、菲律宾、缅甸等国纳入研究视野，通过比较研究，印证和发现新的理论认识。2014 年，我们修订再版了《自由·威权·多元：东亚政治发展研究报告》，并出版了《民主与发展：亚洲工业化时代的民主政治研究》一书，从而在九国一区的研究基础上形成了更完善的理论框架，特别是在对"快亚洲"与"慢亚洲"的对比研究中，进一步加深了社会结构对政治发展影响的理解和把握。

　　通观亚洲自第二次世界大战以来的历史发展进程，如果以工业化、现代化发展为尺度，人们可以大致将亚洲国家划分为两种类型，即，一类以日本、韩国为代表的以阶段性实行"对冲"型体制，快速实现工业化、现代化的国家，堪称"快亚洲"；另一类以菲律宾、印度为代表的以长期实行权力分散型的民主政体国家，其工业化、现代化进程十分缓慢，社会问题丛生，堪称"慢亚洲"。

　　从现当代世界历史视野中观察，欧洲、北美、拉美和非洲尽管内部也存在差异，但在工业化进程中呈现出如此差异，明显地存在两种发展模式的并不多见。亚洲国家作为世界工业化、现代化进程的后来者，作为后发国家，形成了具有明显区别的两大模式、两种道路，应是亚洲工业化及政治发展的一大特色，应算是亚洲一大"洲情"。

　　为什么东亚地区一些国家可以选择"对冲"体制及策略快速地实现工业化，而菲律宾与印度则未能复制"东亚模式"？为什么菲律宾和印度基本上遵循战后初期选定的政治制度与体制走过了一条缓慢而曲折的发展道路？经过将东亚国家，如韩国、日本等与菲律宾、印度工业化进程和政治发展道路进行对比，我们得出的基本认识是：社会结构的变动是决定工业化时代政治制度与体制以及发展策略选择与实施的基础性因素。

东北亚以及东南亚国家中凡是采取所谓"东亚模式"的国家，如韩国、日本、印度尼西亚以及我国台湾地区等，在工业化进程开启之前或启动之初，都经历了社会结构的较大变动。或由于战争如韩国，或经过改革如日本、台湾，或经历革命如越南，或因为社会动荡如印度尼西亚。东亚近现代史上的社会动荡与变革性质、类型虽不同，但却起到了相似的作用、导致了相似结果，即比较彻底地改变了原有社会结构，传统社会秩序受到破坏，社会阶层及利益群体间原本固化的界限有所松动，社会一定程度上出现了"扁平化"趋势。

东亚地区原有社会结构的破坏与改变与后来的工业化进程的关系主要表现在两个方面：首先，社会结构变化为工业化条件下的社会流动创造了条件，而社会流动则是工业化进程的最重要的动力机制。从这个意义上讲，社会结构变动促进了工业化进程。其次，由于社会结构的变动，传统的利益格局和社会规则也随之遭到破坏，甚至消失，原有的既得利益集团垄断地位和垄断能力弱化，甚至消失，这样为在工业化进程中出现以实现国家发展为价值目标和在一定程度代表国家整体利益的精英集团掌控国家政权创造了条件，即形成了出现西方学术界所称"中性政府"的可能性条件。

与东亚模式及东亚道路形成鲜明对照的是菲律宾和印度的体制与道路。菲律宾与印度经历了长期殖民统治，西方殖民者为统治分散化的国家采取了地方与社会相对自治的策略与体制并长期实行，菲律宾、印度两国的这种殖民地经历十分相像。因西方殖民者长期的统治策略与体制的实施，菲律宾和印度形成了各具特色的社会结构并高度稳定与固化。

策略与结构，是亚洲工业化以及相应的政治发展的两个最重要的相关因素。在结构发生重大改变的前提下的部分亚洲国家，采取了一种导向性和约束性的特殊的政治体制及发展策略，将工业化进程中的社会流动导向了经济社会领域，形成了促进经济增长的广泛而强劲的动力，同时约束了政治参与，限制了政治纷争，在一定阶段内维持了社会稳定。在这种被我们称为"对冲"机制的作用下，部分东亚国家快速实现了工业化。而在社会结构未曾发生重大改变的部分亚洲国家，不具备采取"快亚洲"国家的相应体制与策略的条件。这些"慢亚洲"国家在传统社会结构之下，工业化依然在缓慢地前行，与此同时社会的传统体制和价值观得以一定程度的保留，社会在温和地改变和进步。

另一方面，我们在纵向上积极深化已有的理论认识，并努力将其规范化和体系化，力求为亚洲政治发展提供中国视角的研究范式。"东亚五国政治发展的权力集团研究"课题组正是基于这一目的成立，充分发扬了我们一直提倡的政治学者与国别问题专家相结合的研究风格，依托中国社会科学院创新工程，不仅有效整合了政治学研究所、亚太与全球战略研究院的学术资源，而且引入了国内兄弟院校的科研力量，形成了具有活力的创新平台。课题组以政治权力集团为切入点，在政治结构、权力结构、利益结构的三结构框架下，通过构建政治权力集团的"同心圆"模型，对日本、韩国、泰国、印尼、马来西亚等东亚五国的政治发展动力、路径与表现形式进行了深入分析，从而为更好地理解和把握相关国家的政治环境与发展趋势提供了客观依据。更重要的是，"同心圆"模型的提出，也为其他国家的政治发展研究提供了可供借鉴的重要分析工具，有助于从结构层面对其他国家进行深入解析，并在对象国间进行横向对比，进一步深化对各国异同点的理解和把握。

面对错综复杂的国际环境和艰巨繁重的国内改革发展稳定任务，十八届五中全会明确提出坚持统筹国内国际两个大局，从而对比较政治研究提出了更高也更迫切的创新要求。近年来，我们欣喜地看到越来越多的政治学者与国别问题专家开始加入亚洲政治发展比较研究的创新队伍。我们希望能有更多像《东亚五国政治发展的权力集团研究》这样具有创新精神的学术成果问世，从而为实现"两个一百年"奋斗目标、实现中华民族伟大复兴的中国梦奠定更加坚实的学术和理论基础。

房宁

中国社会科学院政治学所所长

2015 年 12 月 12 日

目　　录

第一章　绪论 ……………………………………………………（1）

第一节　政治权力集团的形成与发展 ………………………（2）

　　一　政治权力集团的基本概念 ……………………………（2）

　　二　政治权力集团的常见类型 ……………………………（9）

第二节　政治权力结构的同心圆模型 ……………………（17）

　　一　"核心—边缘"的同心圆模型 ………………………（17）

　　二　政治权力结构的基本形态 …………………………（18）

第三节　政治发展的动力与路径 …………………………（30）

　　一　根本动力：经济利益结构的调整改变 ……………（31）

　　二　直接动力：新旧权力集团的利益冲突 ……………（33）

　　三　路径选择：政治权力边界的制度建构 ……………（36）

第二章　日本 …………………………………………………（40）

第一节　明治宪法背后的权力斗争 ………………………（40）

　　一　明治政府的绝对主义原则 …………………………（40）

　　二　自由民权运动的政治诉求 …………………………（42）

　　三　明治初年的政治权力博弈 …………………………（44）

　　四　明治宪法的政治集权体制 …………………………（47）

　　五　藩阀政治的单极自律形态 …………………………（49）

第二节　从政党政治到军阀政治的权力结构调整 ………（53）

　　一　新兴权力集团的政治崛起与权力诉求 ……………（53）

　　二　政党政治时期的寡头自律形态 ……………………（57）

　　三　军阀政治时期的单极自律形态 ……………………（64）

第三节　"55 年体制"兴衰的过程与原因 ………………（68）

　　一　战后初期的体制改革与政治博弈 ……………………（68）

　　二　保守派政治主导地位的形成与发展 ……………………（77）

　　三　"55 年体制"的寡头自律形态 …………………………（80）

　　四　自民党的变化与"55 年体制"终结 …………………（88）

第三章　韩国 …………………………………………………（92）

　第一节　军人威权体制的形成与发展 ………………………（92）

　　一　军部精英主导下的威权统治 ……………………………（93）

　　二　财阀与威权政府的关系 …………………………………（99）

　第二节　财阀金权政治的崛起与扩张 ………………………（108）

　　一　民主化：军人集团的分裂和威权主义体制的

　　　　解体 ………………………………………………………（109）

　　二　财阀与文人政府的关系 …………………………………（116）

　第三节　韩国民主化的问题及其课题 ………………………（123）

　　一　代理政治：从"充满活力的主体"变成"被动

　　　　消极的支持者" ………………………………………（124）

　　二　排挤劳工集团："劳工"和"参与"的缺失 ………（128）

　　三　韩国民主化的课题：经济民主化 ……………………（132）

第四章　印度尼西亚 …………………………………………（135）

　第一节　印尼政治权力集团类型 ……………………………（135）

　　一　民族主义集团 ……………………………………………（136）

　　二　军人集团 …………………………………………………（137）

　　三　伊斯兰集团 ………………………………………………（138）

　第二节　从威权政治到多党竞争的权力结构转型 …………（140）

　　一　从议会民主到有领导的民主 …………………………（140）

　　二　从威权政体到多元民主改革 …………………………（144）

　　三　民主化进程初见成效 …………………………………（150）

　第三节　民主改革中伊斯兰集团的崛起 ……………………（158）

　　一　伊斯兰集团政治地位的兴衰演变 ……………………（158）

　　二　伊斯兰集团的重新崛起 ………………………………（160）

　　三　伊斯兰集团的未来发展前景 …………………………（163）

　　第四节　民主改革中印尼军队角色的重构 ················ （166）
　　　一　印尼军队干预政治的启端 ···················· （166）
　　　二　印尼军队政治角色的巩固 ···················· （168）
　　　三　民主改革中军政关系的变化 ·················· （171）

第五章　泰国 ···································· （180）
　　第一节　泰国政坛的派系力量构成 ·················· （180）
　　　一　王室—保皇派 ···························· （180）
　　　二　军人集团 ································ （181）
　　　三　曼谷政商集团 ···························· （182）
　　　四　城市中产阶级 ···························· （183）
　　　五　地方豪强集团 ···························· （184）
　　　六　新资本集团 ······························ （185）
　　第二节　泰国政商关系发展的过程、动力与前景 ········ （186）
　　　一　泰国政商关系的调整与转型 ·················· （187）
　　　二　泰国政商关系的演化条件 ···················· （194）
　　　三　泰国政商关系的演化前景 ···················· （197）
　　第三节　宪政多元化与权力边界重构 ················ （198）
　　　一　泰国宪政体制的多元化趋势 ·················· （199）
　　　二　新旧政治力量的权力制度化诉求 ·············· （207）
　　　三　宪法修正案的政治博弈 ···················· （213）
　　　四　宪政体制的多元化前景 ···················· （217）

第六章　马来西亚 ································ （219）
　　第一节　马来西亚政治权力集团的演变 ·············· （219）
　　　一　权力协商时代 ···························· （220）
　　　二　权力霸权时代 ···························· （222）
　　　三　权力制衡时代 ···························· （233）
　　第二节　马来西亚政治权力集团演变的原因 ·········· （235）
　　　一　经济发展 ································ （236）
　　　二　巫统内部的分裂和斗争 ···················· （238）
　　　三　根深蒂固的腐败 ·························· （241）

　　四　社会抗争 ……………………………………… （243）

　　五　新媒体的崛起 ………………………………… （245）

第三节　马来西亚政治权力集团演变的前景 …………… （246）

　　一　超越族群政治 ………………………………… （247）

　　二　政党轮替 ……………………………………… （248）

主要参考文献 ……………………………………………… （250）

后　记 ……………………………………………………… （258）

第一章　绪论

20 世纪中后期以来，东亚各国的政治舞台相继上演了一幕幕精彩纷呈的折子戏，新旧政治力量竞相粉墨登场，都在争当剧中主角，从而将权力的政治博弈阐释得淋漓尽致。尽管几乎所有的剧目都被冠以"民主"称谓，但演员构成与剧本编写的差异，却使得演出效果大相径庭。有的相对成功，政局稳定，社会和谐，经济繁荣，促进了国家发展；有的则不如人意，政局动荡，社会分裂，经济衰退，阻碍了国家进步。随着时间的推移，即使是原本叫座的剧目也会失去吸引力，因此东亚各国始终面临政治发展的现实压力，需要不断寻求契合国情与发展需要的新剧目。

如何准确认知东亚各国的政治发展，始终是学术研究的核心议题，具有重要的理论与现实意义。一方面，东亚各国的探索与实践为政治发展提供了多元化的案例样本，从而有助于在比较研究中，寻求政治发展的内在规律与影响因素；另一方面，随着地区化与全球化发展，东亚各国的政治稳定不再是各国的内部问题，而是存在一定的外溢效应，将会影响到周边地区的稳定与繁荣，甚至会在一定程度上对国际社会产生影响。因此，通过对东亚各国政治发展的观察与研究，不仅能为本国的政治建设提供有益的借鉴与参考，而且能在地区与国际事务的对外交往中规避政治风险。

有关东亚各国政治发展的学术研究，最常见的分析视角是现代化或民主化理论。前者侧重分析政治与社会经济的互动关系，强调从传统到现代的转型；后者侧重分析民主制度特别是选举体制的建构与完善，强调从非民主到民主的转型。

尽管相关分析视角对东亚各国的政治发展颇具解释力，但很难有效分析结构错位的产生原因与调适过程。为何社会经济发展水平相似的国家却存在政治体制的根本差异？为何相似的民主制度规范在不同国家却产生大相径庭的执行效果？对此，有必要采取其他的分析视角。

有学者提出将政治体系的运作划分为三个层次，即"宪政结构—权力结构—利益结构"①，从而为研究政治发展的结构错位问题，提供了可操作的分析视角。本书将以政治权力结构为切入口，通过对日本、韩国、印度尼西亚、泰国、马来西亚五国政治权力集团的案例研究，探讨东亚各国政治发展的内在规律与影响因素。

第一节 政治权力集团的形成与发展

一 政治权力集团的基本概念

所谓"政治权力集团"，是指由多元身份认同相似的社会公众组成的、拥有政治自觉意识，并能以可持续的方式有组织地参与政治权力博弈以实现其利益诉求的社会聚合体。

对此，有三方面内容需要留意。

（一）社会公众的身份认同是动态的多元标识序列组

所谓身份认同，实质上是在社会交往的互动过程中，用以区别我者与他者，进而规范个体行为规范的主观意识。除非是完全与世隔绝，例如鲁滨逊，否则任何个体都会在社会交往过程中被逐渐固化于特定的关系网络节点，并在此基础上潜移默化地形成关于"我是谁"的身份认同。通过塑造身份认同，有助于社会个体更加明确地判断和把握自身在社会关系网中所处的位置、所承担的责任、所享有的权利，并在社会交往中保持恰如其分的行为举止和态度立场。

从存在形式来看，社会公众的身份认同并不是静态的单一标识，而是动态的多元标识序列组。在客观现实中，多元标识序列组具有不可穷尽性。特别是随着社会分工的细化、通信技术的发展、交通工具的便利，相较于传统社会相对简单的人际关系，现代社会的关系网变得日趋复杂，派生性社会属性不断增加，从而使社会个体的身份认同也日趋多元化和复杂化。

---

① 房宁等：《自由·威权·多元：东亚政治发展研究报告》，社会科学文献出版社 2011 年版，第 340—344 页。

表 1.1　　　　　　　　　社会个体身份认同的常见标识

标识类别	标识名称
职业归属	劳工、官员、军人、教师、农民等
教育水平	小学、初中、大专、本科、研究生等
财产状况	财阀、高收入者、中产阶级、中低收入者等
政治立场	保守、改革、改良等
宗教信仰	佛教徒、穆斯林、天主教徒等
族群意识	马来人、华人、印度人、泰人等
年龄状况	青年、中年、老年（退休）等
地域归属	韩国全罗道、韩国庆尚道等

对于学术研究而言，并不需要完全呈现行为个体的所有偏好，仅需把握决定其行为模式的关键社会属性即可。通常情况下，对身份认同起决定作用的主要有两类属性：

其一是体现社会经济地位的社会属性，包括职业归属、教育水平、财产状况等直接影响到社会个体生存状态的社会属性。

对于社会个体而言，经济能力与社会声望是其开展社交的前提条件，因此在很大程度上制约着社会个体的视野范围、理解能力、行动意图。通常情况下，处在不同社会经济圈层的社会个体之间很难形成相互认同。"门当户对"并不局限于传统社会，即使是在流动性较高的现代社会，地位差异依然是客观存在的社会现实，并不因为主观意愿而改变。故而，社会公众通常都会自觉或不自觉地将社会经济地位作为身份认同的首要标识。

不过，由于受到文化传统与制度环境的影响，社会个体所选定的身份认同首要标识，有可能与获得社会评价认可的首要标识存在差异。例如，泰国社会曾长期受到军人集团统治，对于军警官职具有较高的社会评价，因此，尽管前总理他信·西那瓦作为泰国首富，其身份认同是新资本集团的新兴商人，而不是军人集团成员，但是社会传媒却习惯于采用"他信警中校"的传统称谓。

其二是体现意识形态的社会属性，包括政治立场、宗教信仰、族群意识等会对社会个体的行为方式产生实质性指导和制约的社会属性。

尽管并不是所有社会个体都会形成自觉的意识形态，更多的不过是自发的模糊偏好，但是如果拥有明确的意识形态，则必然成为其身份认同的首要标识，甚至在一定程度上将超越体现社会经济地位的社会属性。例如，20世纪70年代，泰国就有为数不少的高校学生上山下乡，从而掀起泰国共产主义运动的历史高潮。从社会经济地位来看，他们通常属于新兴的城市中产阶级，拥有较富裕的家庭背景和较高的文化素养，与构成泰共运动主体的中下层民众存在明显区别，但是相同的意识形态却在特定的历史条件下，使得双方产生一致的身份认同。再如，宗教信仰和种族立场更是马来西亚马来人穆斯林的共同身份认同，从而为巫统的长期执政提供了必要条件和有利环境。

需要指出的是，尽管在通常情况下，其他多元社会属性的重要性不及上述两类社会属性，从而相比之下处于隐性状态，但在特定情况下，如果有意外事态引起社会个体相关社会属性的应激反应，就有可能改变社会个体的多元标识排序，从而影响社会个体的既有身份认同。不过，此类社会属性的应激性显化并不具有可持续性，通常会随着事态平息而重归于沉寂，从而在中长期并不会改变前述两类社会属性的基准作用。

（二）社会聚合体是多元身份认同相似的社会公众组成的松散群体

社会聚合体的形成与发展，取决于社会个体在相似的身份认同基础上产生的群体认同，其表现形式是社会个体的多元标识序列组中的部分标识及其排序方式与社会聚合体相契合。由于社会个体的多元标识序列组中存在复数的标识，因此在多重契合情况下，社会个体有可能同时归属于复数的社会聚合体。对此，有四点内容值得留意：

其一，社会个体对社会属性的认同会随着排序依次减弱，因此社会个体与社会聚合体相契合的社会属性的排序越靠前，则其产生的群体归属感也就越强烈，从而有助于提高社会聚合体的凝聚力。例如，建立在"喜好读书者"社会属性基础上的书友会，其凝聚力就明显比不上建立在"企业职工"社会属性基础上的企业工会。

其二，社会个体的身份认同是多元标识共同作用的结果，因此社会个体与社会聚合体相契合的社会属性的数量越多，则其产生的群体归属感也就越强烈。不过，随着多重契合的数量增加，符合要求的社会个体数量将呈下降趋势，从而对社会聚合体的规模产生影响。例如，尽管"行政法学会"的凝聚力很可能要高于"法学会"，但其规模却肯定不如后者。

其三，社会个体的身份认同在很大程度上取决于标识排序，因此除非排序一致，否则即使社会个体与社会聚合体存在多重的相同社会属性，也难以达成有效共识。例如，对于马来西亚的马来人劳工而言，尽管都有"劳工"和"马来人"的社会属性，"劳工—马来人"排序与"马来人—劳工"排序的区别，很可能意味着完全不同的政治偏好，前者很可能支持福利主义的公平分配政策，后者则很可能支持种族主义（甚至是排华）的歧视政策。

其四，社会个体的多元标识序列组并不是静态存在，而是会在社会交往中不断调整，因此如果相关社会属性或排序方式有所改变，就有可能弱化社会个体对社会聚合体的认同感与归属感，并且促使其寻求更契合的社会聚合体。通常而言，规模越大的社会聚合体，其成员的流动性也就越高，组织结构也就越松散，难以发挥除社交平台以外的其他功能。

（三）政治权力集团必须满足组织、话语、资金三大要件

尽管社会聚合体已为政治权力集团的形成提供了最重要的前提条件，即具有初步群体认同感与归属感的人员储备，但要真正成为适格的政治权力集团，尚需完成对组织、话语、资金三大要件的自觉建构，否则根本无法形成政治权力斗争所必需的行动力与执行力。因此，是否具有三大要件，也就成为了一般社会聚合体与政治权力集团的根本分野。

1. 组织要件

对于政治权力集团而言，是否拥有强有力的组织体系，将在很大程度上决定政治权力斗争结果。东亚各国曾普遍经历军人集团独掌大权的威权体制，其中很重要的成因就在于，相较于其他的社会聚合体，军人集团拥有更加严密和高效的组织体系。

衡量政治权力集团的组织化程度，主要有两项标准，简言之就是"收发自如"。

其一是动员力，即能否通过组织网络，以本集团政治诉求为目标导向，有效发动集团成员参与政治权力斗争。

对于任何集团而言，采取集体行动都非易事。对于集团成员而言，参与政治权力斗争需要或多或少地付出成本，因此在缺乏相应收益的情况下，将很难保证其政治参与的可持续性。因此，政治权力集团必须要通过组织网络，将相关的收益及时、公正、合理地转化为集团成员所得，从而既要"利益均沾"，又要避免"搭便车"，才能始终保持集团成员的参政热情。

值得留意的是，尽管现代政党体制被认为是相当有效的政治组织模式，但在东亚政治实践中，组织网络并不局限于特定的形式。2006 年以来的泰国政治权力斗争中，新资本集团依托政党组织，军人集团依托军队系统，地方豪强集团依托传统乡村庇护制网络，城市中产阶级依托非政府组织，都有效地将各自集团的人力资源转化为政治权力斗争的筹码，结果导致泰国的政治权力结构在经过数年调适后，依然未能形成稳定架构。

其二是自制力，即能否通过组织网络，有效约束和引导本集团成员，避免与其他政治权力集团发生无谓的摩擦与冲突。

尽管政治权力与经济利益存在很强的正相关性，但对于政治权力集团而言，政治权力的最大化并不意味着收益的最大化。由于政治权力斗争的参与方相互制衡，因此随着政治权力地位的上升，所面临的压力和所付出的代价也将随之上升，从而使政治权力收益呈现递减趋势。任何理性的政治权力集团，都会在政治权力的边际收益归零之前，通过政治妥协划定权力边界，以保证收益最大化。20 世纪 80 年代，泰国政治权力结构在军人集团失去主导地位后，并未出现新的主导者，而是形成王室—保皇派、军人集团、地方豪强集团的"鼎立"格局。其原因就在于，任何试图占据主导地位的政治权力集团，都会受到其他政治势力的联合压制，很可能得不偿失。

2. 话语要件

从长期来看，政治权力斗争的成败关键在于观念领域的交锋。尽管在政治权力集团崛起过程中，有可能通过暴力威慑或利益收买方式，扩张权力边界甚至占据政治权力结构的主导地位，但如果缺乏观念领域的话语体系建构，就会导致维持权力边界的政治成本居高不下。

对于政治权力集团而言，观念领域的话语体系建构需要满足两方面要求。

其一是凝聚力，即通过特性话语塑造，进一步强化本集团与成员间相契合的多元标识及其排序方式，增进本集团成员的认同感与归属感，有效提高政治权力集团的责任感与一致性。

从构成来看，特性话语所包括的常见内容主要有宗教信仰、族群意识、地缘观念、阶层认知、职业归属等要素。通过对话语要素的筛选与整合，特性话语集中回答的是以下问题：我们是什么人？为何不同于其他人？承担什么使命？拥有什么权利？从而在区别"我者"与"他者"的过程中，增强本集团成员的使命感，并对其他政治权力集团产生疏离感甚至是对立感。

泰国的军人集团就曾有如下的特性话语表述："在摒弃所有偏见之后，我们将看到，军人是心灵纯洁、勇敢无畏、备受尊敬的公民……军人公正无私堪比僧侣……在古代，唯有最杰出的军人才有资格成为国君。在现代，军人出任总理的现象也不应成为受到责难的缘由。"① 基于职业归属所构建的特性话语，使得泰国军人在相当长的历史时期内始终保持强烈的荣誉感与使命感，从而有效提高了军人集团在政治权力斗争中的一致性与协调性。

其二是感召力，即通过共性话语的塑造，提高社会公众的理解与认可，化解疏离感与对立感，从而降低本集团掌权所要付出的政治成本。

共性话语的论述内容涵盖多方面内容，其中最核心的是权力与权利的关系问题。任何权力集团，都必须在划定权力边界的时候，通过共性话语的构建令本集团成员之外的社会公众相信，遵从既定的权力边界，将会增加或至少不会减少他们的权利收益，否则，就可能面临权力边界的摩擦与争端，从而导致政治成本增加。

韩国军人领袖朴正熙发动军事政变夺取政治主导权后，明确提出"民主这棵芬芳的树木在韩国这片不好客的土地上没有开花"② 的政治论述，并且基于"我们也要过上好日子"的朴素话语，有力论证了军人集团主导下的"集中国家政治权力—保障国民经济权利"的威权体制的正确性与可行性。与此相似，泰国军人总理沙立的"泰式民主"理念，印尼军人总统苏哈托对"建国五基"重新解读，都具有凝聚民心和提高威信的重要作用。

3. 资金要件

在政治权力斗争中，政治资金的多寡虽然不是决定胜负的唯一要素，但却是政治权力集团参与政争的前提条件。韩国以三星财团为代表的"财阀帝国"对政权的渗透，泰国的新资本集团"他信派系"强势崛起，日本自民党的"土建政治"，中国台湾的"黑金政治"等都最为直接地体

---

① Thak Chaloemtiarana, *Thailand*: *The Politics of Despotic Paternalism*, Southeast Asia Program Publications, Cornell University, Ithaca, New York, 2007, p. 195.

② ［韩国］朴正熙：《我们国家的道路》，华夏出版社 1988 年版，第 55 页。

现了政治资金的关键作用。对于政治权力集团而言，政治资金的运作能力主要体现在两方面。

其一是政治资金筹措的稳定性，即通过构建可持续的筹募渠道，以保证长期稳定的资金来源，避免因临时性短缺而对政治权力斗争产生负面影响。

通常情况下，政治权力集团的政治资金筹募主要表现为三种方式。

首先是自主式筹募，即主要依托本集团的经济活动筹募所需资金。泰国的新资本集团在20世纪90年代崛起后，通过金融市场掌握了庞大的经济资源，其代表他信·西那瓦被誉为"电信大亨"，曾是泰国首富。这就为新资本集团的资金筹措提供了便利。例如，2001年泰国众议院选举前，他信夫人朴乍曼以个人名义的一次性政治献金就高达1亿泰铢（约合2000万元人民币）。[①]

其次是依附式筹募，即主要通过依附集团的经济活动筹募所需资金。泰国的华商集团曾经先后依附王族集团和军人集团，成为权力集团筹募资金的"钱袋子"。事实上，泰国军人集团在20世纪30年代推动"排华"运动，很大程度上旨在迫使华商集团的依附与效忠。与此相似，韩国威权体制时期，财阀为军人集团提供政治资金，已成为约定俗成的"准租税"。[②] 20世纪80年代初，韩国的第七大财阀"国际集团"由于不愿为军人政府提供政治献金而遭到金融信贷方面的报复，结果导致其旗下企业纷纷破产。[③]

最后是合作式筹募，即主要通过合作集团的经济活动筹募所需资金。不同的政治权力集团拥有不同禀赋，因此有可能通过合作进行优势互补，取得"$1+1>2$"的政治效果。这就成为部分拥有资金优势但在其他方面有"短板"的政治权力集团的理性选择。泰国的传统产业集团在20世纪70年代的政治权力斗争失利后，转而与掌握乡村庇护制网络的地方豪强集团合作，通过对前者"资金"与后者"选票"的有效资源

① 《泰爱泰党竞选资金居首位》，［泰国］《星暹日报》2004年2月2日。
② ［韩国］郑周永：《有挫折但未失败》，第三企划出版社1991年版，第220—223页。
③ Chang – Hee Nam, "South Korea's Big Business Clientelism in Democratic Reform", *Asian Survey*, 1995, April, Vol. XXXV, No. 4, p. 357.

整合，携手跻身政治权力结构核心圈层。① 与此相似，中国台湾"黑金政治"将黑道所掌握的选票动员力与工商业财团的资金募集力有效整合，从而形成了"黑白共治"格局，有效保证了工商业财团的政治权力地位。②

其二是政治资金分配的有序性，即通过集团内部的制度建设，形成有规律可循的资金分配模式，从而避免因派系间的摩擦与争端，弱化甚至瓦解政治权力集团的竞争力。

任何政治权力集团的形成根源，都在于通过集体行动的方式，维护既有利益并争取更多的利益，因此也就必然要面临如何分配收益的问题。作为政治收益最为直接的体现，资金分配始终是本集团成员的关切重点。于是，通过制度建设，形成本集团成员普遍接受的有序分配方式，也就成为事关政治权力集团生存与发展的第一要务。

值得注意的是，有序分配方式并不一定要公平合理，但是必须具有规则性，从而令本集团成员形成稳定预期，否则就有可能引起对收益分配方式的持续性内部冲突。泰国军人集团曾依托军队的层级庇护制网络，形成有序的收益分配方式。各级军官依据资历晋升，并分享相应收益，从而有效保证了军人集团的秩序和稳定。20 世纪 70 年代初，执掌军人集团领导权的他侬—巴博派系，试图改变"论资排辈"的传统，将权力直接移交给资历尚浅的他侬之子、巴博之婿纳隆，从而引起实权派的不满，导致军人集团的内部派系分裂。1973 年群众运动推翻他侬—巴博政府，很大程度上得益于军方实权派的"临阵倒戈"。③

二　政治权力集团的常见类型

政治权力集团是在社会聚合体的基础上形成并发展起来的，因此从多元社会属性的视角出发，可以更为直观地对其加以分类。其中，东亚各国较常见的政治权力集团主要有以下类型。

---

① 周方冶：《泰国政治转型中的政商关系演化：过程、条件与前景》，载《东南亚研究》2012 年第 3 期，第 48—49 页。

② 林震：《东亚政治发展比较研究：以台湾地区和韩国为例》，九州出版社 2011 年版，第 188—197 页。

③ 周方冶：《王权·威权·金权：泰国政治现代化进程》，社会科学文献出版社 2011 年版，第 155—156 页。

（一）单一标识集团

此类政治权力集团是以相同的单一社会属性作为群体凝聚力的根本来源，其社会属性通常体现集团成员的社会经济地位特别是职业归属。

1. 军人集团

作为东亚各国中最早受现代化影响的社会聚合体，军人集团在各国政治发展进程中，通常都曾扮演过重要角色。日本的军人集团将本国引向军国主义的万丈深渊；韩国、泰国、印尼的军人集团通过建构威权体制，有力促进了各国的社会经济跨越式发展；缅甸时至今日依然受军人集团掌控，民主化道路任重道远；菲律宾等国虽然未曾出现军人集团直接掌权，但是通过政变或以政变相威胁的方式，军人集团在政治决策中拥有举足轻重的影响力。

军人职业的单一社会属性，使得以军职为群体认同基础的社会聚合体边界都具有较高的稳定性，从而为政治权力集团的形成提供了有利的人员基础。不过，军人集团能够成为强势的政治权力集团，却是特定历史条件的产物。事实上，从三大要件来看，如果在通常情况下，那么军人集团除了能在组织要件方面得益于严格等级结构和高效动员机制而拥有先天优势之外，无论是话语要件，抑或是资金要件，都将处于不利地位。

在话语要件方面，军人职业与"野蛮、暴力、破坏、死亡、杀戮"等负面认知存在天然联系，因此在安定和平的环境下很难取得社会公众的理解与认同，从而被敬而远之，甚至受到排斥压制。不过，由于19世纪末20世纪初，东亚各国普遍面临西方殖民主义的现实威胁，从而使得肩负起维护国家统一和民族独立重任的军人群体，能够以"牺牲、奉献、英勇、忠诚、坚韧"等正面认知赢得社会公众的信任与拥戴，从而在抵御外辱和戡定内乱过程中，依托"爱国主义"和"民族主义"话语体系，逐渐巩固其社会地位和政治影响力。

在资金要件方面，军人职业更擅长的是"烧钱"而不是"赚钱"，因此很难期望军人群体能在市场经济环境下通过公平合法的手段满足政治资金需求。不过，对于现代化起步阶段的东亚各国而言，社会经济发展在很大程度上依托的是国家主义的政策扶持，从而为军人集团在国家行政管理与宏观调控过程中，通过侵吞财政拨款、私分国企收益或收受私企献金等方式取得资金提供了契机。

由于军人集团的强势对客观环境有特殊要求，因此尽管曾声名显赫，但最终不过是昙花一现。随着东亚各国的安全环境改善与社会经济发展，特别是市场经济日趋完善，军人集团的政治影响力也逐渐衰退，最终难免在城市中产阶级与商人集团的政治抵制下黯然退出政治舞台。

2. 技术官僚集团

作为与军人集团同期形成并成长起来的社会聚合体，技术官僚集团在东亚各国的现代化进程中，发挥着举足轻重的引导作用。相较于军人集团独揽大权的自信与狂野，技术官僚集团的政治影响力尽管显得平和与低调，但却具有很强的可持续性。

时至今日，东亚各国的军人集团多数都已成为明日黄花，但是技术官僚集团却依然拥有重要的政治话语权。技术官僚集团之所以能长期保持影响力，很大程度上得益于在其形成过程中三大要件不求外力的内生性与自立性。

在组织要件方面，现代行政体系的科层制结构，使得技术官僚集团具有较为严格的等级结构与相对高效的动员机制。尽管相较于军人集团的令行禁止尚有明显差距，但与其他社会聚合体相比，却具有明显的组织化优势，拥有很强的行动力与执行力。

在话语要件方面，得益于东亚各国传统的官本位意识，以及现代化初期相对较低的教育水平，使得通常拥有较高文化素养特别是西方教育背景的技术官僚群体，很容易在社会公众中树立权威，并以"开启民智""代言民意""改善民生"等话语体系契合社会公众对于国家建设的迫切诉求，从而在国家主义与民本主义等观念的基础上有效凝聚其现代化引导者的普遍印象。

在资金要件方面，得益于专业化的行政能力与管理技巧，技术官僚集团能从国家行政系统运作的正常流程中名正言顺地截留侵吞所需资金，而不必像军人集团那样为开列更多的军费支出而承担沉重的社会压力。此外，通过行政职权的相关运作，技术官僚也能获取来自国企或私企的部分收益，但会面临较高的社会压力，因此属于个人或派系行为，通常在集团层面并不被认可。

随着社会经济的发展，特别是教育水平的提高，曾经的顺民开始不再无条件地认可技术官僚的现代化引导者的印象。从话语权的民主思潮，到行政管理的有限政府诉求，再到政府信息公开与公职人员财产申报，技术官僚集团曾拥有的政治优势开始不复存在。从发展趋势看，尽管技术官僚集团的政治影响力还将长期存在，但在缺少话语与资金要件的情况下，将很难恢复往日的权力地位。

3. 中产阶级

从东亚各国的政治发展来看，中产阶级都是相当重要的政治力量。例如，韩国、泰国、印尼、菲律宾等国的威权体制，都是在以中产阶级为先导的民主运动中土崩瓦解。不过，作为政治权力集团，中产阶级却存在明显缺陷，从而严重影响其行动力与执行力。

从人员基础来看，中产阶级的身份认同是以财产状况作为基准标识，但问题在于，所谓"中产"就其本意而言是介于高收入与低收入之间的相对概念，通常情况下更多取决于社会个体的主观认知，并不存在客观标准。因此，中产阶级的边界相当模糊，很容易随着社会经济环境的短期变动而出现成员的大规模流失。

事实上，如果从现代化的长期发展来看，中产阶级在很大程度上属于过渡性的政治权力集团。在现代化初期，社会经济发展水平较低，中等收入群体的规模相当有限，尚不足以形成独立的社会聚合体，因此不存在中产阶级产生的社会基础；在现代化中期，社会经济迅速发展，中等收入群体的规模迅速扩大，并逐渐成为金字塔结构中相对独立的社会阶层，从而为中产阶级在财产状况差异的身份认同基础上形成群体的归属感与共同的政治权力诉求创造了有利条件；在现代化后期，社会经济高度发达，橄榄形社会结构成型，中产阶级开始成为普遍标识，不再是辨别"我者"与"他者"的有效基准，从而使得中产阶级在原有基础上逐渐分化为派生权力集团。例如，对日本而言，中产阶级作为政治权力集团已不存在，取而代之的是以行业协会和职业团体为组织载体的派生权力集团。

即使是在现代化中期，中产阶级的政治影响力也存在很大的不确定性，既有可能风云际会发挥举足轻重的作用，亦有可能在政治权力的博弈中被完全边缘化。这在相当程度上受制于其三大要件建构过程中的局限性。

在组织要件方面，由于缺乏严密的组织架构，因此通常情况下，中产阶级都表现得相当松散，难以就政治议题展开有效的动员和行动。尽管各类社会组织网络有助于在一定程度上弥补中产阶级的组织缺陷，但是缺乏有效的信息交流与沟通手段，始终是制约中产阶级发展的重要障碍。无论是广场演讲，还是通过传单、报纸、广播等方式进行宣传，其信息传递都具有单向性，很难起到内部交流沟通作用，而且信息量有限，难以对现实政治做出及时的反馈。不过，随着信息技术的发展，尤其是手机与互联网的日益普及在根本上改变了中产阶级的组织方式。通过虚拟空间的网络建构，中产阶级成员之间能够便捷、及时、准确地进行交流沟通，从而在短时间内筛选出对特定政治议题感兴趣的成员，并在第一时间采取行动。

但是，由于虚拟空间的网络架构并不具有现实的约束性，因此不少政治行动都存在较大随意性，并缺乏可持续性，难以取得预期成效。更重要的是，虚拟空间的交流沟通在很大程度上加速了中产阶级成员在政治议题上的偏好选择，有助于更专业的派生权力集团形成，从而会在根本上促成中产阶级的分化瓦解。

在话语要件方面，由于中产阶级主要由社会精英特别是知识精英构成，相较于其他受教育水平较低的社会聚合体而言，更易于接受各种政治观念与社会思潮，从而很容易在建构本集团话语体系的过程中引发意识形态的矛盾与冲突，难以形成井然有序的主流话语体系。尽管在反对威权政府的政治运动中，城市中产阶级聚集在"民主"的旗帜下，但这更多是基于对威权话语体系的一致反对，而不是对"民主"观念的一致认同。事实上，由于出身、职业、信仰等多方面因素影响，中产阶级在何谓"民主"问题上从未达成一致。正是缺乏统一的话语体系，使得中产阶级在推翻威权政府后，未能进一步采取共同行动，从而在权力重构的过程中再次被边缘化。

在资金要件方面，尽管中产阶级成员相对富足，但也很难提供巨额的政治资金，而且由于缺乏有效的组织架构，成员之间很容易产生不信任感与"搭便车"的倾向，使得"聚沙成塔"的小额捐款模式在实践中很难取得预期成效。不过，得益于中产阶级聚居在中心城市的特征，使得游行、集会与示威等手段既不需要过多资金，也能在一定程度上形成政治压力，进而为谋取政治利益诉求创造有利条件。因此，中产阶级在政治权力斗争中，通常都偏好于街头政治的行动方式，尽管也能见效，但从长期来看，却是失去了通过资金运作进一步提高行动力的可能性。

4. 商人群体

从传统到现代的政治转型过程中，地位改变最明显的社会聚合体首推商人群体。尽管不是所有国家传统上都奉行"士农工商"的社会阶层排序，但在农业社会中，商人群体通常情况下都是王室、贵族、官僚的依附者，或许依托雄厚资金拥有一定话语权，但缺乏独立地位，无法掌握政治主导权。随着现代化蓬勃发展和市场经济日益成熟，商人群体的社会地位日益上升，开始成为政治权力博弈的主导力量。

商人群体在政治化的过程中，通常会在不同的社会经济发展阶段分化出不同的派生权力集团，其中常见的主要有：中小企业集团、传统产业集团、金融资本集团、高新技术集团、跨国企业集团、财阀集团等。尽管都是以商人职业作为群体认同的基准标识，但是派生权力集团对三大要件的建构却有所不同，从而使其行为模式出现差异。

在组织要件方面，商人群体通常以组建行会或协会的方式进行内部交流沟通以及对外协商联络。尽管不像官僚集团或军人集团那样存在明确的内部约束机制，但对商人个体而言，经由行会或协会一致同意作出的决定还是有较强的约束力，任何背离一致决定的举措，都可能受到报复性商业制裁，从而在本集团成员之间形成了颇为有效的互制机制。相对而言，政治权力集团规模越小，互制机制的效果越好，例如，财阀集团的利益协调通常更加有效；反之亦然，例如，中小企业集团的执行力就相对较低，通常难以保证政治行动的一致性与可持续性。

在话语要件方面，由于所从事的行业有所不同，因此派生权力集团的话语体系在计划与市场、福利与自由、保守与开放等核心利益诉求上存在根本差异。如果是规模较小、技术落后、竞争力差的派生权力集团，诸如中小企业集团、传统产业集团等，通常倾向于国家保护主义，反对自由竞争的市场经济；如果是规模较大、技术先进、竞争力强的派生权力集团，诸如跨国企业集团等，通常倾向于对外开放，要求减少政府管制，进一步完善市场经济体制。

需要指出的是，派生权力集团的政治立场并不是静态的，而是随着现代化进程不断改变。通常情况下，派生权力集团在形成初期都会持改革立场，要求在自由、公平、开放的环境下与既得利益集团争夺发展空间，但随着时间推移，一方面本身已成为既得利益集团，另一方面在现代化进程中竞争力优势日益弱化，从而逐渐转为保守立场，要求保持现有利益结构，反对任何新兴的派生权力集团参与竞争。例如，泰国传统产业集团在20世纪70年代曾是反对政府管制的改革派，但90年代却成为抵制市场化改革与对外开放的保守派。

在资金要件方面，通常情况下，商人群体都能筹集到数量可观的政治资金，但是派生权力集团的筹资能力却并不相同。随着金融服务业的蓬勃发展，能否有效利用金融工具筹募资金，逐渐成为决定派生权力集团政治影响力的关键所在。从东亚各国的情况看，金融资本集团、高新技术集团、跨国企业集团等现代化中后期形成的派生权力集团，普遍拥有更明显的资金优势与政治发展潜力；与此相对，中小企业集团、传统产业集团等现代化初期形成的派生权力集团，则随着社会经济发展在资金方面渐呈颓势，难以长期保持政治话语权。

5. 农民群体

尽管农民群体的政治化现象在东亚各国并不少见，但在多数情况下都是作为其他政治权力集团的依附者，缺乏必要的政治自主性。由于受到主客观因素制约，农民群体要满足三大要件面临诸多难题，通常要到现代化发展的中后期才有可能成为独立的政治权力集团。

在组织要件方面，农民群体的散居特征是组织化建构的重要障碍。如何才能将散沙一般的农民群体有效组织起来并采取一致行动，始终是政治精英所面临的难题。尽管通过官方或半官方的农业合作组织，以及农村地区的非政府组织，能在一定程度上发挥组织动员作用，但其覆盖面、协调性与执行力都不足以支撑现代化初期的庞大农民群体。这就使得农民群体在政治化过程中，具有相当明显的地域性特征，容易为地方豪强集团的家族势力所操控和影响。通常要到现代化中后期，随着城市化与工业化的发展，农民群体规模大幅下降，相关组织机制才有可能切实发挥整合作用。此外，现代信息技术的高速发展，特别是手机通信的便捷性在很大程度上有效增强了相关组织机制的效能，从而有可能使农民群体提前满足组织要件。

在话语要件方面，由于农民群体深受传统意识形态影响，因此要在现代理念基础上构建统一的话语体系，将会面临缺乏认同感的现实难题。对此，政治精英通常会将传统观念（诸如宗教信仰、庇护关系、宗族意识等）与现代理念（诸如福利主义、共产主义、国家保护主义等）进行相互杂糅，以形成有助于农民群体理解和接受的话语体系。不过，即使新兴话语得以产生，如何进行有效传播却是更进一步的现实难题。现代化初期，农民群体的教育水平普遍偏低，为数众多的文盲与半文盲使得新兴话语的宣传和推广举步维艰。尽管通过政府主导的农村意识形态建设，或是城市知识精英的上山下乡，有助于在短期内加速新兴话语推广，但却很难为话语体系的发展与完善提供持久动力。通常情况下，唯有到现代化中后期，随着整体教育水平得到全面提高，农民群体才有可能在自觉与自主的基础上，逐步完成话语体系的群体认同，从而为政治博弈提供统一的意识形态指导。不过，随着广播、电视、电影等多媒体技术的发展，很大程度上拓展了新兴话语的推广手段，降低了话语体系建构对群体教育水平特别是识字率的门槛要求，从而有可能使农民群体提前满足话语要件。

在资金要件方面，由于农业生产收益偏低，尤其是现代化初期工农业产品剪刀差的客观存在，农民群体很难通过经营活动自主筹募政治资金。现代化初期，农民群体的政治资金通常依赖于其他政治权力集团特别是商人群体的派生权力集团。这使得农民群体在政治博弈中不仅缺乏自主性，而且缺乏可持续性。除非农民群体的政治诉求契合相关政治权力集团的利益目标，否则就很难取得持续性的政治资金支持。通常情况下，唯有到现代化中后期，"工业反哺农业，城市支持农村"政策逐步推行，财政补贴开始向农村倾斜，农业生产率也稳步提升，农民群体才有可能实现对政治资金的自主筹募，并且通过政治博弈获取更多的政策优惠与财政补贴，从而进一步增强资金筹募能力和政治博弈能力。

（二）复合标识集团

此类政治权力集团是以相同的多重社会属性及其排序方式作为群体凝聚力的根本来源，其社会属性通常体现集团成员的意识形态特征。其中，较为常见的有"族群意识"与"宗教信仰"，"政治立场"与"宗教信仰"，以及"族群意识"与"政治立场"等相互复合的政治权力集团。

通常情况下，相较于其他政治权力集团，复合标识集团在建构三大要件时具有一定优势，从而有助于在政治博弈过程中占据有利地位。例如，作为在印尼和马来西亚等国拥有重要政治影响力的马来穆斯林群体，即是"族群意识"与"宗教信仰"相互复合的政治权力集团。在组织要件方面，得益于伊斯兰宗教的组织网络，马来穆斯林群体能有效地进行广泛动员，并引导成员采取协调一致的政治行动，从而有效增强其行动力与执行力；在话语要件方面，得益于民族主义和伊斯兰教教义对"我者"与"他者"的明确界定，使得马来穆斯林群体成员能在此基础上产生强烈的群体认同感，并对其他政治权力集团产生明显的疏离感甚至对立感；在资金要件方面，得益于为数众多的高收入阶层成员特别是商界精英，马来穆斯林群体能在不依托外力的情况下自主筹募政治资金，从而使得资金渠道能保持较高的稳定性与可靠性，有助于提高政治影响力的可持续性。

从东亚各国来看，复合标识集团通常在民族或宗教问题较为突出的国家更普遍也更有影响力，例如印尼和马来西亚，而在单一民族国家或是宗教信仰相对泛化的国家，例如韩国与日本，则相对较少形成类似的复合标识集团。

第二节 政治权力结构的同心圆模型

一 "核心—边缘"的同心圆模型

对于政治权力集团而言，登上政治舞台参与博弈的目的在于提高政治权力地位，以获取更多的社会经济利益。所谓"政治权力"，是指政治权力集团依托国家机器贯彻政治意志、提高社会地位、争取经济利益的强制性支配能力。其主要表现为对事关国计民生的基本国策的决定性影响力。其作用对象主要是国家资源，既包括政府直接垄断的国有资源，例如财政税收、国有土地、林木矿藏等，也包括政府通过国家政策所能影响的非国有资源，例如民族产业在贸易保护政策下所享有的国内市场份额等。其作用效果表现为参与对国家资源的分配和再分配，前者主要通过制定重大政策法规的方式实现，例如行业准入、矿藏开发、产业保护等政策法规，有可能形成中长期影响；后者主要通过政令决议的方式达成，例如财政预算分配、税率水平调节等，通常在短期内发挥作用。

所谓政治权力结构，是指政治系统中的政治权力集团在国家权力竞争与分配过程中的相对地位与相互关系。其形成与发展，主要取决于政治权力集团的博弈与妥协。基于更为直观的分析需要，本书将采用"核心—边缘"的同心圆模型对政治权力结构进行分析和探讨（见图1.1）。

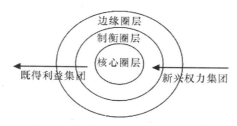

图1.1 政治权力结构的同心圆模型

政治权力结构的同心圆模型包括三个圈层，从内到外依次是核心圈层、制衡圈层、边缘圈层，其政治权力地位逐级递减，越靠近中心区域所掌握的政治权力越多，越接近外围区域所拥有的政治权力越少，甚至有可能被彻底边缘化。

核心圈层的政治权力集团在政治博弈中处于强势地位，掌握国策主导权，能够自主制定新政策，或是修订或是废止既有政策，并通过国家机器予以贯彻执行。

制衡圈层的政治权力集团在政治博弈中拥有常规否决权，能够以拒绝继续提供政治支持的方式，通过合法或不合法的常规渠道施加压力，迫使核心集团更改或放弃所提出的国策主张。

边缘圈层的政治权力集团在政治博弈中处于弱势地位，仅有非常规否决权，通常是被动的政策接受者，但在核心集团所提出的国策主张严重侵害其既得利益的特殊情况下，能通过暴力或准暴力的非常规渠道施加压力，迫使核心集团更改或放弃所提出的国策主张。

从发展视角来看，政治权力结构并不是静态固化的存在，而是动态演进的过程。各派政治权力集团在同心圆模型中所处的圈层，将会随着彼此势力的消长而变化更替。新兴权力集团在拥有相应的社会经济影响力后，势必要求相应的政治话语权。其目的一方面旨在维护其既得的社会经济利益免受不正当的侵害，另一方面旨在利用政治权力争取更多的社会经济利益，以满足进一步发展的客观需要。如图1.1所示，新兴权力集团的政治权力要求，将对处于同心圆核心圈层的既得利益集团产生"替代效应"，从而引发新旧利益集团之间的摩擦和冲突。

二　政治权力结构的基本形态

政治权力集团在"同心圆"模型各圈层分布的不同情况，会在很大程度上影响政治系统稳定性、有效性和可持续性。从东亚各国的政治发展来看，可将政治权力结构划分为五种形态，即单极自律形态、寡头自律形态、单极多元形态、无序多元形态以及衡平多元形态。

（一）自律形态

所谓自律形态，是指在同心圆的制衡圈层不存在任何政治权力集团，从而使得处于核心圈层的政治权力集团在决策过程中很少受到常规否决权的制度化约束，其政治决策的合理性与正当性将主要依靠核心集团自律。

根据政治权力集团在核心圈层的分布情况，可以进一步划分为"单极自律"与"寡头自律"两种形态。

1. 单极自律形态

如果单一政治集团独占核心圈层，制衡圈层不存在政治力量，其他集团都被压制在边缘圈层，即为单极自律形态（见图1.2）。

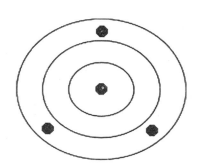

图 1.2　单极自律形态

从东亚各国来看，单极自律形态的形成与发展，通常要满足两项条件：其一是国家正处于内忧外患的特殊历史时期，有待通过独断专行的权力运作，集中国家资源以推动社会经济的跨越式发展。其二是占据主导地位的政治权力集团拥有独具魅力的杰出政治领袖，能通过国家暴力与领袖魅力的有机结合，直接获取社会公众的普遍认可与拥护，而不必依靠其他政治权力集团的同盟支持。例如，泰国沙立总理、韩国朴正熙总统、印尼苏哈托总统，都是临危受命，依托军人集团的暴力机器，以近乎独裁的政治统治，开辟了社会经济跨越式的国家发展道路。

通常情况下，单极自律形态具有以下特征：

（1）稳定性较高

得益于对国家暴力机器的直接掌控，核心集团能以武力或以武力相威胁的方式，对任何有意或可能有意跻身核心圈层的政治权力集团进行打击和压制，甚至从肉体上消灭政治反对派，从而有效维护其在核心圈层的排他性政治主导地位。与此同时，得益于政治领袖的人格魅力，使得社会公众会在非理性的因素影响下，自觉自愿地接受核心集团的政治决策，甚至是有可能对其利益产生负面影响的政治决策，从而有助于降低核心集团的执政成本。

（2）有效性一般

得益于权力独断地位，核心集团在涉及社会经济发展总体规划的国策制定问题上，能毫无掣肘地推动体制改革，突破既得利益集团的传统束缚，从而为跨越式发展创造有利条件。

不过，由于在核心圈层和制衡圈层都不存在能对核心集团形成有效监督的政治力量，使得核心集团很容易在绝对权力的侵蚀下，形成系统性的腐化堕落，难以长期保持勤勉、廉洁、高效，从而在根本上影响决策环节的合理性与执行环节的有效性。

腐败问题在泰国、韩国、印尼等国都有前车之鉴。尽管韩国总统朴正熙在个人层面廉洁自守，并在执政期间多次开展反腐肃贪运动，但却未能在系统层面改变军人集团的腐化趋势。朴正熙遇刺身亡后，其继任者腐败问题也很严重。全斗焕执政期间受贿 2259 亿韩元，卢泰愚执政期间受贿 5000 亿韩元。[①] 泰国和印尼的军人集团领袖更是带头腐败。泰国总理沙立过世后留下高达 1.4 亿美元的"灰色"遗产。[②] 印尼总统苏哈托依托政治权力，编织庞大的裙带网络，垄断 3/4 的国家经济，家族财产高达 450 亿美元。[③]

（3）可持续性较低

依托国家暴力机器，核心集团能在短期内有效维护其政治主导地位，但过于频繁使用武力将会引起社会公众的不满情绪，因此，政治领袖的人格魅力也就成为核心集团消除负面影响并在中长期保持执政地位的关键所在。

这就使得单极自律形态的存续期，通常与政治领袖的生命周期存在高度相关性。如果政治领袖生命周期较长，则核心集团就有可能在相当长的时期内保持其执政地位，直到领袖过世或是魅力消退，否则就很可能因执政成本过高而被迫让渡权力甚至退出核心圈层。例如，得益于苏哈托长达 31 年的总统任期，印尼军人集团始终把持着政治主导权；与此相对，韩国军人集团则在朴正熙遇刺身亡后，逐渐由盛转衰，并最终失去政治话

---

① 郭定平：《韩国政治转型研究》，中国社会科学出版社 2000 年版，第 148、161 页。

② 周方冶：《王权·威权·金权：泰国政治现代化进程》，社会科学文献出版社 2011 年版，第 132 页。

③ 漓源：《苏哈托：一个富可敌国的腐败家族》，载《经济世界》1998 年第 11 期，第 41 页。

语权。

2. 寡头自律形态

如果核心圈层被复数政治权力集团占据，制衡圈层不存在政治力量，其他集团都被压制在边缘圈层，即为寡头自律形态（见图1.3）。

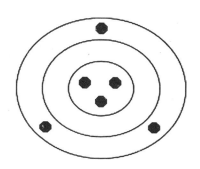

图1.3 寡头自律形态

从东亚各国来看，寡头自律形态的形成与发展，通常要满足两项条件。

其一是核心圈层政治权力集团在对等协作基础上形成相互依存关系。无论日本"55年体制"下的"政官财"铁三角，还是泰国20世纪80年代半民主时期"国王领导下"的"军政商"政治联盟，其得以长期存续的关键都是各派力量的均势与互补。均势是指任何一方都难以取得绝对优势，从而保证各方在对等基础上开展合作；互补是指任何一方的发展都需要其他各方掌握的稀缺资源，从而形成各方相互制衡，避免任何一方不受约束地肆意扩张。

其二是社会公众在传统文化或现实威胁的影响下，存在明显的意识形态倾向，从而使核心权力集团能借以压制其他力量涉足制衡圈层。寡头自律形态通常具有民主表象，因此会被西方学者认为是民主或半民主体制。核心权力集团在宪政体制的民主框架下长期保持政治垄断地位，一方面需要依托传统的地方势力操纵选票，另一方面需要借用意识形态的话语权，为其提供权力垄断的合法性依据，争取民众的认可与支持，尽可能降低执政成本。冷战期间强烈的反共意识形态，很大程度上为日本"55年体制"与泰国半民主体制的延续提供了重要支撑。

通常情况下，单极自律形态具有以下特征：

（1）稳定性一般

得益于对国家暴力机器的有效掌控，核心圈层的政治权力集团能以武力或武力相威胁的方式，有效压制边缘圈层的其他政治权力集团。不过，相较于单极自律形态下的单一核心集团，寡头自律形态下的复数核心集团在选择暴力手段的问题上缺乏必要的决断性。

核心圈层的复数政治权力集团共存是政治博弈的妥协结果。因此，各派核心集团一方面都存在独占核心圈层的政治野心，另一方面也都对其他核心集团心存戒备，担心在政治斗争中被边缘化。暴力手段在镇压反对派方面效果明显，但容易引起社会公众的不满情绪，从而产生明显的负面影响。通常情况下，核心集团都不愿承担动用暴力手段的不利后果，以免在镇压反对派后，却会因失去民意支持而被其他核心集团趁势打压。

这就使得在政治博弈中，如果面临大规模社会运动，核心集团很可能彼此顾忌而无法及时动用暴力手段镇压反对派，甚至有可能在以邻为壑的策略考量下与边缘圈层的政治权力集团达成妥协，从而促成政治权力结构的瓦解与重组。

（2）有效性一般

尽管不像单极自律形态下的单一核心集团那样拥有近乎独断的决策权，但寡头自律形态下核心圈层的政治权力集团数量相对有限，而且不必顾及制衡圈层的政治掣肘，因此在决策效率方面依然具有一定优势。不过，通常情况下很难期望寡头自律形态能够像单极自律形态那样锐意改革和勇于进取。由于核心圈层的政治权力集团必须在平衡各方权益后，才有可能做出相应的改革决策，因此，保证收益相对均衡而不是收益最大化，更不是社会收益最大化，将成为核心集团最主要的决策原则。事实上，即使存在不影响任何一方权益就能提高社会总产出的理想化"增量改革"，如果核心集团的各方相对收益分配不均，以至于任何一方认为可能影响核心圈层势力均衡，都会导致改革计划搁置，直到核心集团各方经过协商和妥协后，达成相对收益均衡的分配方案。至于需要牺牲核心集团任何一方利益的"存量改革"，更不可能通过常规方式协商达成，通常都要进行核心圈层的均势重构。

此外，尽管在寡头自律形态下，通常会依照民主政治的相关要求建构颇为规范的权力监督体系，从而在形式上有助于政府廉政建设，但问题是，由于制衡圈层缺少政治权力集团，难以形成有效的社会监督，故而所有形式上的权力监督体系，本质上都不过是核心圈层政治权力集团的自我监督。从廉政建设效果来看，虽然也在一定程度上起到作用，有助于约束个体行为对集团利益产生侵害，但从集团层面来看，难以起到任何作用，其自律效果甚至不如单极自律形态下的单一核心集团。

究其原因，就在于单极自律形态下，所有政治不利后果都要由单一核心集团自行承担，因此在执政预期约束下，单一核心集团还会有意识地自我约束，以免影响执政地位；而在寡头自律形态下，所有政治不利后果都是由相互存在竞争关系的各派政治权力集团共同承担，因此，基于"以邻为壑"策略，任何政治权力集团的最佳方案都是以合理或不合理的方式尽可能攫取利益，并将成本平摊给所有的核心集团，从而取得更高相对收益，并在此基础上逐渐改变其与竞争对手的力量对比，以期最终赢得核心圈层的政治主导权。东亚各国在寡头自律形态中后期，通常都会面临积重难返的腐败问题。例如，日本"55年体制"中后期，政治分赃的腐败日益严重，前首相田中角荣甚至由于"洛克希德"案而受到美国参议院严厉责难。[①] 泰国半民主时期的政府舞弊问题更是不绝于耳，备受社会各界诘难。

（3）可持续性一般

由于制衡圈层空缺，使得寡头自律形态在结构层面上缺乏有效的地位晋升与退出渠道，从而在很大程度上影响到政治权力集团的有序流动。

对于核心圈层的政治权力集团而言，无法退守制衡圈层就意味着一旦在政治博弈中让步，就有可能面临被彻底边缘化的不利局面，从而使其即使面对势力衰退的客观现实，也不愿做出政治让步的理性选择，因为最坏结果亦不过是被彻底边缘化。

对于边缘圈层的政治权力集团而言，无法晋升制衡圈层就意味着除非一步到位跻身核心圈层，否则无论其现实影响力如何提升，都难以获得相应话语权，从而使其容易产生不满情绪与偏执行动。

于是，随着社会经济发展过程中的不均衡性逐渐增强，寡头自律形态缺乏自我协调能力的结构刚性问题将日益突出，并在新旧政治权力集团难以调和的利益冲突中，引发政治权力结构的转型与重组。

---

① ［美国］詹姆斯·L.麦克莱恩：《日本史（1600—2000）》，海南出版社2009年版，第467—468页。

（二）多元形态

所谓多元形态，是指在同心圆的制衡圈层存在单一或复数政治权力集团，从而会在决策过程中形成相互制衡格局，并在彼此协商与妥协的基础上，使得最终决策通常体现多元利益诉求。根据政治权力集团在核心圈层的分布情况，可以进一步划分为"单极多元""无序多元"以及"衡平多元"三种形态。

1. 单极多元形态

如果单一政治权力集团占据核心圈层，单一或复数政治权力集团占据制衡圈层，其他政治权力集团分布在边缘圈层，即为单极多元形态（见图1.4）。

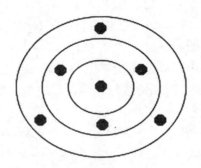

图1.4　单极多元形态

从东亚各国来看，单极多元形态的形成与发展，通常要满足两项条件。

其一是民族国家面临严峻外部威胁和生存压力，从而使单一政治权力集团能在杰出领袖的主持下，通过民主选举的方式临时取得社会公众授权，毫无掣肘地集中配置国家资源以渡过难关。如果单一政治权力集团在临危受命后，确实做到力挽狂澜，并能开辟可行的国家发展道路，那么，社会公众就有可能保留单一授权的"社会契约"，支持其长期垄断核心圈层的政治主导权。作为东亚国家最具代表性的单极多元形态，新加坡在人民行动党引领下，不仅渡过了独立初期的艰难岁月，而且作为"四小龙"成功跻身高收入国家行列。

其二是核心集团主要依靠基于共同体观念的国家意识凝聚民意支持率，而不是基于个人魅力的领袖崇拜。尽管新加坡前总理李光耀备受尊崇，但人民行动党的执政地位依托的是国家发展主义的意识形态，而不是李光耀的个人政治威望。这一方面有助于避免领导人更迭对核心集团执政地位的负面影响；另一方面也对核心集团形成意识形态的自我约束，从而为其他政治权力集团跻身制衡圈层提供保障。

通常情况下，单极多元形态具有以下特征：

（1）稳定性较高

由于存在制衡圈层政治权力集团的监督与约束，因此单极多元形态的核心集团很难随心所欲地动用暴力手段镇压反对派。不过，得益于国家主义意识形态的政治感召力，以及特殊历史时期形成的排他性执政地位，核心集团在民主选举中占据明显的优势地位。

例如，核心集团能利用执政优势对选举流程进行调适甚至重构，使之在制度设计上有利于核心集团的代表当选。又如，核心集团能直接或间接地利用国家资源构建相对完善的基层组织，从而在选举中有效引导民意取向。再如，核心集团能动用国家资源与其他政治权力集团进行利益交换，从而事先就选举的结果问题达成妥协。

通过参与民主选举，单极多元形态的核心集团不仅能有效把持政治主导权，而且在执政形式上具有合法性与正当性，有助于切实降低执政成本与社会风险。

（2）有效性较高

得益于排他性的执政地位，单极多元形态下的核心集团拥有很高的决策自主性，有助于在社会经济的改革与发展问题上锐意进取。尽管制衡圈层的政治权力集团能对核心集团的决策产生影响，但是通常而言，其更多表现为积极地拾遗补缺，而不是消极地争权夺利，因此对决策的合理性与可行性具有结构优化作用。此外，由于政治决策的主动权完全为核心集团所掌握，因此即使部分政治权力集团出于私利而对决策加以掣肘，也不会对核心集团的最终决策产生实质影响。

事实上，制衡圈层政治权力集团存在的现实意义，更多表现在促使核心集团加强自律方面。在单极多元形态下，核心集团可以无视制衡圈层政治权力集团的无理要求，但却无法忽视社会舆论与公众民意，因为在难以诉诸暴力的情况下，社会公众的选票将是决定权力归属的唯一依据。于是，核心集团在面临制衡集团的外部监督情况下，将会在系统层面产生自我约束的有效动力，旨在通过清廉、勤勉、高效的执政能力保证民意支持率。即使出现个体的腐败行为，也会在系统压力下得到及时肃清，从而有效避免腐败问题的扩散与蔓延。

（3）可持续性一般

单极多元形态下核心集团的垄断地位，通常是特定历史条件下社会公众的自主选择产物，其有效性得到历史经验证明。不过，无论曾经是何等荣耀，其光辉也会随着时间流逝而逐渐黯淡，难以长期作为核心集团垄断政治主导权的合法性依据。

对于核心集团而言，巩固执政地位的基本策略主要体现在两方面：一方面是从理性角度出发，通过彰显执政能力赢得社会公众的认可与支持，并直观体现为国民经济高速增长以及生活水平持续改善；另一方面是从感性角度出发，通过强化有利于核心集团的意识形态，努力将核心集团的执政地位符号化为国家发展主义的客观表象。

尽管从中短期来看，单极多元形态具有较高的政治稳定性，但从长期来看，随着大量新兴政治权力集团的晋升被迫止步于制衡圈层，将会形成日益沉重的结构压力。更重要的是，无论核心集团如何努力，都很难在长期发展过程中规避经济增长周期性衰退的客观规律。于是，随着经济衰退出现，核心集团就有可能在制衡集团的压力下被迫承担起相关决策责任，从而在民主选举中失去社会公众的信任和支持，甚至失去政治主导权的垄断地位，并最终引发政治权力结构的转型与重组。

2. 无序多元形态

如果核心圈层缺乏主导力量，复数政治权力集团在制衡圈层争权夺利，其他政治权力集团则分布在边缘圈层，即为无序多元形态（见图1.5）。

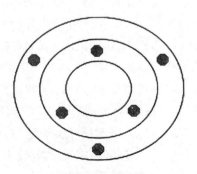

图1.5　无序多元形态

从东亚各国来看，无序多元形态的形成与发展，通常是在原有政治权力结构瓦解后，各派力量对核心圈层主导地位的权力博弈相持不下的结果。尽管在各派力量相对均势情况下，其博弈过程有可能持续相当长时期，但并不改变其过渡性的结构本质。对于任何国家而言，无序多元形态的出现都意味着混乱与动荡，并有可能对社会经济产生严重损害。20世纪70年代泰国他侬政府倒台后，80年代菲律宾马科斯政府倒台后，90年代印尼苏哈托政府倒台后，都曾出现过无序多元形态的政治动荡。

通常情况下，无序多元形态具有以下特征：

（1）稳定性较低

无序多元形态下，由于缺乏核心集团对其他政治力量的有效压制，政府权威变得日益薄弱，很容易引发执政府的频繁更迭，形成各派力量"你方唱罢我登场"的政治乱局。制衡圈层的各派政治权力集团普遍觊觎执政权，试图通过掌控国家权力，攫取更多国家资源，并在此基础上形成相对于其他政治权力集团的政治优势，进而跻身核心圈层成为主导集团。

任何政治权力集团在取得执政地位后，都很难与反对派在利益交换的基础上达成妥协。相较于成为核心集团所能获得的长期政治收益，任何中短期收益都不再具有吸引力。更何况，执政派通过整合国家资源成为核心集团后，曾经相互制衡的政治均势将不复存在，如果执政派拒绝兑现承诺，反对派将面临无可奈何的政治困境。

这就使得以执政权为核心目标的"零和博弈"，将成为无序多元形态下各派政治权力集团的行为准则，从而使得政治局势陷入持续的混乱与动荡中。例如，从1973年到1978年，泰国曾先后发生了3次政变，废立了4部宪法，更替了6任总理。

（2）有效性较低

无序多元形态下，面对政府频繁更迭的客观现实，各派政治权力集团很难形成长期执政预期。因此，基于本集团的发展需要，执政集团所关切的通常不是升级产业结构或改善民生等长期议题，而是有利于增加本集团收益的短期议题，甚至是以合法或不合法的手段肆意攫取政治利益，以弥补权力斗争成本，并为新一轮的政治博弈储备资源。这会在很大程度上导致系统性腐败的产生与蔓延，从而严重影响政治系统的有效运作。

制衡圈层的其他政治权力集团会在一定程度上对执政集团形成监督与制约，但其目的并不在于拾遗补缺或拨乱反正，而是要取而代之，因此，政治反对派通常并不是就事论事，而是秉持为反对而反对的机械原则，单纯抵制执政集团的各项行为，从而无助于切实改善执政能力。事实上，即使反对派掌权，其行为模式在无序多元形态下，通常也不会与先前的执政集团有本质区别。

（3）可持续性较低

从短期来看，基于独占核心圈层的政治预期，"零和博弈"对政治权力集团而言是颇为理性的策略选择；但从中长期来看，如果政治角力的结果反复证明，任何一方都无法独占核心圈层，那么对强势的政治权力集团而言，放弃"零和博弈"，采取强强联合方式共同占据核心圈层，将是最理性的次优选择，不仅有利于摆脱无谓的政治斗争损耗，而且能在相对稳定的执政环境下分享发展红利。

尽管"强强联合"达成妥协的政治进程，将在很大程度上取决于制衡圈层既有的政治权力集团数量、强势集团的相互认知与信任程度、政治领袖的号召力、采取共同行动的协调能力、社会公众的民意情绪、地区外部的安全环境等诸多影响因素，因此有可能需要相当长的调适过程，难以一蹴而就地完成转型，但从发展走势来看，必然会逐步转向其他四类更为稳定的政治权力结构，而不会长期保持无序多元形态的非稳定结构。

3. 衡平多元形态

如果核心圈层与制衡圈层都存在复数政治权力集团，其他政治权力集团分布在边缘圈层，即为衡平多元形态（见图1.6）。

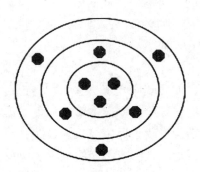

图1.6　衡平多元形态

从东亚各国来看，衡平多元形态的形成与发展，通常要满足两项条件。

其一是政治多元化程度较高，任何政治权力集团都无法在政治斗争中获得压倒性优势，唯有以结盟或共治的方式与其他政治权力集团分享核心圈层的政治主导权。

值得留意的是，政治多元化并不是现代化发展的结果。事实上，政治多元化的程度通常随着现代化进程而呈"U"形变化。现代化初期，传统权力集团大量残存，例如贵族集团、地主集团、宗教集团等，同时新兴权力集团相继诞生，例如官僚集团、军人集团、工业资本集团等，从而形成政治多元化格局；现代化前中期，随着传统经济结构瓦解，成为无本之木的传统权力集团相继衰亡，政治格局趋于集权化；现代化中后期，社会分工日趋完善，促成新兴权力集团的分化与发展，政治格局将再次趋于多元化。

因此，尽管东亚发展型国家通常是在现代化中后期才开始形成衡平多元形态，例如 20 世纪 90 年代以来的韩国、泰国、印尼等，但也有部分国家，尤其是未曾经历过土地改革的国家，由于传统权力集团的强势存在，使其在现代化初期就有可能形成衡平多元形态，例如独立初期的菲律宾。

其二是受传统文化或现代观念影响，社会公众的政治化程度较高，习惯于通过政治参与的方式争取和维护经济社会权益，从而为制衡圈层的政治权力集团开展政治监督提供了广泛的民意支持，使得掌握政治主导权的核心集团难以形成排他性的权力垄断格局。

通常情况下，衡平多元形态具有以下特征：

（1）稳定性一般

在衡平多元形态下，新兴政治权力集团从制衡圈层晋升到核心圈层的门槛较低，使得核心圈层通常会积聚相当数量的政治权力集团。政治收益相对有限，并不足以满足所有核心集团的利益诉求，因此，各派政治权力集团很难形成统一的稳定联盟，而是会分化为彼此竞争的松散阵营，力求通过对执政权的直接掌控以分享更多的政治收益份额。

尽管存在依托暴力手段参与政治博弈的可能性，但在核心圈层与制衡圈层各派政治力量相互制衡的情况下，任何政治权力集团都无法通过暴力手段长期执政，即使是最强势的政治权力集团，也必须通过民主选举的方式合法取得执政地位。这就为弱势集团通过结盟方式制约甚至推翻强势集团的执政地位提供了可能。于是，即使强势集团的"强强联合"，也很难切实保证长期稳定的执政地位，从而使政府更迭在一定程度上具有不确定性。

（2）有效性一般

衡平多元形态下，执政派不仅需要关切社会公众的民意取向，而且要顾及核心圈层与制衡圈层各派政治权力集团的利益诉求，否则就有可能在各派政治权力集团的联合抵制下举步维艰，甚至是失去执政地位。执政派在决策时，通常会受到诸多掣肘，很难做出及时、有效、合理的政治决断，尤其事关各方根本利益的社会经济改革问题时，更是普遍存在"多做多错，少做少错，不做不错"的不作为倾向，从而严重制约改革与发展的步伐。

（3）可持续性较高

衡平多元形态下，政治权力结构具有较高的流动性，各圈层间的壁垒并不森严，新兴权力集团得以较为顺畅地从边缘圈层逐级晋升核心圈层。因此，通常情况下，新兴政治力量在崛起过程中并不会产生改变权力结构现状的利益诉求。而且，即使在特殊情况下，新兴政治力量有意推动权力结构调整，也会遭遇核心圈层与制衡圈层各派既得利益集团的抵制与打压，很难最终达成初衷。例如，泰国的新资本集团在 20 世纪 90 年代强势崛起后，对保守阵营改革缓慢产生强烈不满，曾试图推动权力结构从衡平多元转向单极多元，但遭到各派力量的联手压制，甚至引发 2006 年的"9·19军事政变"，结果使得新资本集团遭受重挫，政治领袖他信也被迫流亡海外。

第三节　政治发展的动力与路径

有关政治发展的概念，学术界尚不存在普遍共识。[①] 基于研究需要，本书认为，所谓"政治发展"是指随着经济利益结构调整和政治文化变迁，政治权力结构反复从一种稳定状态转型为另一种稳定状态的持续演进过程。[②]

20 世纪中后期以来，东亚各国的政治权力结构在前文所述的各类形

---

① 燕继荣主编：《发展政治学：政治发展研究的概念与理论》，北京大学出版社 2006 年版；陈鸿瑜：《政治发展理论》，吉林出版集团 2009 年版。

② 周方冶、郭静：《东亚外源型现代化国家政治发展的动力与路径》，载《探索》2012 年第 2 期，第 183 页。

态间不断转换。21世纪初，东亚各国在政治形态上表现出明显的多样化特征。姑且不论政治制度和体制方面存在的根本性差异，即使是在相似的政体下，例如同为社会主义国家的中国与越南，同为君主立宪内阁制的日本与泰国，同为总统制的菲律宾与印度尼西亚，都在政治权力结构和运作过程中形似神异。那么，究竟是什么原因促成了政治权力结构的转型？其发展路径为何会有所区别？本节将对此予以探讨与分析。

一 根本动力：经济利益结构的调整改变

西方现代化理论认为，经济社会发展与政治进步之间存在密切的相关性。尽管事实证明，他们所假定的"经济增长，政治民主"的简单对应关系并不存在，经济社会与政治的相互关联具有很强的不确定性和复杂性，但是，从东亚各国的历史经验看，有关经济社会发展与政治发展的因果假定，还是很有说服力。[①] 长期来看，经济利益结构的调整是促成政治发展的根本动力（见图1.7）。

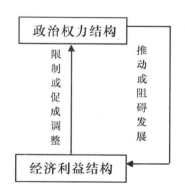

图1.7 政治发展动力示意图之一

（一）经济利益结构是指"社会聚合体占有与支配生产资源的相互关系"

生产资源是指经济生产所需的自然或社会资源，其外延随着生产方式和技术水平的提高在不断拓展。例如，河滩上的黄沙原本并不属于生产资

---

① ［美国］霍华德·威亚尔达：《新兴国家的政治发展——第三世界还存在吗?》，北京大学出版社2005年版，第57页。

源，但在城市建设蓬勃发展后，挖掘黄沙出售成为有利可图的生产性行为，从而使黄沙也成为重要的生产资源，并产生确权问题。于是，政府会通过采掘授权的方式，确立其国有资源的所有权地位。

从生产资源的视角来看，经济利益结构的调整主要表现为两类方式：

（1）存量式调整，即对既有生产资源占有和支配格局的重新建构。

例如，19世纪末的泰国朱拉隆功改革，废止了长期以来的"土地王有制"规定，使得土地资源能够自由流通，从而改变了过去贵族对土地的垄断格局，有效提高了土地利用率和大米产量。

再如，20世纪60年代泰国军人政府鼓励私人部门的产业发展，开放了部分国有垄断性行业，从而为泰国所有制格局的变化开辟了道路。

（2）增量式调整，即在不改变既有生产资源占有和支配格局的前提下，通过对新增的生产资源的分配，在总体上改变生产资源的分布格局。

例如，20世纪80年代，随着卫星技术的发展，泰国政府开始颁发通信卫星的专营权。于是，通过垄断卫星通信频道这一新增生产资源，"电信大亨"他信·西那瓦成功崛起，从而进一步提高了新资本集团的社会—经济地位与政治影响力，并为2001年他信出任政府总理奠定了坚实基础。

（二）经济利益结构与政治权力结构的对应关系失衡，将促成政治的发展或转型

社会—经济运行的基本过程是"生产—分配—交换—消费—再生产"的循环往复，社会聚合体对生产资源的占有和支配状况，将决定其经济社会地位，并成为其政治影响力的基础。

相较于私人部门，国家暴力机器拥有压倒性的力量优势，这就使得占有和支配生产资源的社会聚合体，势必会寻求在国家层面对其所有权和使用权予以保护。

这种保护主要表现在两方面：

一是通过界定"国家公权力"和"社会私权利"范围，对政治权力予以严格限制，以避免其他社会聚合体借政府掌握的公权力对已有归属的非国有生产资源进行侵夺。

二是通过对政治权力的直接和间接掌握，以保证国有资源以及受政治权力影响的非国有资源的占有和支配格局。

从长期来看，政治权力结构将会顺应经济利益结构的变化，但"社会的政治结构绝不是紧跟着社会经济生活条件的……变革立即发生相应的改

变"①，两者时常出现发展失衡。如果政治权力结构的转型落后于经济利益结构的调整，社会—经济的发展要求就会引起政治的改良、改革甚至革命。但是，经济利益结构与政治权力结构的因果关系不能机械地理解。政治权力结构可以先于经济利益结构的变化完成顺应经济发展方向的调整，并且一定程度上保持稳定状态，就有可能促成社会—经济的"跨越式"发展。

　　东亚新兴工业化经济体在威权体制的推动下实现经济起飞的过程，所经历的就是后一种情况，这是外源型现代化国家所特有的后发优势；但在经济起飞后，威权政治体系的"自我强化"倾向，却通常会导致前一种情况出现，再次发生政治转型。恰如恩格斯所言，"经济运动会为自己开辟道路，但是它也必定要经受它自己所确立的并且具有相对独立性的政治运动的反作用，即国家权力的以及和它同时产生的反对派的运动的反作用"②。

二　直接动力：新旧权力集团的利益冲突

　　作为彼此间密切相关但却分属不同层面的两个体系，经济利益结构与政治权力结构之间的相互促进与制约关系，需要通过特定的中介主体才能实现。从"人"的因素来看，政治权力集团是连通两个体系的关键变量（见图1.8）。

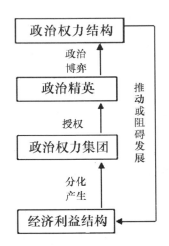

图 1.8　政治发展动力示意图之二

---

① 《马克思恩格斯选集》第 3 卷，人民出版社 1995 年版，第 446 页。
② 《马克思恩格斯选集》第 4 卷，人民出版社 1995 年版，第 701 页。

（一）经济利益结构调整将促成新兴权力集团的产生与发展，使得政治权力结构面临内生的转型压力

工业化是对传统生产方式的重构，因此会在社会化生产网络中，通过产业分工，不断促成新的社会身份认同。产业工人、城市白领、工商业主等，都是在东亚各国工业化进程中逐步产生和发展起来的新兴权力集团。

随着新兴权力集团的日渐成熟，将会对政治话语权产生更多需求，旨在更有效保障和增进自身权益。如果原有政治权力结构缺乏弹性，未能为新兴权力集团提供必要的权力上升空间，就会引起被边缘化的新兴权力集团的普遍不满，进而成为影响既有体制稳定性的现实压力。例如，尽管在社会经济层面，城市中产阶级是威权体制的重要受益者，但在政治层面，由于开放政治参与和分享政治话语权的诉求得不到有效回应，城市中产阶级最终站到威权体制的对立面。无论东南亚的泰国、印尼、菲律宾，还是东北亚的韩国，城市中产阶级都成为瓦解威权体制的民主运动主力军。

（二）经济利益结构调整将改变新旧权力集团的力量对比，使得"政治权力—经济利益"出现结构性失衡

工业化推动社会生产力发展，将促使经济收益高速增长。由于新旧权力集团在工业化生产方式中所处地位不同，因此在经济收益分配过程中，各方受益程度将会有所区别。随着时间推移，在工业化生产方式中占据有利地位的新兴权力集团，将在社会经济实力方面，逐步与掌握政治话语权的既得利益集团缩小差距，甚至出现反超，从而为前者的政治崛起奠定坚实基础。

20世纪80年代，泰国通过承接东亚产业转移，有力推动了技术和资本密集型产业发展，从而为新资本集团的产生创造了前提条件。90年代初，泰国金融市场特别是股市的繁荣，使得高新技术企业能通过上市融资的方式迅速成长为国民经济的新支柱。由此，新资本集团拥有了参与权力角逐的政治资本，并在21世纪初强势崛起，成为政坛主导力量。[①]

（三）政治精英与政治权力集团之间存在复杂对应关系

任何国家的政治运行都需要政治精英的直接操作。"政府总是由少数

---

① 刘志杰：《泰国总理塔信传奇》，世界知识出版社2005年版，第36—40页。

几个人管理的，不管他们是以一个人、少数几个人，还是以大多数人的名义。"① 但是，政治精英必须依托特定的政治权力集团，否则就是无本之木，无从获取掌握政治话语权所需的相应人力、物力和财力。

与此相应，政治权力集团也需要扶持合适的政治精英作为代言人，并经由他们表达利益诉求和参与权力斗争，否则就会导致"民粹主义"式的权力—利益的无序竞争，危及社会的秩序和稳定，破坏政治权力集团生存与发展的大环境。

政治精英与政治权力集团之间通常并不存在简单对应关系。在竞争性选举的条件下，政治精英为了争取更多选票，政治权力集团为了保障自己的利益不因执政党更迭而遭受损失，彼此都会选择多方下注的方式，从而形成错综复杂的对应关系网。例如，泰国的前总理他信就在很大程度上成为最上层"新资本集团"与最下层"农民群体"的政治代言人。在政治较为成熟的国家，政治精英与政治权力集团之间，既有紧密的关系，也保持着相对的独立性。这是政治精英需要以"大众"名义进行国家政治运行的特性所决定的。

（四）政治权力集团之间的经济政治诉求平衡是保证权力—利益关系稳定的根基

政治权力集团在经济利益结构与政治权力结构中都是关键性主体，因此各派权力集团达成经济利益和政治权力诉求的平衡，将有助于两个体系的协调互动，从而形成稳定有序的循环过程。

从单一主体看，作为经济利益结构的参与主体，政治权力集团追求"利益最大化"，要求尽可能占有和支配生产资源，从而分享更多的经济—社会发展收益。尽管从长期来看，生产资源有可能会随着生产技术的提高而不断增加，但在既定的历史阶段，生产资源始终稀缺。于是，对生产资源的争夺也就成为政治权力集团的冲突焦点。政治权力集团之所以要争取更多的政治权力，原因就在于政治权力在生产资源争夺中能起到关键作用——不仅能有效保障既得的生产资源所有权和使用权，而且能借以侵夺其他政治权力集团或社会聚合体所掌握的生产资源。

从国家整体看，政治权力的运作存在成本，而且成本多寡将会与政治

---

① ［美国］哈罗德·D.拉斯韦尔：《政治学：谁得到什么？何时和如何得到？》，商务印书馆1992年版，第138页。

权力争夺的烈度呈正比。无论是利用政治权力保障还是侵夺生产资源，都会引起其他政治权力集团或社会聚合体的对抗抵制。因此，如果生产资源的边际收益低于边际成本，那么，基于"利益最大化"的理性选择，政治权力集团就会放弃进一步扩张自己的政治权力，并且彼此达成妥协与合作。由此，经济利益结构—政治权力结构之间就会形成相对稳定的契合关系。

生产技术的进步与发展，将会促成生产资源边际收益增加甚至是明显提高。这就会使得原有的政治权力—经济利益平衡关系瓦解，政治权力集团将在"利益最大化"目标的引导下再次掀起政治权力的边界之争，并在此基础上调整甚至重建政治权力结构，推动政治的转型与发展。

三　路径选择：政治权力边界的制度建构

从政治体系的动态视角来看，政治转型其实就是各派政治权力集团在政治制度的规范与约束下，经由冲突与竞争，寻求均衡与妥协，进而重新划分彼此间"政治权力—经济利益"归属的反复博弈过程。作为"政治权力结构—政治权力集团"互动循环的关系纽带，政治制度在政治权力结构调整与重塑过程中，发挥着重要的规制作用，有助于缓冲政治权力集团之间的矛盾冲突，避免可能出现的政治与社会分裂，保证重复博弈过程的有序推进（见图1.9）。

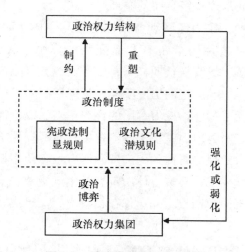

图 1.9　政治发展路径示意图

有关政治制度的概念，学术界尚未达成普遍共识。基于研究需要，本书认为，政治制度是用以划分政治权力集团之间"政治权力—经济利益"边界的准则规范与共识习惯。

（一）政治制度具有动态稳定性

政治制度的核心功能在于划分政治权力结构的边界，避免政治权力集团之间发生不必要的摩擦与冲突，从而最小化政治运作成本。因此，政治制度必须具备较高的稳定性，以保证各派政治权力集团都会对权力—利益边界产生较明确的长期预判。否则，部分政治利益集团就有可能无所适从或心存侥幸，从而导致旨在最大化政治收益的"捞过界"行动，引起政治权力集团之间无谓的权力—利益争端。

政治制度并不是静态的僵化存在，而是会随着"政治权力结构—政治权力集团"的互动循环，不断调适和演化，从而保持动态的稳定性。随着社会经济发展，政治权力集团之间会此消彼长，从而形成对政治权力结构的调整和重塑要求。具有弹性的政治制度，有助于各派力量通过有序协商的和平方式，实现权力—利益边界的"步进式"调整，以满足新兴权力集团崛起的发展诉求；反之，缺乏弹性的政治制度，则会使新兴权力集团与既得利益集团难以通过协商达成妥协，唯有诉诸冲突与对抗的暴力方式来实现权力—利益边界的"跨越式"重塑，并为此付出沉重的政治社会代价。

（二）政治制度由显规则与潜规则构成

政治制度的外延相当宽泛，其中既包括以宪政法制为主要形式的显规则，也包括以政治文化为主要形式的潜规则。两类规则的基本功能都在于规范和约束各派政治权力集团扩张权力—利益边界的政治行为，但两者的表现形式与作用功效大相径庭。

显规则主要表现为明文规定的准则与规范，通常是占据主导地位的政治权力集团所制定和颁行，并得到国家公权力尤其是司法和武装力量的保障执行。显规则兼具刚性和脆弱性特征。一方面，显规则具有明确的客观标准，在划分相关各方权力—利益边界时，有助于消弭模棱两可的不确定性，从而避免无谓的矛盾与摩擦；另一方面，随着社会经济发展，既定的显规则有可能面临制度僵化问题，容易成为新兴权力集团与既得利益集团的冲突目标，从而导致显规则的瓦解和重构。例如，随着政坛主导势力的更迭，泰国在 1932 年到 2014 年，曾先后颁行了 19 部宪法。

　　潜规则主要表现为并无明文规定，但得到相关各方普遍遵从的共识与习惯，尤其是政治文化。潜规则不依赖国家公权力的强制执行，而是主要依靠社会私权利的自我约束。各得其所的互惠性是潜规则得以存续的根本原因，虽然相关各方所得并不必然相等或相称。例如，庇护制文化源于泰国传统的"萨迪纳"封建体制，但在19世纪晚期"萨迪纳"体制的显规则瓦解后，庇护制文化却作为潜规则得以延续，迄今依然是泰国重要的社会共识与政治习惯。庇护制文化强调上位者（恩主）的慷慨与下位者（仆从）的顺服，从而形成彼此互惠的依存关系。

　　政治文化的形成是社会传统文化无意识形塑与掌权集团有意建构共同作用的结果。政治文化与社会传统文化存在密切的关联性，任何政治文化的行为规范和道德准则，都是在相应社会传统文化基础上提炼或异化而成。例如，泰国政坛的庇护制政治文化，就是传统庇护制社会文化在政治领域的投影。[①] 韩国政坛强调血缘、学缘、地缘的政治文化，则是其传统政治文化的延续。[②]

　　不过，政治文化并不完全是社会传统文化无意识的形塑结果，也是掌权集团有意建构的结果。由于政治文化能有效提高政策执行力与追随者忠诚度，降低政治权力运行成本，因此任何政治权力集团在掌握执政地位后，都会努力重塑政治文化，旨在将契合其需要的社会传统文化内容纳入政治文化范畴，同时剔除与其利益不符的原有政治文化。例如，日本的"军国主义"、泰国的"泰式民主"、印尼的"建国五基"，都是政治文化建构的典型案例。

　　（三）政治文化对政治转型的约束作用

　　政治文化形成后将产生自强化趋向，从而会对政治权力结构的调整产生制约作用。特定情况下，尤其是在权力—利益关系波动的情况下，相较于缺乏弹性的宪政法制，政治文化拥有更强的约束力和可持续性。

　　通过"顺昌逆亡"的潜规则压力，政治文化将迫使政治参与者或是主动融入既定政治权力格局，或是被淘汰出局。对于新兴权力集团而言，政治文化通常呈现明显的保守特征，更有利于既得利益集团维护其权力地

---

　　① 任一雄：《东亚模式中的威权政治：泰国个案研究》，北京大学出版社2002年版，第31—40页。

　　② 郭定平：《韩国政治转型研究》，中国社会科学出版社2000年版，第53—55页。

位。因此，政治权力结构的调整，不仅体现为直接的权力斗争，而且也涉及间接的政治文化冲突。

政治文化对权力—利益边界的划定主要依靠审时度势的主观判定，而不是墨守成规的客观标准。这就使得各派力量的相对收益有可能因时顺势地产生"步进式"调适，从而在一定程度上缓解制度僵化问题。但是，政治文化缺乏客观标准的不确定性，也容易使政治权力集团对客观形势产生误判。于是，无论新兴权力集团的潜规则超前崛起，还是既得利益集团的潜规则延后衰落，都会在"实际控制力—潜规则权力边界"错位的情况下引发政治冲突。

政治文化对政治转型的约束作用主要体现在两方面：其一是使有利于新兴权力集团的正式制度无效化。通过制度化建设巩固权力地位是新兴权力集团常用的政治斗争策略，但在政治文化潜规则的侵蚀下，正式制度很有可能被无效化或背离初衷，沦为有名无实的空泛框架。其二是为既得利益集团借用国家暴力特别是政变手段压制新兴权力集团提供可行性与正当性。例如，泰国1991年与2006年的两次政变，军方都是在"为民请命"的政治文化影响下，经由国王授权取得执政合法性，先后压制了地方政客与新资本集团的政治崛起。

第二章　日本

第二次世界大战是日本政治发展的重要分水岭。从宪政体制的层面看，相较于战前的帝国宪法，战后日本在美国主导下出台的和平宪法，无论是在权力分配，还是权利保障方面，都更契合自由、平等、博爱的现代民主精神，两者存在泾渭分明的本质区别。不过，从权力结构的层面看，战前与战后的基本权力架构的差异却相当微妙，并不存在表象所显示的本质区别，尤其"政官财"铁三角主导下的寡头自律形态更是一脉相承，成为推动日本社会经济高速发展的重要原因。具体来看，日本政治权力结构演进的主要发展轨迹是：19 世纪中后期藩阀政治的单极自律形态→20世纪初期政党政治的寡头自律形态→二战期间军阀政治的单极多元形态→战后初期的无序多元形态→"55 年体制"时期的寡头自律形态→20 世纪90 年代以来的衡平多元形态。

第一节　明治宪法背后的权力斗争

一　明治政府的绝对主义原则

日本明治维新之后，明治政府提出的建国纲领是具有初步西方民主倾向的国是"五条誓文"，将重视咨询民意、以国民利益来处理国政等作为施政方针之一；但是，维新政府初建，新政府力量薄弱，幕府残余、地方藩政势力和西方列强虎视眈眈，就连新政府内部也是派阀林立。

由于源自内部各种政治势力以及外部列强的压力，为保障在政治上保全并形成独立的统一国家，在经济上实现封建经济向资本主义经济转化，扶持殖产兴业，明治初期真正建立起来的国政体系并不是一个具有民主性质的政体，而是一个以萨长藩阀①为主的、具有中央集权性质的官僚体制。刚刚从幕府手中接管了权力的明治政府领袖者们非常清楚地知道，打破封建专制体制固然重要，但是，此时建立新国家的第一要义并不是在政治上放开民众参与权，而是巩固明治政府权力，建立中央集权，从而抵御内外敌人，建立独立统一的民族国家。

1868 年 3 月 15 日，即颁布国是"五条誓文"次日，明治政府向全体国民颁布了"五榜揭示"。其中第二条"禁止徒党、强诉、逃散"，就与幕府时代一样，严禁开展民众集聚活动，严禁结党结社；第三条"严禁基督教及邪教"，是在思想上实施管控；第五条"禁止无端从乡村出走去流浪"，更是在行动上对民众，特别是对占人口多数的农民流动实行了控制。针对近代国家建设、体现施政方针的具有开放性的国是"五条誓文"与针对全体国民、旨在强化社会管制的具有统制性的"五榜揭示"的同时颁布，显示了从明治维新的始动期，明治政府在面对体制转型时，就进行了倾向于国体建设优先、集中政府权力的选择。这种安排表明了明治政府所做出的影响到日本历史进程的维新变革的属性是"德川社会的历史遗产不许可通过民主的或群众革命的过程来进行自下而上的变革，却只能是专制的，自上而下的变革"②。

明治初期，在政府内部，针对实现工业化建立近代国家的发展道路，以及安抚因武士制度解体而产生的部分士族的不满情绪等问题，产生了相当严重的分歧。岩仓具视、木户孝允、大久保利通、伊藤博文等萨摩藩和长州藩的领袖们在考察了欧美等国之后，认识到了西方国家国力的强大和文明的发达，决心走殖产兴业实现工业化的道路，富国强兵使日本进入世界列强行列。但明治新政府内不满的士族们"将希冀内战之祸心外移以兴国的远略"③，则希望通过对外实施武力，在对外战争中建功立业，挽回失去了的士族名望与地位。部分出身于土佐藩和肥前藩的维新领袖，则是为了打破萨摩藩和长州藩的权力垄断，以自由派的身份联合不满士族阶

---

① 明治维新之后，占据维新政府和军队等要职，以出身萨摩、长州、土佐、肥前等地士族为主的统治集团。

② ［加拿大］诺曼·赫伯特：《日本维新史》，吉林出版集团有限责任公司 2008 年版，第88 页。

③ 《大西乡全集》第二卷，第 753 页，转引自［日本］升味准之辅《日本政治史》（第一册），商务印书馆 1997 年版，第 124 页。

层借对外征伐的机会以实现与萨摩藩和长州藩分享权力的目的。究竟以国内建设为主，还是以武力扩张为主，这种分别争论以"内治优先论"和"征韩论"为表现到达了最高峰，从而引发了明治政府内部的分裂，其结果之一就是造成了权力的更加集中。

"内治优先论"和"征韩论"之争尘埃落定后，明治政府权力几乎集中在了成功推翻幕府统治、促成明治维新的萨摩藩和长州藩政治家手中。这些亲手缔造了明治政府的维新功臣们，面对体制上的大变革，坚信为实现富国强兵，实现工业化，使日本进入世界列强行列，唯有极度强化中央政府权力、抚平内政、稳定发展环境才是最为有效的发展途径。为此，以大久保利通为代表的萨长藩的政治家们从整顿身份制、建立官僚制、建立教育学制和设立新式常备军等方面入手，有意无意地以牺牲民主政治和社会保障等方面的改革为代价，致力于具有绝对主义性质的国体建设，形成高度中央集权的官僚专制统治。

二　自由民权运动的政治诉求

部分接受了西方思想的政治精英和旧士族出身的知识分子为打破萨长藩阀寡头政治专制体制、维系天皇制国家，认为只有像国是"五条誓文"阐述的"广兴会议，万机决于公论"才能真正创建近代国家。为此，因主张"征韩论"而下野的明治政府前任参议板垣退助、后藤象二郎等人以落实国是"五条誓文"为口实，于1874年1月提交了《设立民选议院建白书》，提出设立民选议院的主张。与此同时，板垣退助等人与《设立民选议院建白书》的起草者，同时也是国是"五条誓文"发案者的由利公正等人创建了近代日本第一个政党"爱国公党"。从政党纲要、组织原则等方面看，应该说爱国公党还是一个缺少政党要素的政治结社，其宗旨是"以爱君爱国的一片赤诚，保全天赋予人民的通义权理""拥戴五条誓文之旨意""唯以公论公议，遵守誓约的旨意""维护我日本帝国并使之昌盛"。不过，以此为发端，日本兴起了自由民权运动。

自由民权运动的理论指导者与运动领袖都是在明治政府中与萨摩藩和长州藩的政治家进行权力斗争而失败的土佐藩和肥前藩的士族。这些领袖们多是明治维新的功臣。他们利用自己极高的社会威望获取了政治上的威信，其中大多数人接受了西方自由主义思想，旨在通过政治改良运动来打破萨长藩阀寡头政治专制体制，实现政治理想和个人抱负。自由民权运动的大众力量则来自小自耕农、佃农和城市贫民，他们参加自由民权运动最为直接的动因是要减免赋税和佃租，希望通过政治改良运动来实现经济理想。

自由民权运动并不是简单的明治维新领袖之间为争夺明治新政府领导权的权力之争。自由民权运动的领袖们初步接受了西方的政治制度，在建设近代国家的路径和方法上，是要通过引进西方的议会制度，设立民选议会，以代议制政治取代藩阀寡头政治。尽管如此，板垣退助等人最初设想的民选议会制度也不是针对全体国民的普选意义的议会制度，而是要求给予士族、新兴的资本持有者、地主和豪商以参政议政的权力。板垣退助和后藤象二郎等人认为"今天若设立议院，我们并不主张实行普选，不过仅仅让士族、豪农和富商先享有选举权而已，因为 1868 年维新领袖人物是由士族农家中产生的"①。自由民权运动的实质是，"这场运动借助西方的概念，同时又通过对这些概念的日本式转换和解释，赋予'忠君爱国'的天皇制意识形态以近代和历史的合理性。换言之，由于这场运动自身的民族主义性质，它不但无法使人成为自身的目的，相反却与天皇制意识形态共谋，一同建构了'国民缺席'的'国民'意识和天皇绝对主义体制，使人成为国家的工具和手段"②。

自由民权运动者通过开展报纸论争、著书立说、陈情建议、组织政治结社等方式，持续开展议会开设运动，呼吁导入西方政治体系的宪政制度。有关民选议会的争论在社会上，特别是在知识界起到了普及西方政体知识的作用。自由民权运动一经出现，就聚集了所有对政府的不满力量，就连士族们也以此为借口，借用民众反对力量，表明有推翻专制政府的权力。自由民权运动也从初期的单纯呼吁引进西方政体，建立议会制度的建议与论争活动，转变为与社会民众相结合的社会运动。

1878 年 11 月，由爱国公党转变而来的爱国社在大阪召开了第一次代表大会，实现了全国政治社团组织的大联合，自由民权运动开始发展成为有领袖组织功能、有群众力量基础的全国性运动。此时的自由民权运动的领袖们是士族出身的知识分子、地主和新兴小资产阶级，"而阻碍他们发

---

① 《日本公文集》，第 445 页，转引自［加拿大］诺曼·赫伯特《日本维新史》，吉林出版集团有限责任公司 2008 年版，第 154 页。

② 王振锁等：《日本政治民主化进程研究》，上海三联书店 2011 年版，第 67 页。

展的就是专制政府的高额地税。政府牺牲人民的利益，却将这些地税用于保护特权商人以及维持庞大的军队和官僚制。这就是地主和资产阶级在农民进行废除封建地税和土地革命的斗争中被推动而参加自由民权斗争的经济基础。虽然他们和农民有对立的一面，但这时仍和农民大众有共同利害关系"①。

三　明治初年的政治权力博弈

明治维新初期，明治政府主要领袖大久保利通、伊藤博文等人，尽管反对不满士族的武力抗争，反对议会政党政治，但他们追求的是在官僚独裁体制下对财阀实施保护和扶持的政策，大力发展资本主义以实现富国强兵。不过，他们也知晓建立宪政体系的重要性和必要性。这些在明治维新中诞生的政治精英们认为，要建立独立统一的主权国家，与西方列强为伍，就要向西方学习，建立符合日本国情的宪政体系。1875 年 1 月，大久保利通、伊藤博文、井上馨与因"征韩论"而下野的木户孝允、板垣退助在大阪达成合意：政府对设立民选议会运动将按照渐进主义的原则，进行逐步改革，以君主立宪主义为基础在合理适当的时期建立民选议会。同年 4 月 14 日，通过明治天皇发布"树立立宪政体"诏书，明确将逐步建立君主立宪体制。同时，秉承三权分立原则，废除太政官的左右两院制度，设立具有立法性质的机构元老院和具有司法性质的机构大审院，与行政府形成三权分立。并按照木户孝允的主张设想，实施地方官会议制度，以便下情上传。同时，地方官会议制度与元老院分别作为下院和上院，为今后建立开展议会制度作必要的制度准备和预演。

此后数年，随着自由民权运动蓬勃发展，反抗政府专制体制的抗争活动开始在全国蔓延，明治政府遂决定从地方开始导入议会制并考虑研究制定颁布宪法。1879 年 4 月，政府设置了府县一级的议会即府县会议，但是因为一切的实际权力依然掌控在官僚手中，县知事与县会议就预算、征税等问题发生争执时，县知事被赋予执行政府提出的原案的权力，使得府县会议内化为政府为执行预算、征税的掩人耳目的象征机构。福泽谕吉指出："府县会的开设决非人民所促成，亦非政府所主动促成，而是为便于

---

① ［日本］井上清、铃木正四：《日本近代史》（上册），商务印书馆 1972 年版，第 133—134 页。

施政而利用民议的妙算。但观其成果，与所期大不相同。府县会的开设，一举大开人民的眼界，人民开始得到品尝政权的真正的机会，但政府的企图并不在此，真可以说是偶然事变"①。如此一来，反而引起了自由民权运动的反弹，加速了自由民权运动的组党进程。

1881 年 10 月 29 日，板垣退助等人正式建立自由党，"吾党应力谋扩大自由，保障权利，增进幸福，改善社会"，"吾党应致力于确立良好的立宪政体"，"吾党应和国内与吾党同主义共目的的党派一致合作，以达成吾党的目的"②。1882 年 4 月，自由党内一部分自由主义者和城市知识分子从自由党内部分裂出来，以大隈重信为首，组建了立宪改进党。立宪改进党主张依照英国的君主立宪制，提倡尊重皇室尊严和国民权利，依靠明治维新中兴起的大商人和实业家，特别是三菱财阀等大资产阶级，以天皇制和大资产阶级为利益核心推动政治改良运动。

立宪改进党创始人之一的河野敏谦在阐明立宪改进党与自由党的立党区别时，表明"自由党是贫民之友，不尚气节而重实践，爱少壮活泼之士。改进党则团结了未加入自由党而抱自由思想的资本家、学者、老成之士"③。"自由党专以卢梭的民约论为依据，把法国革命挂在嘴边；而改进党则把英国的立宪思想奉为楷模，二者急进与渐进的区别十分明显。这在支持它们的社会基础上也反映出来，自由党的支持者是对现状不满的士族阶层和穷苦贫民，而改进党则以城市实业家、地方地主和知识阶层等为支持者"④。

自由党和立宪改进党的主张与所代表的利益各不相同，也正是因为出现了不同政治主张的政党，自由党和立宪改进党的成立标志着日本的政治组织正式摆脱了政治结社状态，出现了立党宗旨明确、组织形态较完备、所代表的利益集团较清晰的政党。政党从政治结社的孕育期进入了政党发育期，为政党政治的形成奠定了组织基础。另外，尽管权力的核心依然掌握在明治政府的官僚们手中，但随着资本主义经济兴起，利益结构发生了

———————

①　［日本］福泽谕吉：《时事大势论》第 5 卷，第 239 页，转引自［日本］升味准之辅《日本政治史》（第一册），商务印书馆 1997 年版，第 171 页。

②　［日本］井上清、铃木正四：《日本近代史》（上册），商务印书馆 1972 年版，第 137—138 页。

③　同上书，第 139 页。

④　［日本］坂本太郎：《日本史》，中国社会科学出版社 2008 年版，第 407 页。

巨大变化，呈现多元化、细分化的现象。社会利益集团逐渐分化与重组，开始以政党形式挑战政府的权力核心。

为抗衡自由党和立宪改进党，政府官僚也采取了组建政党的形式，通过政党对决的方式为政府赢得支持和保持其利益。1882 年 4 月，立宪帝政党成立，提出主权在君，"这个政党的真正的靠山并不是那些公开的领导人如福地源一郎、丸山作乐、水野寅次郎之流的官僚，实际上是以伊藤博文、井上馨、山田显义等要人为核心的宫廷高级人物，他们希望利用这个政党来为德意志型的国家主义作宣传并和其他两党相抗衡"。①

不过，由于立宪帝政党在号召力、组织力和社会威信上，根本无法与自由党和立宪改进党进行政治上的对决，因此，明治政府不得不对自由党和立宪改进党采取了怀柔与釜底抽薪并进的政策。针对立宪改进党经费源自三菱财阀的情况，明治政府一方面通过三菱财阀的竞争对手三井财阀提供费用，支持自由党党首板垣退助、后藤象二郎赴欧洲考察西方政治制度，造成自由党部分成员退党分裂，并蛊惑立宪改进党，使其认为板垣退助、后藤象二郎被明治政府收买，拿了政府的经费出国考察，进而对自由党展开舆论攻击，使得两党相互指责，难以在反对政府绝对主义官僚体制方面形成合力；另一方面，明治政府特别设立了与三菱财阀竞争的有政府背景的官民合营企业，冲击三菱财阀财源、斩断三菱财阀对立宪改进党的资金支持。

政府软硬兼施的策略颇为有效。由于自由党党首出国和部分领袖退党，使得自由党群龙无首，再加上自由党民众基础的农民和小商品生产者在资本主义原始积累的暴掠之下没落破产，结果导致一部分基层自由党人揭竿而起企图用武力推翻政府，引发了群马事件和加波山暴动，使得政府有了强力镇压口实。自由党领袖们惧怕政府武力高压，于 1884 年 10 月自行解散了自由党。立宪改进党失去三菱财阀的经济支援后，无法开展组织活动，再加上 1884 年 12 月大隈重信和河野敏谦退党，最终名存实亡。三菱财阀在经历这场议会外政党政治风波后，深深体会到政府和政党政治运作方式，转而与政府异乎寻常地接近。明治政府成为这场议会外政党政治角力的最大受益者，其实力大增。1887 年 12 月 25 日，明治政府又颁布

---

① ［日本］尾佐竹猛、林茂刊：《政治》，《现代日本史研究》，第 120 页，转引自［加拿大］诺曼·赫伯特《日本维新史》，吉林出版集团有限责任公司 2008 年版，第 156 页。

了明治维新以来最具强制性和镇压性的保安条令，使绝对主义专制得到进一步强化。

四　明治宪法的政治集权体制

就在自由民权运动设立议会的要求风起云涌之时，从 1876 年开始，明治政府避开社会上的各种论争，为了防患于未然，争取掌握制定宪法设立议会的主动权，已经悄然着手宪法的制定工作。这既是明治政府迫于压力的一种妥协，更是一种对可见性未来的主动适应和调整。

作为倒幕维新的急先锋，维新三杰之一的木户孝允目睹了佩里黑船的来袭，力主吸收欧美文明，实现攘夷开国。早在 1873 年 6 月和 9 月，木户孝允就向明治政府提交了《宪法制定意见书》，认为"国家的盛衰全系于这个国家宪法之根本……如果国家能够团结在一个统治者的治下，就能保独立争富强。我国已在天皇英断之下，向世界颁布了五条誓文，有必要以此为基础，进一步地制定更加充实的政规（宪法）"。[1]

不过，号称明治维新功臣中思想最进步的木户孝允在考察欧美后，却由一名改良革新的激进派转变为渐行派，"欧美政府之体制，西洋学者已有全面介绍，但终究是否适于我国人民尚须略加斟酌，而且务实的诸贤亦在深思研究。故正如前日来书所述，问题全在现居要职而管理人民的诸公之诚心及其施政。至于此等事情是否专制还很难说。学者之说确不乏高论，但总有欧美学者之气味，而研究其是否适用于人民时，当即发现难于应用之处不少"。[2] 他在 1873 年 11 月 20 日的日记中写到了他教导其晚辈伊藤博文的统治要义，即"建国的大法，非专制不可"。基于现实主义及合理主义的考量，木户孝允提出在理论上特别是实践上分步骤实现制定宪法和开设国会。1876 年 10 月、1878 年 7 月、1880 年 7 月元老院国宪取调局三次提出了日本国宪草案，但都因为岩仓具视、伊藤博文等人以有些条例不符合天皇制国体为由强烈反对而并未公布。

围绕制定宪法和设立议会问题，明治内部发生了争论甚至权力斗争。迫于来自政府内外的压力，岩仓具视、伊藤博文等人虽然在原则上不反对

---

①　［日本］升味准之辅：《日本政治史》（第一册），商务印书馆 1997 年版，第 117 页。
②　《伊藤博文关系文书》第四卷，第 218 页，转引自［日本］升味准之辅《日本政治史》（第一册），商务印书馆 1997 年版，第 135 页。

制定宪法和设立议会，但是一定要在宪法的保护下，以宪法为名限制民权，维护官僚政府专制主义。在明治政府内部，有人提出"开设国会尚早意见案"，有人主张应从上而下逐步制定宪法，大隈重信则主张依照英国式宪法立即制定颁布宪法开设议会。

面对政府内部因制定宪法和开设议会而产生的危机，明治政府中握有重要权力的岩仓具视认为，"关于宪法问题，此时三大臣正在协商。原来在圣上即位之初，就曾以五事誓于神明；在明治八年，又颁布了关于实行立宪政体的圣诏。因此，开设了府县会，使人民得到参加本地政务的权利。然而，国会论日益盛行，如再拖下去，皇室的安危亦难预料。三大臣约定，应根据国体迅速制定宪法"①。为此，1881 年 10 月 12 日颁布诏书，"将在明治二十三年（1890 年）开设国会，颁布钦定宪法，如有人对此仍怀不满，要求提早，并进行煽动，则当依国法惩治"②。提倡制定英国式宪法的大隈重信也被政府免职。

为制定宪法，明治政府掌权者之一的伊藤博文于 1882 年出访欧洲和美国，考察各国宪法和议会。1884 年设立宪法制度研究局，伊藤博文、井上馨、金子坚太郎等人着手起草宪法。值得一提的是，宪法制度研究局并不隶属于立法机构的元老院或明治政府司法省，而是隶属于负责天皇事务的宫内省。1909 年 3 月《太阳》杂志刊载制定宪法参与者金子坚太郎的论述说，"在宪法起草之际，国人极欲知道他们会奉颁怎样一部宪法，因为他们深知伊藤的宪法思想颇受俾斯麦的影响，所以疑惑重重，政府为此之故，采取了一切预防步骤，以防人民的干涉和舆论的侵扰"③。

尽管英、法、美等国的工业革命和社会文明带给日本政治精英们极大的冲击和震撼，但是，先工业革命而行的资产阶级革命，让日本政治精英们望而却步。同时，英、法、美等国在发展工业化的道路上，受到来自国外的外部压力相对较轻，政治任务是解决市民社会的经济与社会问题，于此可以采取经济和社会发展优先的政策，再以工业革命带来的爆发性国力

---

① 《岩仓具视关系文书》第一卷，第 94—95 页，转引自 [日本] 升味准之辅《日本政治史》（第一册），商务印书馆 1997 年版，第 197—198 页。

② [日本] 井上清、铃木正四：《日本近代史》（上册），商务印书馆 1972 年版，第 136—137 页。

③ 《太阳》杂志，第 85 页，转引自 [加拿大] 诺曼·赫伯特《日本维新史》，吉林出版集团有限责任公司 2008 年版，第 165 页。

成长为武器向海外扩张。但是，日本受到的来自国外的外部压力极为沉重，保持军事优先和废除不平等条约的外交优先成为首要，政治任务不是要解决民生经济，而是要维持国体的稳定。为此，政府主导的以政治稳定为基础的，增强国力的"富国强兵"和"殖产兴业"起到了民生经济和社会发展的替代作用。

相比英、法、美等工业国家，明治初期的日本与西方国家中后发的资本主义国家普鲁士德意志帝国，在社会和经济结构方面有着高度相似性。其经济基础都是半封建性质的土地所有制，农业在经济中还占有相当大比重，处在农业社会向工业社会转换期。从执掌权力的统治阶级面临的政治环境来看，作为明治维新主力的日本士族阶层与普鲁士德意志帝国的军事贵族集团也存在着相似性，都是由上而下推动社会变革，都要废除封建制，建立统一独立的主权民族国家。

最重要的是，英法美等国的议会政治为政治的核心之一，是由议会决定立法、财政预算等大权，特别是由议会的多数党组阁行使行政权，从而控制整个官僚阶层。奉行专制官僚体系的明治政府，则希望建立能体现君民同治的政治体制，即以君主制官僚主义统治为主，将民众的政治锁在议会里。

在上述背景下，日本于1889年2月11日颁布了《大日本帝国宪法》，仿效普鲁士德意志帝国的政治体系建立了政治制度。"这种政治体制在外观性上虽然是建立在与先进近代国家英法相同的架构之上，但其运作却与英法以市民为主体的情况相反，具有普鲁士以国王为中心进行政治体制运作的这一特征。如果加以详述的话，便是在形式上导入了三权分立制"①。

五　藩阀政治的单极自律形态

根据明治宪法的条文规定，可以绘制出以天皇为核心的政治权力架构，其中天皇处于权力中心，通过军队、议会、内阁、枢密院、裁判所等权力部门予以贯彻落实，并经由议会汇聚民意（见图2.1）。不过，值得留意的是，如果透过宪政体制表象，从政治运作来看，其权力结构的核心却不是天皇，而是维新重臣。

---

① ［日本］安世舟：《漂流的日本政治》，社会科学文献出版社2011年版，第6页。

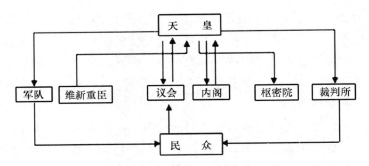

图2.1　大日本帝国宪法下的权力结构

从明治维新成功建立明治政府起，到"二战"结束日本战败为止，日本的政治运作中始终存在着被称为"元老政治"以及后续"重臣会议"的运作方式。西南战争后，明治维新三杰的西乡隆盛战死、木户孝允病死、大久保利通遇刺身亡，明治政府进入了伊藤博文、山县有朋、大隈重信掌权时代，开启"元老政治"。

"元老政治"的主人公多是明治维新功臣，共九人，分别是长州藩出身的伊藤博文、山县有朋、井上馨、桂太郎与萨摩藩出身的黑田清隆、松方正义、西乡从道、大山岩，以及公卿出身的西园寺公望。尽管在明治宪法以及其他法律上对"元老"并无明文规定，但通过天皇敕诏等方式，元老们参与奏荐内阁总理大臣人选、对外开战、媾和、缔结同盟等国家最高决策。"元老政治"成为游离于宪法之外的法外政治，也是藩阀政治核心，保守而强硬。

从表2.1中可以看到，明治时代的历任内阁总理大臣，基本都是来自长州藩或萨摩藩的维新重臣。尽管天皇在形式上拥有至高权力，但作为现世神，基于保持权威性与神圣性的政治需要，天皇很少对具体政策表达明确意向，更多的是对元老的政治决策保持默许态度以示支持。事实上，对于长期被幕府压制的王族公卿而言，无论是社会威望还是政治能力，都无法形成独立的权力核心，从而在很大程度上必须依附和融入维新重臣主导的藩阀政治以获取所需的权力与资源。

表2.1 战前日本内阁特征总览

代	内阁总理大臣	藩阀与派系	议会多数党或执政党等	政治特征
	明治时代			
1	伊藤博文	长州/官僚/元老		藩阀政治
2	黑田清隆	萨摩/军人/元老		藩阀政治
	三条实美	公卿	临时内阁	藩阀政治
3	山县有朋	长州/军人/元老		藩阀政治
4	松方正义	萨摩/官僚/元老		藩阀政治
5	伊藤博文（2）	长州/官僚/元老	与自由党合作	藩阀政治
6	松方正义（2）	萨摩/官僚/元老	进步党	藩阀政治
7	伊藤博文（3）	长州/官僚/元老		藩阀政治
8	大隈重信	佐贺/政治家	宪政党	藩阀政治
9	山县有朋（2）	长州/军人/元老	与宪政党合作	藩阀政治
10	伊藤博文（4）	长州/官僚/元老	立宪政友会	藩阀政治
11	桂太郎	长州/军人/元老		藩阀政治
12	西园寺公望	公卿/元老	立宪政友会	藩阀政治
13	桂太郎（2）	长州/军人/元老	立宪政友会	藩阀政治
14	西园寺公望（2）	公卿/元老	立宪政友会	藩阀政治
	大正时代			
15	桂太郎（3）	长州/军人/元老		藩阀政治
16	山本权兵卫	萨摩/军人	立宪政友会	藩阀政治
17	大隈重信（2）	佐贺/政治家	立宪同志会	藩阀政治
18	寺内正毅	长州/军人		藩阀政治
19	原敬	盛冈/官僚	立宪政友会	藩阀政治
20	高桥是清	仙台/军人	立宪政友会	藩阀政治
21	加藤友三郎	广岛/军人	立宪政友会	藩阀政治
22	山本权兵卫（2）	萨摩/军人	革新俱乐部	藩阀政治
23	清浦奎吾	肥后/官僚	超然内阁（政友本党支持）	藩阀政治
24	加藤高明	尾张/官僚	护宪三派	政党政治
	加藤高明（2）	尾张/官僚	宪政会	政党政治
25	若槻礼次郎	松江/官僚	宪政会	政党政治
	昭和时代			
26	田中义一	长州/军人	立宪政友会	政党政治

代	内阁总理大臣	藩阀与派系	议会多数党或执政党等	政治特征
昭和时代				
27	滨口雄幸	土佐/官僚	立宪民政党	政党政治
28	若槻礼次郎（2）	松江/官僚	立宪民政党	政党政治
29	犬养毅	政治家	立宪政友会	政党政治
30	斋藤实	军人	举国一致体制	军阀政治
31	冈田启介	军人	举国一致体制	军阀政治
32	广田弘毅	政治家	举国一致体制	军阀政治
33	林铣十郎	军人	举国一致体制	军阀政治
34	近卫文磨	公爵/政治家	举国一致体制	军阀政治
35	平沼骐一郎	官僚	举国一致体制	军阀政治
36	阿部信行	军人	举国一致体制	军阀政治
37	米内光政	军人	举国一致体制	军阀政治
38	近卫文磨（2）	公爵/政治家	举国一致体制	军阀政治
39	近卫文磨（3）	公爵/政治家	举国一致体制	军阀政治
40	东条英机	军人	举国一致体制（大政翼赞会）	军阀政治
41	小矶国昭	军人	举国一致体制（大政翼赞会）	军阀政治
42	铃木贯太郎	军人	举国一致体制（大政翼赞会）	军阀政治
43	东久弥宫稔彦	皇族/军人	举国一致体制	军阀政治

注：内阁总理大臣后数字表示第几次组阁。

资料来源：根据日本宪政博物馆和国会图书馆资料收集整理。

　　明治时代的政治权力结构呈现明显的单极自律形态（见图2.2），其中，元老集团居于核心圈层，拥有排他性垄断地位，其支持力量主要是作为维新骨干的中下层武士，具有很强的地域性和传统性特征；其他政治权力集团，既有传统的地主集团、农民群体、小商品生产者，也有新兴的技术官僚集团、职业军人集团、财阀集团等都处于边缘圈层，政治上或处于依附地位，唯元老集团马首是瞻，或被明治政府以武力或以武力相威胁的方式压制，难以形成有效的政治话语权。

图 2.2　藩阀政治时期的权力结构

第二节　从政党政治到军阀政治的权力结构调整

一　新兴权力集团的政治崛起与权力诉求

明治宪法的颁布是明治政府在确定保留以天皇制为象征的绝对主义基础之上，决定在官僚专制体系不受到致命性冲击、利益不受到损害的情况下做出的有限度的妥协让步。明治宪法明确了民众的基本权利，使一部分民众有了选举权和被选举权。日本开始从专制政治转变为宪政政治。宪法还保证了契约权力和承认所有权，这是自由民权运动的胜利结果，同时也促进了资本主义经济发展。

另外，在实施明治宪法的早期，明治政府采取了超然主义，成为不受议会意图和政党意识约束的超然内阁。内阁和全体官僚隶属于天皇，仅对天皇负责，对议会、政党和民众不负任何责任。宪法还高度保障了军事机关和军事统率权的独立性，使其不受政府和议会约束。

尽管从制度设计的角度来看，明治宪法在很大程度上有利于元老集团对政治权力的操纵和掌控，从而为藩阀政治的延续提供了制度化的保证。不过，随着社会经济发展，新兴权力集团相继崛起，并开始对核心圈层的政治话语权提出要求，逐渐成为瓦解藩阀政治的主导力量。

事实上，早在明治宪法颁布之前，从西方考察回国的伊藤博文，作为对构建宪政制度的准备，做的一件事就是改革旧的太政官制，改建为内阁制度，将军事以外的权力都集中在内阁之中，直接对天皇负责。以选考制度替代政治选择来选用官僚，从而使官僚不再为某一特定的政党服务，而是为整个政府效力。于是，只要有能力掌控官僚阶层，也就等同于掌控了国家行政权力。不过，随着官僚体系的日趋完善和官僚队伍迅速壮大，曾对元老集团俯首帖耳的官僚集团也开始产生新的需求，试图在国家发展过程中分享更多资源，以满足自我发展的政治需要。

与此相似的还有军人集团。日本国土面积狭小，其拓展生存空间必然伴随着大规模军事行动，甚至是国家间战争。无论是甲午战争，还是日俄战争，都是日本在资本主义发展过程中的必然选择。战争对现代职业军队的需求，直接促成了军人集团的发展和壮大，并最终成为核心圈层的垄断力量。1940年，随着最后一位元老西园寺公望离世，"元老政治"被军阀主导的"重臣会议"取代。

不过，相较于官僚集团和军人集团的崛起，对日本政治发展具有更深远影响的，则是新兴资产阶级的形成与发展。日本近代社会中比较重要的政治行为体政党、军部和财阀都是明治中后期形成和发展起来的。这是自由民权运动发端的宪政运动、国权主义运动与其后的法西斯主义运动，以及实现工业化后的垄断资本主义兴起的产物。政党、军部和财阀三者之间由于利权的交织，时而合纵连横，时而对立冲突，展开政治角力。产生这种现象的根本原因就是明治维新后新兴资产阶级登场并逐渐开展政治活动。

1894年8月，中日之间爆发了甲午战争。战争结果不仅实现了殖民中国台湾的目的，同时也促进了日本国内资本的原始积累，使其得以完成工业化革命。甲午战争之前，农业人口依然占日本人口的70%以上，资本主义经济尚未支配国家经济。国家财政主要来自两个方面：一是农村土地佃租税收，二是由农民负担的间接消费税。两项税收约占财政收入的71%。甲午战争之后，日本的工厂企业，特别是使用机械动力的工厂急剧成长，以商业资本为中心的资本额大幅增加。从中国获取的3.65亿日元的战争赔款，使日本稳固确立了金本位制，奠定了与西方资本主义国家进行贸易的金融基础，从而夯实了资本主义发展的资本基础。至此，日本完成了工业化革命，确立了以轻工业为中心的资本主义工业体系。

表2.2　　　　　　　中日甲午战争前后的日本资本主义发展状况

	1893 年	1897 年	变化率（%）
农业公司数（个）	171	148	− 13.5
农业资本额（万日元）	254	222	− 12.6
工业公司数（个）	1919	1881	− 1.98
工业资本额（万日元）	7825	10538	34.67

续表

	1893 年	1897 年	变化率（%）
商业公司数（个）	1848	3630	96.43
商业资本额（万日元）	3872	36002	829.80
运输业公司数（个）	195	454	132.82
运输业资本额（万日元）	9034	16468	82.29
公司合计（个）	4133	6113	47.91
资本额合计（万日元）	20986	53250	153.74

资料来源：《帝国统计年鉴》，［日本］井上清、铃木正四《日本近代史》（上册），商务印书馆 1972 年版，第 202 页。

　　日本在实现农业社会向工业化社会转变的过程中，强力的藩阀政治体系通过天皇制下的官僚专制主义，对资本起到了政治上的保护作用，催生了资本主义的发展。随着资产阶级的发展和壮大，其政治诉求也不断提高。

　　事实上，早在甲午战争之前，资产阶级就懂得了为发展经济要在政治上与强势的官僚保持密切的关系，形成政商关系。不过，此时的资产阶级还仅仅限于有着财阀特征的大产业大商业资产阶级。三菱财阀从自由民权时期即开始与政府结合，垄断了日本近海航运事业；三井财阀则是在对外贸易和金融领域得到了政府的支持。此时，大产业大商业资产阶级还没能从政治上组织力量，"1900 年修改的选举法实施以前，三百名议员名额中，城市议员还不到二十名。这就使得资产阶级的代言人不得不对议会的地主性质进行攻击说：'帝国议会也是地主议会，地方议会也是地主议会，或者说土地的所有者就是权利的所有者'"。① 这时的政商关系更多的是一种依附关系，也就是新兴大资产阶级在政治上处于依附于官僚政府的状态。

　　资产阶级的投机本质促使其寻求一切机会与各种政治势力结合。甲午战争之后，资产阶级通过政党合伙人，加强了对官僚政治的压力。三菱财阀一直在财力上支持大隈重信领导的改进党，而以地主阶层为核心的自由党则与三井财阀有着密切联系。大隈重信内阁的文部大臣尾崎行雄曾经这

① ［日本］井上清：《日本军国主义》第二册，商务印书馆 1985 年版，第 126 页。

样形容日本政治，"假如日本一旦实行共和政治，三井、三菱就会当总统"。① 资产阶级的政治诉求越来越多、越来越强烈，"中日甲午战争后无论哪一任内阁，如不通过各种形式和议会政党紧密地结合起来便行不通"。②

　　三井财阀起家于江户时代，是幕府时代的第一大豪商。三菱财阀则依靠明治初期发展海运业而一举成为能与三井财阀并驾齐驱的大财阀。这两个左右日本经济的豪商都在明治政府的保护和大力扶持下，通过赎买明治政府出售的官产而成为与政府密切相连的政商。三菱的背后站着大久保利通和其后的大隈重信，三井的背后则站着被西乡隆盛称为大管家的井上馨和伊藤博文。三井与三菱的竞争对立在政治上的折射起初是自由党与立宪进步党的竞争；政党发育成熟之后，则是立宪政友会与立宪民政党的对立竞争。三井财阀和三菱财阀分别成为立宪政友会和立宪民政党的政党资金来源，并且直接向政界输送干部人才，从而通过经济支援和人事渗入直接影响政治。

　　从政党成立之初，政党就毫不掩饰地把与财界维持关系作为政党运营的重要原则。自由党领袖、立宪政友会创始人之一的星亨认为，"我们自由党历来深受地方农民的信任，但官中和实业家对我们缺乏信任……根据我们的国体，不管你怎样得到国民的信任，如果得不到官中的信任，无论如何也不能取得天下。又，不管你怎样得到农民的信任，如果缺乏企业家信任，则不能圆满处理国家政务。因此，自由党今后应努力做到的，是取得官中的信任和怀柔商工业者"。③ 1900 年，伊藤博文等创建立宪政友会之后，取得了三井财阀对政党的经费支持。同时，由于议会选举是候选人在自己的地盘上展开竞选，因此还必须取得地方实业界的支持。为此，立宪政友会还特别注重与地方实业界的联系。对此，大隈重信的宪政本党也是如出一辙。

　　甲午战争刺激了生产，以扩大军事为主的需求为动力，现代化机械式产业建立起来。1894 年，新增企业 2844 家，资本金总额为 2.45 亿日元，

　　① ［日本］井上清、铃木正四：《日本近代史》（上册），商务印书馆 1972 年版，第 234 页。

　　② 同上书，第 232 页。

　　③ 《利光鹤松翁手记》，第 243—244 页，转引自［日本］升味准之辅《日本政治史》（第二册），商务印书馆 1997 年版，第 313 页。

到爆发日俄战争的 1904 年，企业数已增至 8895 家，资本金总额达到 9.21 亿日元。得到了清政府的巨额赔偿后，日本进行了新一轮的扩军备战，将赔款的 62% 用于军备扩张费。从 1896 年到 1900 年，国家预算的 44%—51% 用于军事支出，掌握军事产业的财阀大发横财。三井财阀和川崎财阀基本上把持了机械、钢铁生产，三菱财阀和川崎财阀基本上把持了造船行业。"随着财阀对全部产业统治的加强，所谓'三井的政友会，三菱的宪政会'这两大政党和财阀的勾结也更加紧密，而不和财阀勾结的资产阶级政党则逐渐削弱，出现了所谓两大政党对立时代。"①

二　政党政治时期的寡头自律形态

随着明治宪法的颁行，议会逐渐成为政党和政府博弈和讨价还价的场所。但是，力量薄弱的政党政治被锁在议会当中，几乎没有约束政府行为的能力，政党对政府更多的是妥协和迁就。"随着 1890 年议会的创立，原来的自由党和改进党在国家政治生活中已自甘居于比较被动的地位。由伊藤一手造成的包括立法权甚至财政权都受到了深远的限制的那个议会在内的新式政府机构，已经将反对党降到如此地位，以致只能为求参加内阁或分润一官半职而发挥一些牵制作用罢了。反对党不但不协力对抗一致公认为作风专制的政府，反而动辄互相攻讦，致予当政的官僚以挑拨离间的机会。所以反对政府的人尽管在议会中占压倒之势，可是反对党却是往往彼此离析，是毫无作用可言的"②。在第一期国会中，针对政府高额的财政预算，自由党联合改进党提出减轻地税休养民力、节俭政费削减军费的主张，但是，由于自由党领袖板垣退助与政府大臣陆奥宗光达成妥协案，政府象征性地削减了一些预算，而作为政府的反对势力的自由党和改进党再次分裂。不仅如此，在第一期国会中就出现了这种妥协，开启了日本议会政党内部交易的大门，"这个妥协是日本宪政史上最不祥的预兆，因为它是后来政党的腐败和没落的一个最初的远因"③。

---

① ［日本］井上清、铃木正四：《日本近代史》（下册），商务印书馆 1972 年版，第 461 页。

② ［加拿大］诺曼·赫伯特：《日本维新史》，吉林出版集团有限责任公司 2008 年版，第 168 页。

③ 饭泽章治：《日本的政治和政党》，第 90 页，转引自［加拿大］诺曼·赫伯特《日本维新史》，吉林出版集团有限责任公司 2008 年版，第 168 页。

1889 年 2 月 12 日，就在《大日本帝国宪法》颁布的第二天，首相黑田清隆发表演说，"政府要常守一定的方向，超然立于政党之外，居于至公至正之道"。次日政府官僚在议论政府所采取的超然主义方针时，伊藤博文认为，"正如诸君所说，建立政府党是一件不容易的事。因此，政府才在今天这样的形势下，先以超然主义前进，以观察今后的形势"。伊藤博文和黑田清隆等明治政府实权者为把控权力，极力排斥政党政治，认为应由官僚组成政府，采取超然主义，不偏不倚游离于政党之外，并凌驾于由政治家组成的议会之上。

不过，政党政治的形成为资本集团提供了重要的干政渠道。随着资产阶级势力逐步强大，资本主义的财力注入政党力量之中，从而对藩阀政治的单极自律形态形成挑战。1898 年 6 月，自由党与改进党改组后的进步党合并成为宪政党，力量骤然变强，藩阀政治受到强烈的震撼。为此，伊藤博文深感政党的重要性，在不废宪、维护自己一手制定的宪法的条件下，为控制议会，只有两个方法，一是同政党妥协，二是自己组建政党展开抗衡。伊藤博文毅然放弃超然主义，为在议会中取得优势，产生了自己组织政党的想法。"既然自由、进步两党联合起来，形同一大敌出现在我们面前，政府亦只有组建一大政党与之对抗，以便在今后运营议会政治。"① 但是，政府内以山县有朋为首的强硬派的反对，使伊藤博文被迫暂时放弃了组织政党工作。伊藤博文辞官，内阁也全体辞职。伊藤博文推荐的宪政党的两位领袖，也曾是进步党和自由党两位领袖的大隈重信和板垣退助分别担任了内阁总理大臣和内务大臣。官僚政府不得不任命众议院的多数党领袖担任内阁，组成了日本历史上的第一届政党内阁。

伊藤博文下野后依旧致力于组建政党，在三井财阀帮助下筹集了组党资金，并在藩阀内部以及政界聚集力量，赢得了明治政府元老井上馨、西园寺公望、黑田清隆等的支持。1900 年 5 月，宪政党内部原自由党派系决定与伊藤博文等人合作组建新党。1900 年 9 月，伊藤博文等人组建立宪政友会，同时宪政党宣布解散，大多数党员转入政友会。政友会是一个由藩阀退职官僚和地主资产阶级结合的政党，借由建党方式进行重组，以谋求在议会的多数党地位，10 月，伊藤博文再次组阁重返政府。伊藤博

---

① 《伊藤博文传》（下卷），第 377 页，转引自［日本］升味准之辅《日本政治史》，商务印书馆 1997 年版，第 306 页。

文内阁除了陆军大臣和海军大臣是由现职军人留任，以及加藤高明任外交大臣外，其余内阁大臣都是政友会成员。其最主要的特征就是政府的官僚为组党而选择一时的退职离开政府，再通过组党影响议会政治，形成多数党重返政府。标志着政党组阁的政党行政化与官僚组党的官僚政党化成为政治的技术手法（游戏手法）出现在日本政治舞台。从 1900 年 9 月政友会成立，直至 1945 年大战结束，曾任政友会总裁的伊藤博文、西园寺公望、原敬、高桥是清、田中义一、犬养毅六人出任过总理大臣，成为战前颁布帝国宪法实施议会选举后，政党中出任总理大臣最多的政党。

另外，诞生于自由民权运动、代表农业集团和地主资产阶级利益的宪政党，与代表知识分子和新兴商业资产阶级利益的宪政本党，因所代表的资产阶级力量的崛起，也失去了早期对官僚和大资本特权阶层的斗争性，演变成为在议会中争夺权力的改良主义保守政党。同时，日本也出现了代表农民、城市无产者和产业工人的社会主义政党，社会主义运动开始在日本兴起（见表 2.3）。

表 2.3　　　　　　　　　　　战前的日本政党演进情况

保守主义政党 （资产阶级）	自由党派系：自由党→立宪自由党→宪政党→立宪政友会（昭和会）→政友本党
	立宪改进党派系：立宪改进党→进步党→宪政本党→立宪国民党（革新俱乐部）→立宪同志会→宪政会→立宪民政党（国民同盟）
革命革新主义政党 （无产阶级）	劳动农民党派系：劳动农民党（农民劳动党）→日本农民党/社会民众党/日本劳农党/新劳农党→社会大众党
	共产主义派系：日本共产党
国家主义政党	日本国民协会（1892—1899 年）→日本国民协会（1933—1937 年）→东方会→翼赞政治会

表 2.4　　　　　　　　　　　日本帝国议会众议院选举一览

帝国国会	实施内阁	投票率	议员数	议会第一党	当选议席	当选率	选举制度
第 01 回	山县有朋（1）	93.91	300	立宪自由党	130	43.33	小选区制
第 02 回	松方正义（1）	91.95	300	立宪自由党	94	31.33	小选区制
第 03 回	伊藤博文（2）	88.76	300	立宪自由党	120	40.00	小选区制
第 04 回	伊藤博文（2）	84.84	300	立宪自由党	107	35.66	小选区制

帝国国会	实施内阁	投票率	议员数	议会第一党	当选议席	当选率	选举制度
第05回	伊藤博文（3）	87.50	300	立宪自由党	105	35.00	小选区制
第06回	大隈重信（1）	79.91	300	宪政本党	124	41.33	小选区制
第07回	桂太郎（1）	88.39	376	立宪政友会	191	50.79	大选区制
第08回	桂太郎（1）	86.17	376	立宪政友会	175	46.54	大选区制
第09回	桂太郎（1）	86.06	379	立宪政友会	133	35.09	大选区制
第10回	西园寺公望（1）	85.29	379	立宪政友会	187	49.34	大选区制
第11回	西园寺公望（2）	89.58	381	立宪政友会	209	54.85	大选区制
第12回	大隈重信（2）	92.13	381	立宪同志会	153	40.15	大选区制
第13回	寺内正毅	91.92	381	立宪政友会	165	43.30	大选区制
第14回	原敬	86.73	464	立宪政友会	278	59.91	小选区制
第15回	清浦奎吾	91.18	464	宪政会	151	32.54	小选区制
第16回	田中义一	80.36	466	立宪政友会	218	46.78	中选区制
第17回	滨口雄幸	83.34	466	立宪民政党	273	58.58	中选区制
第18回	犬养毅	81.68	466	立宪政友会	301	64.59	中选区制
第19回	冈田启介	78.65	466	立宪民政党	205	43.99	中选区制
第20回	林铣十郎	73.31	466	立宪民政党	179	38.41	中选区制
第21回	东条英机	83.16	466	大政翼赞会	381	81.75	中选区制

注：内阁总理大臣后数字表示第几次组阁。

资料来源：根据日本宪政纪念馆收集资料整理。

　　1900 年之后，日本的政治在两个层面上展开，一是以议会为主的各个资产阶级改良主义政党间的相互争斗，二是社会主义运动兴起，无产阶级与官僚政府和资产阶级间的斗争。日本的议会政治开始逐渐成熟化和常态化，资产阶级政党在议会内展开权力竞争，并逐渐影响藩阀政治和官僚体制。

　　工业化完成后，资产阶级力量崛起，开始运用手中的经济力量影响政治，形成所谓"金权政治"，对官僚政府有很大的影响力。在第四次伊藤博文政府倒台后，藩阀元老，也是伊藤博文政治对手的山县有朋的嫡系桂太郎组建政府。桂太郎执政期间，日本与俄国爆发日俄战争。日本紧随西方列强的脚步，进入帝国主义时代。国家扶持的超大资本挤压吞并了零碎化的小资本，资本形成了独占，生产企业也产生了大财阀垄断，国家官僚与财阀为主的经济界的黏着度越来越明显，被财阀武装了的军人集团也开始在日本政治舞台上占有特殊地位。日本的帝国主义化更多显现的是带有封建性的军事国家主义，亦即日本独有的天皇制下的军国主义。

资产阶级政党之间通过议会外的密谈，在权益上讨价还价之后，开展政权授受活动。日俄战争开战后，为平息因对俄媾和而引起的反政府暴动，总理大臣桂太郎与政友会总务委员原敬四次密谈，通过让出总理大臣职位给政友会总裁西园寺公望，以换取政友会的支持。"以这个炽烈的斗争为前提的政友会与桂的提携，是通过政友会压制党内的强硬派，支持桂内阁，而桂则在山县、贵族院（官僚派的地盘）、官僚、陆军与政友会内阁之间进行斡旋，才得以成立和持续下去的……由此可见，相互援助和互让政权，是在桂和原互相猜疑和各有打算的条件下，通过虚虚实实的谈判进行的，但桂和政友会都互相需要对方"。① 在此背景下，军人出身、山县有朋的嫡系桂太郎和政友会西园寺公望开启了号称"桂园时代"的轮流执政时期，桂太郎前后三次执政，任期长达 7 年 11 个月，成为日本实行选举制度以来担任总理时间最长的政治家。

同时，"桂园时代"也是官僚体制逐渐实现专业化的时代，日本政府建立的七所帝国大学毕业生，特别是法学部毕业的学生逐渐进入政府各部门并担任要职，成为职业官僚。1908 年文官考试合格者 106 人中，出身华族 2 人，士族 34 人，平民 70 人。到了 1917 年时，124 名合格者中 42 名出身士族，82 名出身平民。专业化官僚逐步替代了维新时期士族出身的旧式官僚。

随着日本进入封建色彩浓厚的军国主义阶段，军人势力和军事集团的地位也在一步一步地扩大。但是，由于桂太郎政府在日俄战争后实行增税政策，以及因扩军备战而发展特需军事产业，引发了中小产业资产阶级和民众反对重税和倒阁运动。在"打倒阀族，拥护宪政"的号召下，全国形成了空前的政治反对运动。中小产业资产阶级、工农民众走上街头直接用行动表达政治诉求。民众包围议会、袭击报社和警察派出所，街头政治使得桂太郎政府垮台。

桂园时代结束之后，先后出现过山本权兵卫、第二次大隈重信、寺内正毅政府。这些政府依旧是藩阀政治下的产物。藩阀元老尽管衰落，却依

① ［日本］升味准之辅：《日本政治史》（第二册），商务印书馆 1997 年版，第 371 页。

旧在政治中起着巨大的作用，元老院可以直接推荐和决定内阁总理大臣的人选。尽管如此，元老院也发生了分裂，山县有朋强调强化天皇制，极为厌恶政党，但在政党变得强大之后，又以利权为诱饵收买拉拢政党。而伊藤博文等人则顺着时代的变化，进行政策和政治手法（策略）的调整，开始与财阀、地主和大资产阶级联合，企图将地主和大资产阶级纳入主要由官僚组成的政党之中，从而继续掌控核心权力。

1918 年 9 月，政友会总裁原敬组成政府，原敬政府中除了军部大臣和外务大臣外①，其他大臣都来自原敬领导的政友会，纯正性政党内阁在日本第一次诞生。这标志着支持政党政治的资产阶级势力开始通过政治代言人的方式介入政治。为对抗社会上以及宪政党提出的要求实行普选权的运动，原敬政府在任内提出了选举法修正案，一是扩大选举权，二是将大选举区制改为小选举区制，给予农村的自耕农选举权。这对在农村拥有大量支持者的政友会来说是绝对有利可图的。围绕着普选制，政友会和对立的宪政党展开了激烈的政治争斗。宪政党组织了 40 多个劳动团体前往议会示威，最终以政友会解散议会和强行驱散压制了普选运动。

原敬政府因为原敬的遇刺解散，改由政友会继任总裁、官僚出身的高桥是清组成新一届政府。但是，随着政友会内部分裂，高桥内阁全体辞职。其后分别经历了加藤友三郎、第二次山本权兵卫、清浦奎吾政府。清浦内阁取得了由政友会分裂出来的床次竹二郎组建的政友本党支持，成立了全部由贵族院成员组成的内阁，而政友会与曾经的政敌宪政党、革新俱乐部结合成统一的反政府联盟，号称"护宪三派"。"护宪三派"打着反对特权、要求实行普选权的旗帜，与贵族院的清浦政府展开斗争，迫使清浦政府解散议会重新大选。

1924 年 5 月，"护宪三派"在大选中获胜，宪政会 154 席，政友会 101 席，革新俱乐部 29 席，政府本党 114 席，其他小党等 66 席。此时，元老仅剩下西园寺公望，内阁总理大臣由西园寺公望与内大臣平田东助进行协议推荐后上奏天皇。为遵循总理大臣病逝或遇难时奏荐同一政党领袖继任，而在通常的政权交替时奏荐第一在野党领袖的"宪政常道"原则，尽管西园寺公望厌恶加藤高明，但还是奏荐了加藤高明担任总理大臣。1924 年 6 月 11 日，成立以宪政党总裁加藤高明为总理大臣的联合

---

① 《军部大臣现役制》规定陆、海军大臣必须为现役军人。

内阁。

加藤高明在任期内颁布了《普通选举法》，取消了选举人的纳税额限制，规定年满 25 岁以上的男性有选举权，30 岁以上男性有被选举权，实现普通选举，在日本宪政史上具有划时代的进步意义。实现普通选举的同时，还对贵族院进行了改革，在一定程度上削弱了贵族院官僚对内阁的干涉权力。

表 2.5　　　　　　　　　　　　　**日本选举人资格的变化及比例**

颁布年	内阁	实施年	选举人			
			直接国税（日元）	性别年龄	总数（万人）	占全国人口比例（%）
1889	黑田清隆	1890	15	男 25 岁	45	1.1
1890	山县有朋	1902	10	男 25 岁	98	2.2
1919	原敬	1920	3	男 25 岁	306	5.5
1925	加藤高明	1928	无要求	男 25 岁	1240	20.8
1945	币原喜重郎	1946	无要求	男女 20 岁	3688	50.4

资料来源：金丸三郎：《新选举制度论》，转引自〔日本〕五味文彦、鸟海靖《もういちど読む山川日本史》，山川出版社 2009 年版，第 282 页。

从加藤高明内阁开始，其后的 6 代内阁都是众议院多数党组成的政党内阁，由政友会及宪政会（后改为立宪民政党）两大政党轮替执政，"宪政常道"自此确立。"宪政常道"是 1924 年 6 月到 1932 年 5 月近 8 年期间，由元老西园寺公望向天皇推荐众议院多数党领袖，再由天皇任命总理大臣组阁，执行宪政本义之道。由众议院多数党执掌政权这一政党政治原则，开始出现在日本政治舞台。"过去议会多数派常常是看政府或元老眼色的官制多数，而护宪三派内阁是政党违反现政府的意旨，即以自己的力量第一次在议会取得多数，并掌握了政权，它是第二次世界大战前日本民主主义发展的高峰。"[①] 尽管时间短暂，但摆脱了君主集权和藩阀官僚干预、实行"宪政常道"的 1924 年 6 月到 1932 年 5 月的近 8 年间，成为战前日本的政党政治时代。

---

① 〔日本〕井上清、铃木正四：《日本近代史》（下册），商务印书馆 1972 年版，第 455 页。

从藩阀政治中后期到政党政治时期（见表2.1），日本的政治权力结构逐渐从单极自律形态转变成为寡头自律形态。随着维新重臣的相继去世，以及传统武士阶级在社会经济结构中的逐渐消亡，元老集团的政治影响力开始为新兴权力集团所取代。官僚集团、军人集团、财阀集团相继跻身政治权力的核心圈层，并在硕果仅存的维新重臣的协调下共同执掌国家权柄，其他政治力量则受到压制，例如农民群体、城市无产者、产业工人等，都很难通过选举方式经由政党表达利益诉求（见图2.3）。

图 2.3　政党政治时期的权力结构

三　军阀政治时期的单极自律形态

作为藩阀政治的核心力量，元老集团对于自身消亡的必然性具有相当明确的认知。恰如评论所言，"从希望宪政充分发展这一点来说，元老的存在是宪政上的变态。元老是宪法中没有规定的机关。由宪法中没有规定的机关来推荐组阁人选，只是宪政政治过渡时期所能允许的一种制度。如果政党发展起来，使政权的授受能够在政党之间顺利实现，就不需要元老了。西园寺知道这一点。他近年来的行动使人看出，他好像在专心致志地努力促使废除元老即消灭自己"。①

尽管西园寺公望晚年努力协调各方政治力量，试图避免权力的过度集中，但是在二战的阴云下，日本军人集团借势扩张，逐渐掌握了压倒性的政治话语权。1940年，随着最后一位元老西园寺公望的离世，"元老政治"被具有浓厚军国主义色彩的"重臣会议"所取代，日本军人势力和军阀从政党手中夺取政治权力，战前短暂的政党政治终焉。

加藤高明的政党内阁之后，又产生过若槻礼次郎、田中义一、滨口雄

---

① ［日本］马场恒吾：《现代人评论》，第263—265页，转引自［日本］升味准之辅《日本政治史》（第三册），商务印书馆1997年版，第575页。

幸、第二次若槻礼次郎以及犬养毅政府。1927 年日本爆发金融危机，1930 年爆发经济危机，日本内政受经济影响出现困局，为转嫁矛盾，对外实行了扩张主义的侵略政策。1927 年 4 月，金融危机使得若槻礼次郎内阁下台，政友会总裁田中义一组阁，放弃上届所谓"不干涉中国内政"的币原外交政策，直接出兵中国山东，并于 6 月和 8 月召开两次东方会议，确定侵略方针。1931 年 9 月 18 日，策划并制造"九一八事变"。1932 年 1 月，制造"上海事变"，直接入侵中国东北和华南上海，紧接着在 1932 年 3 月策划并扶持建立了伪满洲国。20 世纪 20 年代末 30 年代初，扩张主义和侵略主义以维护国权为号召，像洪水一样在日本泛滥开来，日本军人势力崛起树立了军事官僚体制，形成军阀政治。

日本政府对金融危机和经济危机束手无策，引发经济大萧条。在此环境下，立宪政友会与立宪民政党之间严重对立，暴露出政党斗争和官僚贪污等事件，导致民愤激昂。于是，以激进派为首的日本军人势力利用民众对政府腐败和对外软弱的不满，直接挑起民众对政党政治和议会的激愤情绪，号召废除政党政治，建立军部为首的举国一致体制。1930 年 4 月，日本滨口政府签署伦敦海军条约，引起军人强硬势力的极度不满，社会上国家主义团体兴起国家改造运动，展开法西斯暴力活动并愈演愈烈。1932 年 5 月 15 日，激进的海军青年军官和陆军士官袭击刺杀了总理大臣犬养毅。犬养毅死后，海军大将斋藤实组阁，实行军部指导下的举国一致体制，政党政治被军阀政治取代。1940 年 10 月，军阀取缔政党，直至日本战败。

军阀政治时期，日本政治权力结构呈现单极多元形态（见图 2.4）。其中，军人集团在核心圈层占据排他性的政治主导地位；官僚集团与财阀集团位于制衡圈层，作为军人集团发动战争必不可少的支持力量，拥有重要的政治话语权，并在一定程度上对军人集团形成制约；其他政治力量在举国一致体制下，难以形成有效政治话语权，通常都被压制在边缘圈层。

图2.4 军阀政治时期的权力结构

事实上，如果从政商关系的视角出发，将有助于更好地理解军人集团政治垄断地位的形成。政党政治时期，基于政党的协调与合作平台，军人集团与财阀集团呈现对等式的合作关系（见图2.5），财阀提供政治资金给政党，政党支持财阀（三菱、三井等）发展财阀独占垄断的高利润的军需产业，财阀提供军需产品给军部，军人集团以其武力威慑为政党提供坚实后盾。军阀政治时期，军人集团借助举国一致体制，将财阀置于其控制之下，形成依附式的联盟关系。

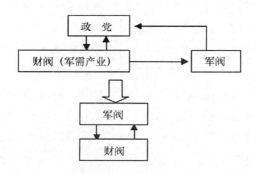

图2.5 政商关系的演化示意图

日本军阀政治的形成有其历史必然性。从根本上讲，这是日本为了争夺帝国主义时代的最后一张现代化入场券而付出的沉重代价。"一个现代国家建立了起来，但工业则是在极其狭隘的国内市场的基础上开始的，而在那个时候，久已在旧日重商主义殖民时代蓄积了利润的其他列强，却早就超过了自由放任的商业资本主义的黎明阶段而正进入以猎取殖民地和势力范围为特征的帝国主义的繁荣时期了。我们已经见到日本如何将它作为一个资本主义国家的发展集中在一个世纪左右的期间内，从狭隘的城市对农村式的重商主义一直过渡到由私营工业的独占和重要工业的国家统制混合而成的一种社会组织，因而不许可有任何自由放任式的经济自由以及更大限度的政治自由。"①

表2.6　　　　　　　　　日本战前政治体系的转变与特点

	藩阀政治	议会政党政治	军阀政治
时期	1868—1924 年	1924—1931 年	1931—1945 年
	明治维新—宪政常道	宪政常道—"5·15"事件	"5·15"事件—战败
	维新体制建立到议会政党内阁	议会政党内阁到军阀执政	军阀执政到大战结束
背景	建立近代国家 实现富国强兵	效仿西方政体 完善国家体制	殖民扩张 世界大战
属性	绝对主义 国家主义	国家主义 宪政主义＋民主主义	军国主义 法西斯主义
权力	藩阀寡头	政治精英 官僚＋政党＋财阀	军阀寡头 军事官僚＋财阀
特点	创建近代国家体制，封建主义向资本主义的不彻底过渡	初步导入自由主义和民主主义理念，建立形式上的西方式宪政体制，社会主义运动兴起勃发	军人政权干涉全体国政，战时体制
工业化	富国强兵 殖产兴业	大财阀＋寄生地主制 垄断资本	军事产业化

资料来源：笔者整理。

武士阶层推翻封建主义闭关锁国的幕府，通过明治维新，建立了天皇制绝对主义原则下的资本主义制度。日本成为亚洲第一个资本主义国家，建立了资本主义国家体系和行政制度，基本避免了被殖民化，实现了国家的独立。同时，日本也是亚洲第一个引进社会主义思潮，成立社会主义政党开展社会主义运动的国家。社会主义运动与资本主义运动在明治到昭和的历史进程中，始终在一起交织、斗争、对立。

---

① ［加拿大］诺曼·赫伯特：《日本维新史》，吉林出版集团有限责任公司 2008 年版，第175 页。

残留的封建性表明明治维新是一场不完全的资产阶级革命。第二次世界大战结束前，始终坚持具有封建性的天皇制绝对主义的原则，使得战前日本发展了一条畸形资本主义道路，实现了工业化产业革命却促使了垄断资本财阀的崛起，颁布了宪法，实行了议会制度，却形成了军事封建帝国主义，经济发展和社会文明飞速进步，却牺牲了国民大众的幸福乃至生命。如此，资本主义制度与封建残余体系始终在一起交织、斗争、对立。

第三节　"55 年体制"兴衰的过程与原因

1945 年，二战刚刚结束，日本恢复了军国主义时期 1940 年被军部取缔的政党政治。从 1945 年到 1955 年的 10 年间，是日本战后政党创建、改造、冲突、分裂、交结、整合、重组的政党孕育期。到 1955 年，基本形成了信奉自由主义、发展资本主义的保守性政党和信奉民主主义、发展社会主义的革新性政党。

1955 年 11 月，日本保守阵营在经过战后 10 年剧烈的聚散离合后，最终完成了自由党和民主党合流，成立了自由民主党。在国会，几乎所有保守系议员都集中在了自民党旗下，为战后"55 年体制"的形成，奠定了党的组织基础和力量。自民党从 1955 年 11 月开始执政，直到 1993 年 6 月败选下台，连续执政长达 38 年，成为西方政治体制下执政最持久的政党。

从 20 世纪 50 年代中期到 90 年代中期近 40 年间，自民党主导下的"55 年体制"呈现寡头自律形态的政治权力结构，其独特的政党政治在一定时期内恰恰适合发展日本特色的资本主义，起到了促进经济腾飞的重要作用。不过，随着社会经济发展，寡头自律形态逐渐变得不合时宜，自民党曾牢不可破的政治根基开始动摇，并最终失去垄断地位。20 世纪 90 年代以来，日本的政治权力结构开始了衡平多元形态的调整与重构。

一　战后初期的体制改革与政治博弈

1945 年 8 月，日本投降。不过，战败时的日本与其在欧洲的盟友纳粹德国和法西斯意大利不同，作为国家行政体系的政府并没有被摧毁，政府依然具有统治能力。以美国为首的占领当局通过日本政府未瘫痪的执政能力实施间接统治，在政治上通过制定新宪法进行民主改革，在经济上实行土改，取缔财阀，设立工会，实现经济民主化。

1. 政治制度改革

日本政府在盟军总部的指导下进行了政治制度的改革。首先就是针对天皇制进行改革。1946 年 11 月 3 日，日本颁布了体现国民主权、保障基本人权以及和平主义原则的《日本国宪法》，并于 1947 年 5 月 3 日正式取代《大日本帝国宪法》开始实施。1889 年颁布的《大日本帝国宪法》曾明确规定"大日本帝国是由万世一系的天皇统治"，"天皇神圣不可侵犯"，"天皇是国家元首，总揽统治权"，将天皇置于国家权力的最高位置。而《日本国宪法》开宗明义的第一条规定"天皇是日本的象征，是日本国民整体的象征，其地位以主权所属的全体国民的意志为依据"，从而以新宪法为基础将天皇制民主化。

基于新宪法的颁布，议会制度也进行了必要的改革，新宪法第 41 条规定"国会是国家的最高权力机关，是国家唯一的立法机构"。废除了由身份决定而组成的贵族院，国会改设为众议院和参议院，实行两院制，两院的议员均由国民通过选举产生。众议院选举后由占多数议席的政党组织政府执政。至此，日本树立起议会制下的政党政治制度。为了与 1947 年实施新宪法相配合，1950 年 4 月日本修改了选举法，废除"众议院议员选举法"，改为"公职选举法"。

日本打破中央集权的行政体系，实行了地方自治。修改了地方自治体的都道府县和市町村制，并规定地方政府的首长均由当地居民通过直接选举产生，中央政府和机关没有任命权。强化了地方议会的权力，授权地方议会在不违背宪法和在各项法律范围内制定并颁布自治体条例，自治体自行管理其财政，决定自治体的年度预算，自主行使行政权。

2. 经济民主化改革

在对政治与行政进行民主化改革的同时，为铲除滋生政治封建统治的经济基础，日本还对财阀和土地进行了制度和组织上的改革。

对以美国为首的盟军而言，支撑战时军事产业的日本财阀是军国主义的后盾与帮凶。为使日本非武装化，消除其对和平的威胁，就必须解体财阀，削弱其力量。1945 年 12 月，指定以三井、三菱、住友、安田为代表的 18 个财阀、336 个公司为财阀整肃对象，后又追加了 83 家控股公司和 4000 个子公司。1947 年 3 月颁布《禁止垄断法》，1947 年 12 月颁布《排除经济力量过度集中法》，1948 年 1 月颁布《排除财阀同族统治力量法》，从而将财阀解体。财阀解体使新产业组织的发育成为可能，也奠定了通过竞争实现经济发展的基础。解体财阀的同时，1946 年 4 月成立了经济同友会（同友会），1946 年 8 月成立了日本经济团体联合会（经团联），1946 年 11 月成立了日本商工会议所（日商），1947 年 5 月成立了经营者团体联合会（日经联）。其中，经团联针对日本的经济和财政政策向政府建言提案，日经联则对劳资双方关系进行调和与建言。由于日经联侧重于经营者立场调和劳资双方关系，以代表资方利益为主，因而在 1948 年 4 月，经济团体联合会与经营者团体联合会合并。至此，经团联、日商和同友会开始被称为经济三团体。从成立之初，以经团联为中心的经济团体就对日本的政治运作和政党政策决定起着至关重要的作用。在战后经济高速发展期，经济三团体也是保守性政党强有力的支持力量。

保证社会底层国民的基本生活权利，缩小贫富差距是维持社会安定的根本条件。1945 年 10 月，美国在"对日初期方针"的《五大改革指令》中提出，对立足于民主主义基础上的工人、产业、农业组织的发展应给予鼓励和支持。并指令日本政府支持工人成立工会组织。在此背景下，战前就活跃在产业各界的工会组织迅速发展起来。1945 年 12 月已拥有工会会员 38 万人，1946 年 6 月增至 375 万人，1949 年超过 666 万人，工会数量达到 3.5 万个。在工会运动风起云涌之时，因为意识形态的差异，导致全国工会组织一开始就分为左右两派。1946 年 8 月，以铁路、钢铁、机械、煤炭等 21 个行业为主成立了全日本产业别劳动组合会议（产别），成立时拥有会员 163 万人，占全体产业工人的 40% 以上。产别由共产党支援并掌握了领导权。1946 年 8 月，以战时提倡国粹主义的大日本产业报国会为基础，工会组织中的右派、合法左派、中间派成立了日本劳动组合总同盟（总同盟）。拥有会员 86 万人，有 2600 多个工会组织加入其中。

土地改革是通过政府对地主土地所有权的有偿赎买和有偿转卖而实现再分配。伴随着土地改革的进行，日本农民组合①领导的农村社会运动发生了巨大变化。日本农民组合的领袖们大多数分属于日本社会党和日本共产党，围绕着彻底实现自耕农主义以及农民运动的性质和方针等问题，日本农民组合内部以及共产党与社会党之间发生了激烈论争，最终导致了日本农民组合的分裂和共产党与社会党分道扬镳。1946 年 2 月，日本农民

---

① 1922 年成立，二战前曾分裂和被镇压取缔，1946 年 2 月重建。

组合成立时会员为 10 万人，当年 6 月为 60 万人，一年后的 1947 年 6 月达到 130 万人，1948 年更是达到 250 万人。但日本农民组合分裂后，会员数激减，1951 年时仅剩下不到 100 万人。社会党与共产党在农村都失去了影响力。"甚至可以说，战后 30 年保守政治的出发点是始于土地改革选择了自耕农主义"①。另一方面，在盟军总部指导下组建的日本农业协同组合势力却快速扩大并成为日本最大的农业者组织，代表农民同政府协调农业政策。"农村的社会运动，战前的租地斗争中可以经常见到的带有浓厚阶级斗争色彩的情况基本消失，社会政治运动的主要内容转化为，在政府的粮食管理制度、全面的补助金行政、政策金融等管理下，农业者团体参加谈判，参加调整资源分配和收入分配。"② 日本农业协同组合逐渐成为保守政党的利益集团和压力集团。日本几乎所有的农户都是农业协同组合的会员。2011 年，拥有正式会员 466.9 万人，准会员 516.5 万人。日本农业协同组合有着超强的组织力与集聚力，其庞大规模以及建立在组织力基础上的动员力量，在选举政治体系中毫无疑问是丰硕的"票田"，这一点是任何政党都无法忽视的。日本农业协同组合对日本政治有着极大的影响力，也是保守性政党的支持基点。

随着日本完成三大经济民主化改革，各政治势力的国民基础即选举中可动员的组织力量，以及经济基础即维持政治势力运营的财力，都阵垒分明了：提倡自由主义的资产阶级政党与财界经济界相结合，得到拥有近乎所有农民会员的农业协同组合的力量支持；提倡民主主义的社会主义政党与代表无产阶级先锋队的工人相结合，得到了劳动组合的经济和力量支持。

3. 无序多元形态下的权力博弈

由于军人集团的政治力量在战后受到清洗，从而导致核心圈层的权力真空，无论原本处于制衡圈层的官僚集团和财阀集团，还是长期被压制在边缘圈层的农民群体和产业工人群体，都开始产生分享权力的政治诉求。这就使得战后初期呈现无序多元形态的政治权力结构，很快陷入持续不断的左右两翼的政治冲突与博弈。

---

① 农业专家玉城哲的观点，转引自［日本］正村公宏《战后日本经济政治史》，上海人民出版社 1991 年版，第 75—76 页。
② ［日本］正村公宏：《战后日本经济政治史》，上海人民出版社 1991 年版，第 76 页。

1945 年 10 月，盟军总部颁布被称为"人权指令"的《废除限制政治、民事、宗教自由的备忘录》。根据指令，国民可以自由地议论天皇制，废除禁锢国民言论、政治和宗教等自由的治安维持令以及思想犯保护观察法等 15 项集权制法令，释放了在战时被关押的政治犯。1940 年 10 月被取缔被禁止活动的各种政治势力以政党形式重新开始登上政治舞台。

1945 年 11 月，主张实现社会民主主义和民主社会主义的无产阶级政治团体，组建了日本战后首个政党日本社会党，片山哲当选党书记长，并以右派势力为主组成了党的中央执行委员会。日本社会党是排除了日本共产党势力，以战时的社会大众党为母体，集结了左派的劳动农民党、右派的社会民众党以及中间派的日本劳农党组成的宣称社会主义性质的政党。左派的劳动农民党以马克思主义为宗旨，右派的社会民众党以及中间派的日本劳农党则以民主社会主义为宗旨。

日本社会党成立时通过的《党纲》指出：第一，社会党是国民中的劳动阶级的组织，争取国民的政治自由，以期建立民族制度。第二，社会党排除资本主义，坚决实行社会主义，以期国民生活安定与改善。第三，社会党反对一切军国主义思想及行动，以期通过世界各国国民间的合作实现永久和平。强调以实现社会民主主义为宗旨。

社会党在《宪法改正要纲》中要求实行国民选举产生内阁与议会的直接民主制，切实保证国民生存权，建立社会主义经济体系。"大会通过的社会党章程，对于党员应是党组织的一个成员，应该承担参加党的组织活动的义务，并用社会主义理论武装自己等要求没有作任何规定；甚至没有规定下级机关服从上级机关以及其他有关党的组织工作所必不可少的中央集权制原则。因此，新成立的日本社会党，明显地具有议会政党的性质，它纯粹是战前无产阶级政党各派的混合物，而不是具有统一意志的阶级政党。总之，社会党从成立那天起就定下了这个党的基本特征，即它是无产阶级政党各派的统一战线组织。"① 由于社会党是无产阶级政治团体的各派组合而成，基本思想与路线方针都有分歧，因此难免存在对立冲突。其后，由于社会党内部的左右两派围绕着党的路线宗旨等展开多次纷争，社会党始终分分合合，形成不了抗衡资本主义政党的组织力量。

---

① ［日本］小山弘健、清水慎三：《日本社会党史》，上海人民出版社 1973 年版，第 18—19 页。

　　1945 年 11 月，战前的立宪政友会成员鸠山一郎、河野一郎、芦田均，以及立宪民政党的三木武吉等人，以战时批判大政翼赞会法西斯体制的立宪政友会中的正统派为母体成立了自由党，鸠山一郎当选为党的总裁。自由党主张彻底废除军国主义，维护君民一体的国体，树立民主的负责任的政治体制，提倡保护私有制，建立以自由主义为核心的经济体制，提倡思想、学术、教育与宗教的自由以促进民族文化的复兴，提倡政治道德与社会道德。

　　自由党有着战时立宪政友会的身影。正是因为自由党提出"维护君民一体的国体"的宗旨，日本右翼活动家，被称为"政财界黑幕"的儿玉誉士夫，以保护国体为名，将战时设立在中国上海的特务机构"儿玉机关"管理的帝国海军的资金①全部提供给鸠山一郎，作为自由党的组党资金使用。自由党建党次年，由于鸠山一郎作为战时协力军部的军国主义者被开除了公职，无法继续担任党的总裁，遂由吉田茂接任了自由党总裁，党的核心权力集中在河野一郎和三木武吉手中。1948 年自由党解散，组成新的政党民主自由党。

　　1945 年 11 月，以战时的政治团体大日本政治会为母体成立了进步党。积极拥护并推行法西斯主义的大日本政治会吸收了大政翼赞会中的大多数立宪民政党党员。为此，进步党身上有着浓厚的国体主义身影。进步党提倡拥护国体，贯彻民主主义，主张维持统制经济体制，建立以议会为中心的责任政治体系。进步党建党之初，由于党内派系林立，围绕着党总裁的人选问题，各派展开激烈争夺，原立宪民政党总裁町田忠治与原陆军大将宇垣一成展开最后的角逐。

　　田中角荣曾回忆，在 11 月的某一天，他被出任田中土建顾问的大麻唯男找去，大麻对他说，进步党成立了，但党首问题没有解决。宇垣一成和町田忠治二人被推举为总裁的候选人，两人互不相让。因此，对他们二人提出一个解决办法：谁能在即将举行的选举前先筹措到 300 万日元，谁就出任总裁。我是要推举町田的。随后他问田中，你是不是也出一些钱呢。田中欣然允诺。② 由于这个机缘，田中才进入了政界。这样，率先筹

---

　　①　日本战败后，海军为减轻战争责任，将战时提供给特务组织"儿玉机关"的庞大经费交由儿玉誉士夫自行处理。因此，该经费未曾被美国为首的盟军没收。

　　②　田中角荣：《我的履历书》，第 165—166 页，转引自 [日本] 升味准之辅《日本政治史》（第四册），商务印书馆 1997 年版，第 892—893 页。

得经费的町田忠治出任进步党总裁。1947 年 3 月进步党解散，组成新的政党民主党。

1945 年 12 月，以产业工会组织为中心成立了协同党。协同党与战时的政党不存在党系的直接渊源，但其发起者多为战时议会中那些无党派议员。协同党主张以民主主义为基础，实现体现民意的议会政党政治，在产业劳动中强调开展生产合作运动，协调劳资关系。山本实彦当选为协同党的委员长。1946 年 5 月，协同党解散，与其他提倡协同组合主义的政治团体组合成协同民主党。

1945 年 12 月，战时被迫害的日本共产党召开第四次大会，标志着党再建，重新开始组织活动。在党的大会上通过了党章和行动纲领，提出打倒天皇制，建立人民共和国政府，废除封建寄生土地所有制，改善劳动条件，建立独立工会组织，建立社会保险制度等。大会选举德田球一为书记长。1946 年 2 月，共产党又召开了第五次大会，党的领导人之一野坂参三作了《关于大会宣言的报告》，提出不能全盘否定私有财产，而只是要废除资本家和地主的生产资料私人占有。特别是"目前在我国，无论是民主主义完成，还是社会主义革命实现，都出现了在占领下通过和平的议会而进行的可能性"。① 从而希望通过和平的方式、民主的方式来实现社会主义。

日本共产党曾经几次向社会党提出建议，希望成立以追求社会主义为目标的统一战线，但由于掌握了社会党领导权的领袖们多数为党内右派，有着根深蒂固的反共思想。为此，社会党始终拒绝共产党的建议。尽管在要求实现民主的一些具体的斗争中两党有过合作，但始终未能形成反对保守政党的统一力量。

日本无条件投降后，代表各个社会集团利益的政党马上以重组或新建的方式出现在政治舞台上。1945 年，日本开放党禁之后，尽管有五个政党活跃在社会上，活跃在未被取缔的议会中，但是国家的政治权力却紧紧地掌握在以美国为首的盟军总部手中。1946 年 1 月，盟军总部以备忘录形式发表《有关开除不适合从事公务者公职之事》，命令币原喜重郎内阁在政府中肃清军国主义者。为此内阁颁布了《有关禁止就职及退官退职之事》的政府令，开除战争罪犯、战争协力者、军国主义者以及军国主

① ［日本］升味准之辅：《日本政治史》（第四册）．商务印书馆 1997 年版，第 902 页。

义支持者、军需产业和战争支柱产业干部的公职，并规定凡在 1942 年大政翼赞选举中被推荐为议员者不能成为新的议会选举的候选人，同时，还命令对五大政党的历史、纲领、组织、人事和议员的情况展开调查，肃清其中的军国主义者。其结果，在议会中，进步党议员 274 人中的 260 人，自由党议员 43 人中的 30 人，社会党议员 17 人中的 10 人，以及协同党 23 人中的 21 人被开除公职，被剥夺了议员资格。

在政府和议会中清除了军国主义者和军国主义支持者之后，1946 年 4 月，战后初期的五大政党迎来了战后的第一次议会选举。由于《日本国宪法》尚未颁布，因此此次选举仍是在《大日本帝国宪法》背景下实施的。但在选举中，由于实现了男女普通选举，全国 50% 以上的国民参加了选举，妇女第一次拥有了选举权和被选举权，共有 39 名妇女当选为议员。

据统计，1946 年选举共有多达 363 个政党参加众议院大选，其中多数为小党，仅一个人的政党就有 184 个，占参选政党半数以上。参选人共有 2770 人，其中第一次参加选举的人数高达 2624 人，占 94.7%。从党派来看，无党派人士 773 人，一人党或数人党人士 568 人，五大政党参选人 1429 人，占 51.6%。投票率 72.1%，其中女性投票率为 67%。

参加选举的大党主要有自由党、进步党、社会党、协同党和共产党。其中，自由党夺得 141 席，进步党 94 席，社会党 93 席，协同党 14 席，共产党 5 席，其他各党 38 席，无党派 81 席。选举后，由于自由党占据议会第一大党的位置，决定由自由党总裁鸠山一郎组阁。但是发布命令的两天之后，鸠山一郎因战时被认为参加田中义一内阁以及歌颂希特勒存在军国主义倾向等问题，被开除公职，遂由吉田茂代替鸠山一郎组阁。1946 年 5 月，自由党与进步党组成联合政府；同年 9 月，议会中的各个小党议员和无党派议员联合组成了国民党。

吉田茂组阁后，议会在政治上的首要任务就是完成对新宪法草案的审议。在议会通过审议之后，内阁于 1946 年 11 月颁布了《日本国宪法》。秉承着新宪法的立法原则，吉田茂内阁制定了与新宪法相匹配的《内阁法》《国会法》《法院法》《地方自治法》等一系列法律，这些涉及行政、立法、司法的一系列新法律与战前的相关法律比较，真正体现了三权分立原则，特别是废除旧的《议会法》实施新的《国会法》使实现政党政治有了法律的保证。

在经济上，吉田茂内阁制定了"倾斜生产方式"的经济政策，优先发展钢铁、煤炭、电力、运输、化工等产业。由于战后突出的粮食不足问题，以及"倾斜生产方式"的经济政策并未改善国民的贫苦生活，使得工人运动蓬勃高涨。领导工人运动的工会组织划分了左右两个派系。以日本劳动组合总同盟（总同盟）为首的右翼工会拥有会员86万人，占全国工会会员的20%，以全日本产业别劳动组合会议（产别）为首的左翼工会拥有会员163万人，占全国工会会员的43%。1947年1月，日本要求停止解雇、增加工资的工人运动达到高潮，总同盟与产别等左中右各派工会组织联合成立了全国劳动组合共同斗争委员会（全斗），集合了600多万会员，号召2月1日举行全国总罢工，要求吉田茂内阁辞职。

但是，对于举行总罢工，社会党内部有不同意见，其左派基本同意参与工人运动，但右派则与政府展开谈判。把持社会党领导权的右派试图"以避免总罢工作为交换条件，在联合组阁谈判中尽量以更高的身价将自己出卖给政府和自由、进步两党。而吉田内阁则想把社会党也拉进保守党的联合内阁，利用社会党作为对付面临的工人罢工斗争浪潮的一道堤坝"。[1] 由于盟军总部要求终止罢工，向共产党施压。共产党领导最后不得不宣布放弃举行总罢工。从此，无产阶级工人运动走向低潮。

总罢工的被迫终止对日本的工人运动和政党政治产生了极为深远的影响。日本共产党曾经认为美国盟军总部绝对不会阻止总罢工，因此可以通过高昂的工人运动这种和平的方式达到革命的目的，但是，当时大多数工人运动参加者的目的更多的是改善生活等经济诉求。于是，总罢工的失败使得工会成员和工人阶级对共产党产生了极大不信任，而转向成为社会党支持者。最终，社会党成为了这次运动的最大受益者。盟军总部发出要求终止罢工的命令之后，社会党马上发表声明指出，"总罢工必须坚决避免，政府和共产党是妄图进行破坏和制造混乱的罪魁祸首，吉田内阁应立即总辞职"。[2] 1947年4月的参议院与众议院选举中，社会党都取得了胜利，一跃成为议会内的第一大党。

总罢工的被迫终止对战后早期的日本政治产生了极大的影响。第一，尽管以美国为首的盟军总部为消除军国主义而在日本社会推行的民主化运

---

[1]　［日本］小山弘健、清水慎三：《日本社会党史》，上海人民出版社1973年版，第39页。
[2]　同上。

动壮大了工人组织和共产党，但是当共产党势力崛起、领导无产阶级运动冲击并影响到美国自身利益时，美国为首的盟军总部会毫不犹豫地压制无产阶级劳动者势力和运动。第二，1948 年 7 月，政府颁布国家政令 201 号，禁止国家及地方公务人员参与罢工活动，使得斗争成为"遵法斗争"，公务员为主的官僚阶层越来越趋保守。第三，曾经由共产党领导的日本产业别劳动组合会议（产别）兴起产业别民主化同盟运动（民同），要求排除共产党领导，实现工会组织的民主化。共产党失去了多数的工会力量。共产党内部针对革命路线问题也发生论争和分裂，形成议会斗争派和武装斗争派。第四，工会组织成为社会党的民众基础，社会党逐渐替代共产党成为产业工人势力的组织代表，开始成为日本社会中最大的革新势力，在议会中得以长期与保守政党展开竞争。

1947 年 4 月的参议院和众议院选举，社会党成为议会中第一大党，由社会党联合民主党和国民协同党组成了以社会党为主的联合政府，社会党委员长片山哲出任内阁总理。内阁成员有 7 人来自社会党。在处理经济问题上，片山哲内阁几乎完全继承了吉田茂内阁时期提出的"倾斜生产方式"的经济政策，实行复兴金融金库贷款和发放价格差补助金方式促进重大产业发展，但在国家管理煤矿和米价等问题上，社会党左右两派发生严重的分歧并导致分裂。

1948 年 2 月，片山哲内阁辞职。根据"宪法常道"原则，1948 年 3 月，由民主党联合社会党和国民协同党组成联合政府，民主党总裁芦田均担任内阁总理，社会党有 7 人成为内阁成员。不过，由于副总理西尾末广在担任社会党书记时接受了土木建筑商的不正当政治捐款而被迫辞职并被捕，再加上昭和电工公司政治贿赂事件被揭露，1948 年 10 月，社会党开除了西尾末广，并要求芦田均内阁辞职。随后，芦田均内阁因昭和电工公司政治贿赂事件全体辞职，右翼势力的吉田茂再次牵头组阁。

二 保守派政治主导地位的形成与发展

1948 年，盟军总部对日方针发生重大变化，在政治上将日本纳入反社会主义阵营，使日本成为维护美国在亚洲权益的基地。在经济方面从经济非军事化开始转向复兴日本经济。1948 年 12 月，美国政府向日本政府提出《稳定经济九原则》和"道奇方针"。吉田茂内阁成立经济复兴计划委员会，制订了从 1949 年开始的第一个五年计划。"这一计划的目标是，在 5 年期间，使国民生活水平接近战前（1930—1934 年）；依靠出口来维持必要的粮食与工业原料的进口；实现经济独立。"① 但是由于芦田均内阁倒台，经济复兴成果极其微弱。其后的第二次吉田茂内阁和第三次吉田茂内阁，忠实地执行了《稳定经济九原则》和"道奇方针"的经济政策。到 1949 年时，工业生产恢复到战前的 70%，恶性通货膨胀得到遏制。

1950 年 6 月，朝鲜战争爆发。美国直接介入朝鲜战争，从而对日本产生了具有决定性的影响。第一，直接导致日本重新武装。1950 年 8 月成立了约 7.5 万人的警察预备队。第二，因向美军提供战争所需的军需生产，日本彻底摆脱了战后经济混乱期，进入经济复兴期。军事特需生产总额在 1950 年到 1952 年的 3 年间达到 10 亿美元，从 1950 年到 1955 年的间接生产额达到 36 亿美元。为朝鲜战争提供军事特需生产给日本带来巨大的经济利润，为其后的经济高速成长期奠定了产业和资本基础。第三，改变了以美国为首的盟军对日媾和的进程和方向。以美国为主的盟军在朝鲜战争之前就开始策划对日媾和，朝鲜战争的爆发更加快了这一进程并给予具体落实。1951 年 9 月，不顾中国、苏联等国的反对，日本和美国等国在旧金山签署《对日和平条约》（旧金山和约），日本恢复了主权。在签署《旧金山和约》当日，日本和美国单独签署了《日本国和美利坚合众国间的安全保障条约》（日美安保条约）。

《对日和平条约》的签署，标志着日本重新恢复主权，曾经被开除了公职的政治家们重新步入政坛并活跃起来，政界力量平衡被打破。在此背景下，保守势力开始了政界重组工作。原立宪民政党的松村谦三、大麻唯男等人组建新政俱乐部，并于 1952 年 2 月与三木武夫率领的国民民主党和农民协同党一起组建了改进党，重光葵出任总裁，三木武夫任干事长。改进党提倡修正资本主义路线和协同主义的外交方针，号称保守中道主义政党。基于反对吉田茂体制的共同目的，1954 年 11 月，改进党与脱离了自由党的鸠山一郎派合并组建了日本民主党。

从 1950 年 10 月到 1951 年 8 月，被撤销整肃的政界与财界人士多达10 万人，其中原自由党的鸠山一郎派的重要人士安藤正纯、三木武吉、河野一郎、岸信介、石桥湛三等人重新登上政治舞台，并集合在鸠山一郎

---

① ［日本］正村公宏：《战后日本经济政治史》，上海人民出版社 1991 年版，第 209 页。

身边重归自由党，作为自由党内反对吉田茂的势力成立了鸠山派。1952年8月，自由党内吉田派拥有140人，鸠山派拥有119人，中间派有26人。由于鸠山派与吉田派的严重对立，鸠山派于1953年3月从自由党内独立出去。1953年11月，吉田派同意在自由党内设立宪法调查委员会，主张修改宪法的鸠山一郎带领部分成员重新与吉田派自由党合并，三木武吉、河野一郎等依旧坚持反对吉田茂体制，成立日本自由党。不过，在反对吉田派势力的拥护下，鸠山一郎最终还是于1954年11月脱离自由党，与改进党等组建了日本民主党。

自由党内部派系以及其他保守政党的聚散离合，使得许多政治家深感政党力量的分散已影响到议会政治运作。更为重要的是，第一，尽管派系分分合合，但各自的政策方针与基本路线却有许多共同之处。第二，左派社会党和右派社会党出现了实现统一合并的倾向。众议院中，1952年10月保守势力政党拥有325席，革新势力政党拥有118席；到1955年2月，保守势力政党拥有297席，革新势力政党拥有162席。革新势力逐渐强大，在议会中形成与保守势力强有力的对抗力量。第三，随着经济恢复，经济界与财界势力增强，加大在政治上的诉求，一方面向保守势力政党提供政党运营资金以及选举时的政治献金，另一方面要求稳定的政治环境以保障经济成长和产业生产。第四，被称为"保守政党合并之魔"的三木武吉的积极推动。作为自由党元老的三木武吉认为，"无论民主党还是自由党，除了极少数感情用事者外，都迫切希望通过保守势力的团结来实现政局的稳定。至于保守势力团结的形式，无论采取合并、联合或相互协作都可以，总之时机已经成熟"。[①] 为促成保守势力合并，三木武吉不惜与政敌和竞争对手合作。

1955年11月，鸠山一郎率领民主党与绪方竹虎率领的自由党合并，组成日本战后最大的保守政党自由民主党（自民党）。鸠山一郎、绪方竹虎、三木武吉、大野伴睦为总裁代行委员。吉田茂、佐藤荣作等人离党。[②] 自此，日本保守势力开始在议会选举中占据压倒性优势，从而促成自民党此后38年间的长期执政地位（见表2.7）。

---

① ［日本］富森睿儿：《战后日本保守党史》，上海译文出版社1984年版，第92页。
② 1957年2月，在池田勇人的介绍与斡旋下，吉田茂与佐藤荣作加入自民党。

表 2.7　　　　　　　　　日本战后众议院选举情况

国会	实施内阁	投票率（%）	议员数（人）	议会第一大党	当选议席（席）	当选率（%）
第 22 回	币原喜重郎	72.08	466	日本自由党	141	30.25
第 23 回	吉田茂	67.95	466	日本社会党	143	30.68
第 24 回	吉田茂	74.04	466	民主自由党	264	56.65
第 25 回	吉田茂	76.43	466	自由党	240	51.50
第 26 回	吉田茂	74.22	466	自由党吉田派	199	42.70
第 27 回	鸠山一郎	75.84	467	日本民主党	185	39.61
第 28 回	岸信介	76.99	467	自由民主党	287	61.45
第 29 回	池田勇人	73.51	467	自由民主党	296	63.38
第 30 回	池田勇人	74.14	467	自由民主党	283	60.59
第 31 回	佐藤荣作	73.99	486	自由民主党	277	56.99
第 32 回	佐藤荣作	68.51	486	自由民主党	288	59.25
第 33 回	田中角荣	71.76	491	自由民主党	271	55.19
第 34 回	三木武夫	73.45	511	自由民主党	249	48.72
第 35 回	大平正芳	68.01	511	自由民主党	248	48.53
第 36 回	大平正芳	74.57	511	自由民主党	284	55.57
第 37 回	中曾根康弘	67.94	511	自由民主党	250	48.92
第 38 回	中曾根康弘	71.40	512	自由民主党	300	58.59
第 39 回	海部俊树	73.31	512	自由民主党	275	53.71
第 40 回	宫泽喜一	67.26	511	自由民主党	223	43.63
第 41 回	桥本龙太郎	59.65	500	自由民主党	239	47.80
第 42 回	森喜朗	62.49	480	自由民主党	233	48.54
第 43 回	小泉纯一郎	59.86	480	自由民主党	237	49.37
第 44 回	小泉纯一郎	67.51	480	自由民主党	296	61.66
第 45 回	麻生太郎	69.28	480	民主党	308	64.16
第 46 回	野田佳彦	59.32	480	自由民主党	294	61.25

资料来源：笔者根据日本宪政纪念馆资料收集整理。

三　"55 年体制"的寡头自律形态

从政治权力结构来看，"55 年体制"呈现较典型的寡头自律形态（见图 2.6）。其中，官僚集团、政客集团、财阀集团占据政治权力的核心圈层，相互制衡，彼此合作，并在共同利益的基础上形成牢固的"政官

"财"铁三角关系；其他社会群体被压制在边缘圈层，或是依附于政客集团以分享国家政策红利，例如农民群体和劳工群体，或是对政治敬而远之，例如城市中产阶级。

图 2.6 "55 年体制"时期的权力结构

作为"55 年体制"的政治核心，自民党的行为模式在很大程度上直观体现了"政官财"铁三角关系的内在逻辑。具体来看，这集中体现在自民党的组织架构与决策过程两方面。

1. 自民党的组织架构

从合并前的自由党和民主党的谱系来看，无论是组党领袖的政治信仰，还是政党的纲要主张，都继承了战前的政友会与民政党的传统。随着战后政体民主化改革以及政治进程，保守政党在组织结构上发生了变化。特别是执行整肃与解除公职的命令，使得党内大多数战前职业政治家脱离政界，由此形成的权力真空，迅速被地方政治家和非职业政治家出身的大批行政官僚特别是中央政府出身的战前高级官僚填补。到 1949 年 1 月众议院选举后，战前高级官僚开始占据保守政党的人事核心。以吉田茂为首的战前高级官僚转型为战后职业政治家，形成一股新的政治势力，逐渐控制了政党。1951 年，随着解除整肃，战前职业政治家重返政治舞台，开始在保守政党内形成以鸠山一郎、河野一郎、三木武吉、大野伴睦等为首的战前职业政治家与吉田茂、池田勇人、佐藤荣作等为首的战前高级官僚出身的新政治家两大势力。1947 年 4 月众议院选举时，官僚出身的议员在保守政党中仅占 7.8%，而 1955 年 11 月自由民主党成立时已经达到 25%。高级官僚出身的战后新政治家登场为之后自民党与政府行政部门的强力黏着做出了最好的诠释（见表 2.8）。

表2.8　　　　　内阁成员中职业政治家与高级官僚的比例变化

	职业政治家（%）	高级官僚（%）
鸠山一郎（3）	5.5	16.6
石桥湛山	16.6	33.3
岸信介（1）	17.1	34.2
岸信介（2）	11.1	33.3
池田勇人（1）	0	33.3
池田勇人（2）	10.0	46.0
池田勇人（3）	14.7	50.0
佐藤荣作（1）	16.6	36.6
合计	12.7	41.4

注：内阁总理大臣后的数字表示第几次执政。

资料来源：《议会制度70年史》，第532—538页，转引自〔日本〕福井治弘《日本自由民主党以及政策的制订》，上海人民出版社1972年版，第86页。

　　自民党由两大保守政党合并组成，并且存在职业政治家派系和官僚派系，以及政治主张和策略不同，因此从组建伊始，党内就存在着八大派系。自民党派系内部存在继承、分裂与解散，派系间也存在相互重组。派系林立始终是自民党的重要特征，并由此产生了诸多弊病。

　　第一，派系为竞争党内政治权力展开激烈的斗争。这一点特别体现在总裁人选与组阁等问题上。这种围绕人事的斗争会直接影响党内人才与年轻政治家的任用，人事问题上派系平衡优于录用人才。各个派系的领袖通过密谈方式展开密室政治决定内阁和党内人选，平衡派系力量。

　　第二，派系会弱化党的权力核心。由于派系的每个成员都是以派系集团为生存条件，派系内部的忠诚度要高于对党的领导甚至对党组织的忠诚度。党的核心部门的领导作用会受到弱化。派系与党的核心部门、党的组织的关系极度恶化时，派系的多个成员甚至整个派系会从党内分化出去。

　　第三，派系影响着自民党议员与选民的关系。自民党议员与选民的关系是依靠议员在候选地方的后援会来维持的。从1947年到1993年，日本的众议院选举一直采用中选举区制。自民党为赢得竞选胜利，往往在一个选举区内会推举多位候选人。自民党候选人之间的竞争就表现为在候选地方争夺选民的派系之争。

第四，派系可能会引发金权政治。维持派系除了一定成员的构成之外，还需要运营资金。派系成员和资金的规模决定派系在党内的地位和派系领袖是否成为内阁成员的重要条件。允许自行筹款的方式，使得议员通过后援会筹集政治资金和选举资金①，极易造成权力与利益交换，产生金权政治。自民党总裁田中角荣曾指出"政治就是数量，数量就是力量，力量就是金（钱）量"，以至于在洛克希德事件中被爆出金权丑闻。尽管民主主义提倡多数决定论，但是只崇拜迷信这种体现数字的伦理，而缺乏协商主义的话，民主主义就会扭曲变形出现偏颇。

自民党的党组织内，设有党务执行部门、国会对策部门、决议部门和政策制定部门。党总裁、副总裁、干事长、总务会长和政务调查会长是党的核心执行机构。自民党成为执政党后，在党总裁就任内阁总理大臣期间，干事长、总务会长和政务调查会长直接负责党的运营，称为"党的三役"。在一般情况下，为专心运营党内事务，"党的三役"不在内阁兼任职务。根据党则第 2 章第 5 条规定，党的副总裁在总裁出现紧急情况时代理总裁行使权力，一般情况下在党内辅佐党总裁，出席执行部成员会议（役员会议）和选举对策本部的会议。

从组织特质来看，自民党是一个存在意见分歧、权力和利益多元化、组织一体化的政治综合体。派系所体现的则是自民党整体权力和利益之下的亚权力和亚利益。

2. 自民党的决策过程

根据自民党党则第 4 章第 42 条第 2 款的规定，党正式提出方针政策以及国民公约时，必须事先经过政务调查会进行调查、研究、立案、审议。政务调查会对议案审议通过后，按照民主审议原理，应提交党员大会或参众两院议员总会审议批准。但在实际操作上，则是提交作为党的决议部门之一的总务会，再经由总务会讨论审议和批准。总务会批准后的议案经由党的党务执行部门之一的国会对策委员会提交给内阁，最后以内阁提交国会议案的方式提交国会审议（见图 2.7）。

---

① 自民党内仅有藤山爱一郎、河本敏夫等极少数实业家出身的政治家依靠自有资产作为政治资金，但随着自有资产减少，政治家个人以及派系势力也将随之衰落。

政务调查会 → 总务会 → 国会对策委员会 → 内阁 → 国会

图2.7　自民党决策过程

根据日本议会内阁制原则，国会审议的议案分为内阁提交议案和议员提交议案。其中内阁提交议案占绝大多数，而且通过的概率也非常大。"55年体制"形成之后，自民党长期执政掌控着内阁，而在议会内自民党也占有多数席位。自民党掌控下的内阁将议案提交给自民党占多数的议会审议，自然通过的可能性很高。从战后到1993年，日本制定及修改的法案共有7531项，其中内阁的提交议案约占70%，通过率为87%，议员提交的议案约占30%，众议院通过率为36%，参议院通过率为17%。其中，议员提交的议案中还包含不少自民党议员提案。

政务调查会是自民党制定各种政策的核心部门，由国会议员和总裁特别委托的有识之士组成。与政府各个行政部门相对应，政务调查会内部常设有内阁、国防、总务、法务、外交、财务金融、文部科学、厚生劳动、农林、水产、经济产业、国土交通、环境13个部会、1个审议会以及1个综合政策研究所。同时，针对个别事项，还可以设立临时特别调查会或特别委员会。党的政策方针的议案在政务调查会批准审议时，必须由政务调查会和部会的全体会议一致通过才可提交总务会。

自民党的国会参众两院议员通过参加政务调查会内的部会方式，直接参与政策方针的制定和审议。参加政务调查会各个部会的议员对部会相对应业界的政策决定，起着极大甚至是至关重要的作用。在此情况下，业界权力集团和利益集团就会通过寻找代理人的方式，针对议员展开工作，谋求议员在政策制定等方面为业界的利权提供方便。而议员会因为选票、选举资金以及政府行政部门的压力，往往与业界形成利益互动，成为业界政策代言人，被称为"族议员"。在日本出现过农林族、建设族、商工族等与业界直接密切相关的族议员，但是与业界很少直接发生联系的部门，就不会出现族议员，比如在外交方面，就从未出现过外交族。

族议员是政商之间利权结合的最好诠释。族议员兴起于20世纪70年代经济高速发展时期，在田中角荣内阁时代达到高潮。由于基础设施建设和经济发展的需要，与之相关的族议员相比其他族议员更为重要，因此在20世纪七八十年代，农林族、商工族和建设族最显赫。田中角荣靠建设业起家，自民党内的田中派分布在农林族、商工族、建设族和邮政族，自然而然地形成自民党内最大的派系。在制定政策上，以及使实施的政策能够具有持续性和安定性，并提高政策的实施效率方面，族议员发挥着一定的作用。但是，由于代表利益的局限性，使得族议员成为特定利益集团的代言人，很容易引发金权政治。

不过，如果仅将族议员视为利权相互勾结并给予全面否定，则又过于片面。族议员是政党政治、议会内阁制下的政治精英代理，与党内的派系关系结合起来是政党建构下的分层结构。在政党内部，各个派系和族议员政治精英代理之间存在着高度的竞争关系。尽管派系和族议员之间的高度竞争性削弱了自民党执行部的权威性，但在一定程度上有助于预防党内腐败。在政党政治下，保守政党与革新政党之间存在着高度的竞争关系，各个派系在党内利益协调完成后能合作形成高度的竞争力，一致对外展开政党竞争。

在自民党之外，政策的制定过程一般是通过在行政部门内设立各种审议会、调查会、恳谈会等政策会议的形式来完成。审议会等政策会议的人员组成，由相关利益团体的业界代表、执行具体事务的行政官僚或有关人士组成。例如，1964 年 4 月，通商产业省内的产业合理化审议会与产业构造调查会合并成立了产业构造审议会，委员中除学者外，绝大多数是经团联等四大经济团体成员。先后隶属于总理府和农林水产省的农政审议会以及其后的食料农业农村政策审议会，其成员由农业界的协同组合负责人和学者组成。审议会等机构将会同行政部门内部的政策制定者一起就业界方针政策进行探讨，审议通过后直接提交内阁。由此，利益集团的业界代表可以直接参与政策制定。

族议员通过政调会以及业界代表通过审议会等参与政策制定活动，但是，作为政治家的族议员或因忙于竞选与党务等政治事务，或因缺乏专业知识，在政策制定过程中往往并不直接起草议案，而是扮演监督、参与意见和协调利益的角色。同时，由于行政部门的高级官僚具有专业知识和丰富的行政管理经验，往往被赋予参与制定政策的权力。行政官僚与政治家同属于权力集团，但是行政官僚并未被政治化。行政官僚运用专业知识和行政权力负责议案的制订与落实，监督法案的合理运营，政治家运用政治权力负责使议案成为法案，使之在社会中实施。这一点很好地体现了权力集团内部的责任分工（见图 2.8）。

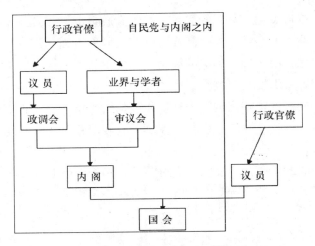

图 2.8   日本政策制定过程示意图

代表各个利益集团的政策提案或者通过政调会或者通过审议会提交给内阁。不同权力集团代表不同的利益集团，在民主体制的环境下，似乎能够得到一般民众的理解，但是由于受资源有限性的影响，协调各个权力集团的关系，以达到平衡不同业界之间的利益，就显得至关重要。与其说民众关心某一个权力集团代表哪一个业界的利益，不如说民众更加关心协调各个权力集团关系后的结果。民众对利益如何分配的关注度，往往要大大高于是哪一个权力集团代表了谁的利益。

日本的政策制定是按由下而上的方式运作的。以族议员为代表的自民党内的各个权力集团汇集到各个政策提案后，按照公平的原则理应全部提交给内阁或议会，而在实际运作中，往往是由党内的一个组织根据整体利益关系对提案做最终决断。这个组织并不是具有权威性的权力中枢，更不会是自民党的最高领袖，而是最具协调能力的组织。自民党的派阀体制决定了自民党权力中枢和自民党领袖被自民党本身弱化。自民党领袖和权力中枢本身并不具有权威性，强力的组织命令可能会导致党的分裂。

自民党的这种特性，决定了自民党的政策是党内各个权力集团相互妥协的产物。同时，自民党权力中枢和领袖的弱化特性，反而强化了自民党的集体性。这种集体性对 55 年体制下维持执政党的地位起到了至关重要的作用，并在与革新政党的竞争中发挥得淋漓尽致。

20 世纪 60 年代，日本经济发展进入起飞阶段，重化工业和城市出现飞跃发展，但是由于农村劳动力的大量流出以及发展滞后，地方城市和农村出现各种问题。池田勇人内阁提出"国民所得倍增计划"时，开始注意到城乡之间的差距，在"国民所得倍增计划"中强调了合理安排产业和扭转区域间发展不均衡的问题。内阁提出了"全国综合开发计划"，并于 1961 年 11 月和 1962 年 5 月先后通过了《低开发地区工业开发促进法》和《新产业都市建设促进法》。这样的涉及各方利益的法案的通过从各个方面折射出在政策制定过程中，各个权力集团既有竞争又有妥协的协调运作。首先，涉及的各个行政部门根据自身利益制订开发计划，农林水产省制定了新农业政策，建设省制订广域都市建设计划，通产省制订工业合理化安排设想计划。同时，与各个开发计划相对应，行政部门与地方自治体结合，提出了具体的实施区域，其中建设省设定 54 处，自治省设定 49 处。但是由于涉及各个实施区域的利益，各个行政部门之间爆发了争夺国家开发项目的利益冲突。为协调冲突，执政的自民党在政务调查会内设立地方工业特别委员会，作为临时特别机构组织协调工作。在与自治省、建设省、通产省、运输省、经济企划厅、大藏省六个行政部门协商后，政调会拿出了调整方案要纲，提交内阁会议审议。在内阁会议上，内阁大臣坚持各自派系所代表的行政部门和地方自治体的利益。为此，原本就对立的分属于保守主流的通产省大臣吉田派的佐藤荣作，与保守旁流的农林水产大臣河野派领袖河野一郎之间产生严重对立。经过折衷协调与各方让步修改后，才以议案附加其他决议的形式勉强在内阁会议上通过。

　　法案通过后，在具体落实开发地区时，再一次爆发了利益争夺战。"随着争吵的扩大，政治交易也激烈了。派阀的大人物各自推荐自己的家乡，置身于争吵的漩涡，以致混乱达到了极点。"[1] 最后自民党内的协调组织在各方协调后，达成妥协并通过增加开发区域的方式以满足各方利益。"自民党各派阀的领袖和国会议员，每人都从自己家乡的利益出发，全身披挂参加了争夺战。社会党和工会组织，连个配角也没有当上。也就是说，这是自民党的利益分配体系。"[2]

　　自民党的派系领袖们之所以不惜发动党内战争，也要为自己相关的利益集团争取权利，其原因在于：第一，自民党是由各个派系组合而成，派

---

① 　［日本］升味准之辅：《日本政治史》（第四册），商务印书馆 1997 年版，第 1087 页。

② 　同上书，第 1087—1088 页。

系的权力和利益涉及派系的党内地位，而派系的权力与利益是与相关的利益集团的权力规模息息相关的。第二，尽管党内可以爆发激烈的冲突，但是一方派系扩大权力和利益并不是无限度的，而是以维系自民党总体权力和利益为最大前提条件的。党内战争最终削弱自民党力量，导致自民党失去执政党地位对争斗各方来说都是得不偿失的事情。在自民党的总体权力不受到冲击的情况下，各个派系的争斗可以有恃无恐。第三，维护选民利益，维持选民基础是政治家从政的最基本的要求。参选议员竞选时的政治资金固然重要，但是当选却是靠自己出身的选区内选民们的选票。自民党的选民基础有两个，一是农业生产者和中小工商业者，二是城市中的企业劳动者。自民党议员得通过为自己选区内争得利益巩固竞选地盘，通过农业协同组合向农民发放补贴金，通过经营建筑业收拢进城就业农民，通过支持企业的政策保证企业劳动者的稳定就业等方式获取选民支持，保持执政的长期稳定。尽管自民党掌握政治权力，但在竞争性的民主体制内，并不能依靠封闭权力的方式来维持执政，而是要通过掌握的权力维护利益集团的利益，依靠执政地位所掌握的分配权力，通过分配经济发展所得到的国家财富来获取选民的支持。自民党通过利益分配的方式，分化了产业工人阶级，使得企业的工人阶级不是为了阶级而争取权利，而是作为企业的就业者同所属行业形成命运共同体，以行业为单位争取权利。

在自民党内部，以各个派系以及族议员等为主形成的各个权力集团的内部表现为竞争关系，而对外则表现为一致的合作关系。同时，战后建立的政党政治以及议会内阁制，政治体系是开放的。因为存在一个开放的、可以随时进入政治体系的渠道，利益集团可以通过政治精英代理制获取政治保障，可以按照分工制原则从事自己的专业活动，而不必亲自出马从事职业性的政治活动。为此，政治体系中的政治家与行政官僚基本上是职业化的，也是相对固化的。政治体系内部就像日本社会固有的阶层状态一样，权力结构也按照层次与序列呈现阶层状态且相对固化。政治体系是开放的，但是政治体系内部的权力结构是相对固化的。

四　自民党的变化与"55 年体制"终结

自民党在长期执政过程中，由于多方面的原因其执政能力出现疲软。政治体系开始出现变化，最终引发自民党内部的权力结构发生变化，导致"55 年体制"的瓦解。

1. 自民党支持力量衰落

"政官财"铁三角被认为是自民党长期执政的原因之一。但在分析"政官财"铁三角关系之外，还有一个不可忽视的因素也在影响着政治结构的变化，甚至影响着自民党的权力结构变化，那就是选民因素。在竞争性政治体制中，充足的竞选经费不可或缺，但却不是政治家胜选的决定性因素。赢得选民的支持才是胜选根本。随着社会结构的变化，自民党的群众基础也发生了变化。

第一，作为自民党群众基础的农业生产者，伴随着战后再次产业化进程在绝对数量上急速减少。农业人口在 1965 年为 1151 万人，1975 年为 790 万人，1985 年为 542.8 万人，1995 年为 414 万人，2005 年为 335.3 万人。40 年间农业人口减少了 816 万人。农业人口对自民党的支持率，由 60 年代的 50％提高到 70 年代的 64％，再到 80 年代的 69％。但是，由于农业人口锐减，农业人口在自民党支持者中所占比例却由 24％下降到 14％。而且农民进城后，随着身份改变，一部分人在大企业就职继续支持自民党，而一部分人则转向支持其他政党。

第二，国民"一亿总中流"的实现，使中产阶级的政治选择开始出现多样化和冷漠化，总体支持自民党的阶层没有出现增长。中小工商企业者对自民党的支持率在 70 年代为 60％，到了 80 年代为 64％，而中小工商企业者在自民党支持者中所占比例基本上维持在 22％，没有出现增长，但是中小工商企业者在产业人口中的比例却从 70 年代的 18％下降到 80 年代的 17％。

第三，长期执政不可避免出现的自民党金权政治和党内腐败问题，使得原本的自民党支持力量开始减少，党内的力量也发生了急剧变化。1991 年自民党号称党员有 547 万人，2001 年只剩下不到 200 万人，2012 年公布的党员数仅为 78.9 万人。20 年间，自民党党员数锐减 468 万人。

2. 政治体系中政党竞争多元化

20 世纪 70 年代，自民党田中角荣牵头组阁，田中派拥有众议院议员 40 名，参议院议员 41 名。国会 81 名议员的规模使田中派成为自民党内最大派阀。田中派议员与建设省和邮政省等行政官僚，与土木建设和道路工程业界有着深厚的渊源，在争取经济界资金支持和争取选票方面大搞利权交易。"1974 年 7 月的参议院选举，很可能出现执政党和在野党势力对比的逆转。田中的全国游说，除枥木县外及于全国 46 个都道府县，在

147 个地方作了街头演讲。自民党以每天一架 200 万日元的价格包租了两架巴托尔式直升机，飞行了 4 万公里。登记的候选人数也见增加，全国区的候选人经常在电视屏幕上亮相。自民党消耗的选举费用，据说有 500 亿—1000 亿日元。为了拉选票，还动员企业。自民党把它的 35 名全国区公认候选人分配给企业集团或强大的公司，由它们协助竞选。在石油危机中发了大财，但从刮起批判企业的暴风以来便缩回脑袋的经营者们，出来响应自民党的'为了保护自由社会'的号召，又扬起了脖子，经团联副会长说：'只能叫自民党接着干，否则就要出问题'；东京商工会议所副会长说：'为选举这样的大事把全部企业都拉过来加以组织，企业的意识就会增强'"。① 为了利权交易，田中角荣率领的自民党和业界勾结在一起。田中派一派独大，失去了自民党内其他派系制衡，引发了田中派金权政治本性的极度化。尽管投入了大量的选举资金，又有经济界的后援，但是第 10 回参议院选举还是没有达到自民党事前的预期，以自民党的失败而告终。投入大量资金的金权选举受到在野党以及社会各界的猛烈批判。在选举中，1287 人被指违反选举法，142 人被检举批捕。见此情景，经济界马上表示对田中角荣内阁不信任。"樱田武日经联会长在 7 月 4 日的经营者首脑座谈会上说：'自民党单独执政的时代已经结束，即将进入联立政权的时代'……土光敏夫经团联会长在 8 月 8 日拜访田中时说'经团联今后不出钱了'。经团联在 8 月 12 日作出今后不再协助募集政治资金的决定。土光敏夫说：'政治捐款需要自民党解散派阀'。"② 1974 年 12 月，因行使金权政治受到批判，田中角荣辞职。1976 年 2 月，田中角荣因参与被称为战后日本四大丑闻事件之一的洛克希德受贿事件，被捕并判处有期徒刑 4 年。

从 20 世纪 60 年代中期开始，宣称中道主义的政党公明党、民社党、社会民主联合开始出现；到 70 年代中期，由于自民党爆发洛克希德事件，部分自民党议员河野洋平、田川诚一、西冈武夫、山口敏夫等人退出自民党成立"新自由俱乐部"。中道主义政党的出现与自民党的内部分裂，削弱了自民党的力量。70 年代以后，在自民党开展利权政治，失去选民信任的同时，中道主义政党以公明党为主，新自由俱乐部和社会民主联合趁

---

① ［日本］升味准之辅：《日本政治史》（第四册），商务印书馆 1997 年版，第 1174—1175 页。
② 同上书，第 1177 页。

势大力扩张。1972 年 12 月第 33 回众议院选举时，公明党获得 29 席，民社党获得 19 席。1976 年 12 月第 34 回众议院选举时，公明党获得 55 席，民社党获得 29 席，新自由俱乐部获得 17 席。中道主义政党共获得 101 席，占众议院总席位的 19.7%，无论对保守政党还是革新政党而言，中道主义政党都已成长为不可忽视的力量。

3. 自民党分裂导致"55 年体制"终结

20 世纪 90 年代，冷战结束，日本陷入因泡沫经济破裂而导致的经济不振的迷茫期。依靠经济高速发展红利、四处发放辅助金、大兴国土基础建设的自民党的"散钱政治"基本上走向终点。同时，已经貌合神离的自民党派系从内部开始分裂，以小泽一郎和羽田孜为首的自民党内改革势力，主张彻底打破僵化腐败的"55 年体制"，围绕着海部俊树内阁和宫泽喜一内阁提出但未实现的"政治改革四法"，在社会党等在野党提出对宫泽喜一内阁的不信任案时，与在野党采取一致行动，从而引发了自民党分崩离析。1993 年 7 月第 40 回众议院选举，自民党彻底失败。

从自民党内分离出来的各派势力，与社会党、民社党、公明党等革新政党和中道主义政党联合组成了细川护熙内阁，提倡"保守、中道、革新"联合纲领，用小选举区和比例代表制替代了中选举区制，通过了《公职选举法》《众议院议员选举区划定审议会设置法》《政治资金规正法》《政党助成法》"政治改革四法"，从而开启了政治体制改革，宣告了"55 年体制"的终结。

第三章　韩国

　　韩国建国后的政治发展大致可分为两个阶段。第一阶段是威权主义体制时期，政治权力结构呈单极自律形态。随着 1945 年从日本帝国主义的殖民统治中得到解放，民主主义制度和理念进入韩国。当时，西方的民主主义是在完全没有考虑韩国所处的历史、社会条件的情况下引进的，只有形式上的模仿，并无实质性内容。因此，韩国在民主进程中产生了诸多问题。朝鲜战争的爆发不仅提高了韩国军队的地位，而且导致了社会上反共意识高涨，结果在韩国形成了威权主义体制的政治结构，并长期维持了威权主义的统治秩序，致使韩国民主主义的发展严重受阻。第二阶段是民主主义体制时期，政治权力结构呈衡平多元形态。轰轰烈烈的民主化运动最终迫使军人集团退出了政坛，从而在韩国建立了民主主义体制。民主化以来，韩国民主主义制度取得了相当程度的发展，但同时也出现了财阀利用其经济实力干预政治等诸多问题，以"自下而上的参与"为特点的民主主义并未取得进展，也未能真正贯彻自由、平等等民主主义理念，从而使得"经济民主化"逐渐成为目前韩国社会最大的关注点。

第一节　军人威权体制的形成与发展

　　威权主义体制时期，韩国的政治权力结构呈单极自律形态（见图 3.1），即通过军事政变掌权的以"一心会"成员为核心的军人集团长期居于核心圈层，享有排他性的垄断地位，而其他政治权力集团，如财阀集团、中产阶级及劳工集团等则处于边缘圈层，难以形成有效的话语权，无法对军人集团进行权力制衡。其中，财阀集团和中产阶级是军人集团大力推行的经济发展战略的直接受益者，而广大产业工人组成的劳工集团则要求改善劳动环境和经济待遇，因此受到军人集团的武力压制。

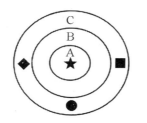

图 3.1　威权主义体制时期的权力结构

一　军部精英主导下的威权统治

（一）威权主义体制的形成背景

在封建时代，韩国是重文轻武的国家，军人的地位较为卑微。这种状况在日本对韩国进行殖民统治时期发生了变化，相当一部分李氏朝鲜时期军队出身的人在殖民统治机构任职。日本战败投降后，在美国军政统治时期，为了应对日益高涨的左翼运动，并未对亲日派进行彻底清算，其中大部分人得以留用。

1950 年到 1953 年的朝鲜战争对韩国的历史进程产生了巨大影响，成为韩国军队地位大幅提升的契机，致使韩国陷入长期军国化。朝鲜战争使韩国的军事力量空前膨胀。1954 年 7 月底，李承晚访问美国，与美国签订了《韩美协议议定书》①，从而使韩国军队从战前的 10 万人增加到 70 余万人，其中陆军 66.1 万人，海军 1.6 万人，海军陆战队 2.7 万人，空军 1.6 万人。与战前相比，韩国成为名副其实的"军事化国家"。②

在冷战体制下，韩国作为西方阵营与社会主义阵营对抗的桥头堡，其军队在国家政治生活中的作用空前提高。与此同时，朝鲜战争还改组了韩国社会统治势力的结构，强化了政府的"国家职能"，使国民的反共意识体制化。战后，亲美的军事官僚即所谓的军部势力开始上升，国家权力被主战的反共军政官僚掌握。在这种状况下，反共意识不仅是韩国的政治工具和口号，而且是政治社会化和国民教育的基本价值观。由此产生的国民

---

① ［韩国］金成焕等编著：《19 世纪 60 年代》，肥田社 1984 年版，第 234 页。

② ［韩国］韩熔源：《韩国的军部政治》，大旺社 1993 年版，第 152 页。

对朝鲜的敌视，则成为军部势力强化其专制统治的土壤。

在朝鲜半岛南北长期军事对峙的环境下，韩国军队不仅登上了政治舞台，而且在美军的援助下，掌握了现代化的管理知识和技术，拥有了控制一切权力基础的潜能。随着韩国军队急剧扩张而形成的庞大军官群体，在李承晚时代逐渐发展成为一个重要的社会集团。

初创时期韩国军官教育水平较低，美军开办的军事英语学校和警备队干部学校，以及其后继者韩国陆军士官学校，其教育时间一般不超过半年，属于培养干部预备生性质。1949 年以后，韩国的军事教育开始走向系统化，底层的士官学校由半年制改为一年制；中层军校是特科学校，有步兵、工兵、宪兵、通信兵、战斗情报、军医等，期限在 5 周至 5 个月之间，主要训练大队、联队级别的军官；高层有陆军大学，培养对象是师团级指挥官，期限为 3 个月。1952 年，韩国建立了负责军队综合教育的"陆军教育本部"，并模仿美国西点军校创办了陆军士官学校。与此同时，从这一年起，韩国也开始选拔军官去美国军事院校留学。1956 年，韩国建立了国防研究院和陆军军需学校，前者以三军中的校级、将级以上军官和政府少数高级公务员为对象；后者以后勤校级军官为主，附之以对将级军官进行短期军需教育。

因此，就教育而言，韩国军方的教育水平远高于一般社会教育和国家公务员与普通大学的行政学院。至 20 世纪 50 年代末，在韩国军中已形成一个有相当数量的知识阶层，其中包括一大批归国的留美军事院校学生。截至 1961 年，共有 6000 名军官在美国接受过训练。可以说，当时"军队在处理业务的速度和作风上，是韩国社会最西欧化的领域之一"。①

（二）威权主义体制的形成过程

1961 年 5 月 16 日，韩国军部在朴正熙等少壮派的主导下，发动韩国历史上第一次军事政变，推翻张勉政府，建立军部政权。由此，韩国进入了军部精英在国家几乎所有领域行使决定权的威权主义体制时期。以依靠枪杆子夺取政权的"5·16 军事政变"为契机，韩国的军民关系从"紧张

---

① ［韩国］李汉彬：《社会变动与行政》，博英社 1983 年版，第 210—211 页。

的关系"出发，经过 1964 年 "6·3 抗争"①、1969 年 "三选改宪"②、1972 年维新独裁体制树立③、1979 年 "12·12 军事政变"④、1980 年第五共和国独裁体制树立，逐渐发展成为 "危险的关系"。⑤

通过第三、四、五共和国，军人总统们从军部得到了维持其统治所需的强制性和压迫力。从依靠暴力中断民主宪政的 "5·16 军事政变"到树立维新体制之前的第三共和国，是这种统治之术的磨炼期，维新独裁时期和第五共和国时期是 "恐怖统治"的全盛期，而 1987 年在 "6 月民主抗争"的影响下出现的第六共和国，可以视为由长期的军政向民政过渡的缓冲期或过渡期。

在此期间，朴正熙和全斗焕将首都警备司令部（后改为首都防卫司令部）、特战司令部、情报司令部、保安司令部（后改为机务司令部）、中央情报部（后改为安全企划部）作为政治工具，进行了长达 26 年的独裁统治。

在威权主义政府的统治下，国家暴力机关的比重日益增加。军部作为威权主义独裁统治和国家权力的源泉，占据核心地位。这是因为，在当时的政治状况下，军部不仅是维持威权主义独裁统治的工具，而且还为其他

① 1964 年 6 月，韩国大学生为了反对朴正熙政府推行的韩日会谈而掀起的运动。6 月 3 日，朴正熙政府发布戒严令，并动用武力对学生运动进行镇压。6 月 5 日，参加韩日会谈的金钟泌辞去共和党议长职务。7 月 29 日，政府解除非常戒严。在反对韩日会谈和支持学生运动的斗争中，在野势力得到重新组合。

② 1969 年以朴正熙第三次连任总统为目标推进的修改宪法运动。9 月 9 日，民主共和党不顾反对党和学生强烈反对，向国会提交宪法修正案，建议通过国民投票批准修正案，允许现任总统朴正熙第三次连任总统。9 月 14 日，支持修宪的 122 名议员绕过在国会举行静坐的反对党议员，在国会第 3 会馆开会，表决宣布通过宪法修正案。10 月 17 日，举行国民投票，77.1% 的人参加投票，以 65.1% 的多数票得到通过，为 1971 年 4 月朴正熙再次参加总统选举并第三次连任总统提供了法律依据。

③ 1972 年 10 月 17 日，朴正熙通过发表特别宣言发动自我政变，宣布在全民公决通过 "维新宪法"前全国实行戒严，解散国会，禁止一切政党和政治家以及全体国民的政治活动，命令大学放假，实行对一切新闻媒体的事前检查。11 月 21 日，提交全民公决的 "维新宪法"是中央情报部事前准备并经非常国务会议最终审议决定的，规定国家最重要的权力都集中于总统一人，但还是得到了 91.5% 的赞成票。12 月 23 日经过选举，朴正熙第三次当选总统，27 日 "维新宪法"公布，维新独裁体制正式启动。

④ 1979 年 12 月 12 日以全斗焕为首的军部强硬少壮派发动的军事政变。1979 年 10 月 26 日朴正熙被刺杀后，在争夺填补权力空白的斗争中，以全斗焕为首的新军部势力于 12 月 12 日发动政变，拘捕陆军参谋长兼戒严司令官郑升和，成功夺取对军部的控制权，为最终夺取国家最高权力打下基础。

⑤ ［韩国］金载洪：《文民时代的军部与权力》，罗南出版社 1993 年版，第 369 页。

核心国家权力机构提供政治和行政领域的权力精英。

在通过政变掌权的政治军人掌握人事权的情况下，军队和军部根本不可能在政治上保持中立。阿尔弗莱德·斯蒂潘（Alfred Stepan）认为，这意味着旧职业主义逐渐衰弱，新职业主义逐渐增强，军部随之日益政治化。他将军队的作用分为旧职业主义（old professionalism）和新职业主义（new professionalism）。旧职业主义是指军队在政治上保持严正中立，支持民间政府，维护宪政秩序，履行军队的本职即维护国家安保。新职业主义是指军队离开兵营，依靠武力树立军事政权，直接介入政治。在这种状况下，军队的职能在政治上得以扩大，直接参与和控制国家政策的制定过程。[1]

据对韩国各研究团体进行的政治社会意识调查，对韩国政治产生影响的集团中，截至20世纪80年代末，军部一直居于首位，进入90年代以后，才逐渐退居国会议员、学生、财阀等集团之后。[2]在威权主义体制下，军队成为提升政治和社会地位最有效的渠道。"5·16军事政变"之后，军队高层将领大举进入政界和财界占据要职。以退役将领进入国家机关的情况为例，1967年有69人，1974年有68人占据要职。1964年至1974年，在国家各部部长中，军部精英出身的占近50%。除了与经济有关的部门以外，其他部门的部长大部分都是军部精英出身。尤其是在威权主义体制下占据核心地位的中央情报部部长（8人中有7人）、青瓦台警护室长（全部3人）及秘书室长（4人中有2人），绝大部分由军部精英出身的人担任。朴正熙执政末期的1978年，国家一级公务员中的23%，以及二级公务员中的18.5%是军部精英出身。从表面上看，这一时期军部精英出身的人在政府部门中所占比重有所降低，但实际上国家重要政策的制定和实施都是由军部精英出身的人来掌控，知识分子很难参与决策过程。[3]

从第三共和国到第五共和国的长达26年的独裁统治期间，456名部

①　［美国］阿尔弗莱德·斯蒂潘：《军部政治：国家与市民社会》，yeuleumsa1989年版，第52页。

②　［韩国］曹显然：《韩国的民主主义与军部垄断的解体过程研究》，载［韩国］《动向与展望》2005年第69号，第55页。

③　［韩国］徐冠模：《有关韩国军部精英退役后民间经历的研究》，硕士学位论文，首尔大学，1982年，第35页。

长中有 155 名（33%）、403 名副部长中有 73 名（18%）、254 名中央政府厅长中有 99 名（39%）、第 6 届至第 12 届国会议员中有 16% 是军队出身。此外，新录用的公务员中有 26% 以上是"士官官僚特别采用制度"的受惠者。这些人被分配到监察院、内务部、首尔市厅、国税厅、海关、教育部等部门，形成了统治精英阶层。长达 30 年的军事政权期间，陆军士官学校培养的军官通过政变等渠道介入政治，从第 1 期至第 25 期，培养出朴正熙、全斗焕、卢泰愚 3 名总统和金钟泌、黄仁诚、朴泰俊 3 名总理以及 112 名国会议员和 159 名部长、副部长。[①]

（三）政治军部与"一心会"

在社会制度化水平较低的韩国，军部尤其是军部内部的派系是实现个人利益最为有效的手段，军部内非公开的组织在政策制定过程中发挥了巨大的作用。从朴正熙时期的亲卫私人组织，经过"12·12 军事政变"，成为第五共和国和第六共和国时期统治实体的"一心会"就是其典型事例。

成立一心会的目的在于维护朴正熙的独裁统治，以及谋求会员的个人利益。"一心会"的前身是 1961 年末以陆军士官学校第 11 期毕业生为中心成立的"五星会"。随后，该组织专门发展正规韩国陆军士官学校[②]毕业的青年军官，并更名为"一心会"，全称"陆军士官学校一心委员会"，其宗旨是"为了太阳（总统）、为了祖国而团结一心"，[③] 其主要成员均为岭南出身，在每一期毕业生中选拔前 10 名高才生，到第 36 期其成员达到 220 人，成为军内最有影响力和政治潜力的秘密组织。

韩国人经常说"第五共和国和第六共和国是'一心会'的全盛时代"。作为军内最大的秘密组织，"一心会"成为国家运营的核心集团。截至 1992 年，"一心会"推出了 2 名总统和 5 名安全企划部部长及 4 名警护室长。历届陆军参谋总长、保安司令官、首都防卫司令官等军部要职均

---

① ［韩国］金载洪：《文民时代的军部与权力》，罗南出版社 1993 年版，第 369—370 页。

② 韩国陆军士官学校的前身是美国军政府创办的警备士官学校，当时只办了 6 期，韩国政府成立后更名为陆军士官学校。第 10 期及其以前的教育很不正规，期限一般较短，少则几周，多则 1 年。从 1951 年 10 月开学的第 11 期起，改为 4 年制的正规教育，以欧美式军事大学方式进行系统训练，学生素质较高，比较自信，有很强的团体意识。由于第 11 期至第 13 期正值朝鲜战争，韩国政治中心转移至釜山地区，所以其中岭南的士官生最多。转引自曹中屏、张琏瑰等编著《当代韩国史》，南开大学出版社 2006 年版，第 282 页。

③ 首尔经济新闻特别采访组编：《韩国要员网络谱系与派阀源流》，韩国日报社 1993 年版，第 216 页。

由"一心会"会员担任。此外，"一心会"会员还几乎垄断了第 1 师团、第 9 师团等首都圈部队的要职。事实上，由于"一心会"长期垄断军内要职，将权力集中于本派系的手中，成为军内公平晋升的重要障碍，从而为军部分裂埋下伏笔。

退役后，"一心会"会员将进入青瓦台、政府、国会、政府投资机构、企业等并占据核心职位，继续发挥巨大影响力。据统计，在被公开名单的 88 名（互有重合）"一心会"出身人员中，军部有 35 名，国会及政党有 23 名，政府有 20 名，政府投资机构有 19 名，青瓦台有 12 名，企业有 11 名，社会团体研究所有 7 名。[①]"一心会"会员定期从高层领取一定数额的活动费，部分企业家也会主动向"一心会"提供资金。

一方面，在威权主义体制下，政党政治受到很大限制，近乎形同虚设。军部精英对政治家怀有根深蒂固的不信任。朴正熙在 1962 年 1 月 1 日发表的新年贺词中，明确指出"为了从共产主义的威胁中守护自由，我们要具备绝对的防卫力量，而为了享有自由，我们还需要重建经济。过去的经验表明，如果缺乏自主的精神、自助的努力、自律的行动和自立的经济基础，形式上的民主主义只能给我们带来混乱和破灭"。[②]维新体制时期，虽然存在民主共和党或新民党等政党，但并非代表某个社会阶级或阶层利益的政党，只是所谓议会民主的一种表象而已。

另一方面，正是通过朴正熙的军事独裁，反共主义得以体系化、制度化，军事文化逐渐渗透到韩国人的精神世界和生活世界。李承晚时期，虽然通过朝鲜战争快速扩大了军队、警察等国家暴力机关，在社会上实施战时动员体制，但国家监视体制和对市民社会的控制都较为薄弱。朴正熙时期，威权政府在政治、经济、社会、文化等领域都确立了牢固的控制力，从而促成了全社会的兵营化，即在自主国防和国民团结的名义下，通过整齐划一的命令体制对市民社会进行军队式的改编，强迫实施暴力式军事文化的社会化。在这种状况下，韩国国民的基本权利被限制，思想自由也被遏制，对现政权的政治挑战和抵抗遭到镇压，使威权主义体制时期成为所谓"监狱的全盛时代"。

---

① ［韩国］徐昌宁：《韩国政治的监护人与受惠者关系：第 5 共和国"一心会"关系网研究》，硕士学位论文，首尔大学，1993 年，第 36 页。

② ［韩国］曹显然：《韩国的民主主义与军部垄断的解体过程研究》，载［韩国］《动向与展望》2005 年第 69 号，第 75 页。

二 财阀与威权政府的关系

在韩国，财阀一词是指由某个家族控制的大公司或企业集团。财阀不仅仅是一种企业组织形式，更为重要的是，它还是韩国社会结构的高度浓缩。大到汽车轮船，小到服装餐饮，韩国人无时无处不与财阀打交道。

20 世纪 60 年代以来，财阀在韩国经济发展中占据举足轻重的地位。据 1989 年韩国银行监督院公布的数据，以现代、三星为首的 5 大财阀集团的总销售额为 70 兆韩元，占同期国民生产总值（GNP）113 兆韩元的61%，30 大财阀的总销售额为 107 兆韩元，占同期国民生产总值的95%。① 此后，虽然韩国的经济状况恶化，政府加强了对财阀的管制，但1994 年 30 大财阀的总销售额增至 223 兆韩元，占同期国民生产总值 303兆韩元的 73.69%，1995 年为 292 兆韩元，占同期国民生产总值 348 兆韩元的 83.74%。② 在此过程中，韩国民众对财阀的态度也极为矛盾，一方面，他们对财阀统治了整个韩国的经济乃至政治而感到焦虑和不满；另一方面，他们大多又以能够进入某一个大财阀集团工作而感到骄傲。韩国财阀的兴衰史称得上是透视二战后韩国经济发展的一面镜子，同时也与二战后韩国的政治转型和社会发展进程密不可分。

（一）财阀的起源及其形成

1. 财阀的起源

在韩国，财阀的起源最早可以追溯到日本殖民统治时期，当时韩国民族资本家创办的一些本土公司已经有了雏形。在日本帝国主义统治下，大企业完全掌握在日本人手中，多数朝鲜后期建立的公司因为缺乏资金、技术和取得外国资本的能力有限而纷纷倒闭，但还是有一些公司在恶劣的生存环境下，保住了所有权和经营权。在殖民统治时期，韩国民族企业要取得成功，不得不依赖日本总督府的势力，不可避免地具有买办性质。这一时期给韩国财阀最为重要的启示是：与国家建立密切的合作关系有助于事业成功。其中，最具典型意义的是三养财阀与和信财阀。

三养财阀的创始人金季洙毕业于京都帝国大学经济学部，归国后与其兄金性洙一同负责京城纺织株式会社的经营。在经营纺织公司的同时，他

---

① ［韩国］柳寅鹤：《解剖韩国财阀》，草光社 1991 年版，第 7 页。
② ［韩国］曹东成：《韩国财阀》，每日经济报社 1997 年版，第 82 页。

还投资农业部门，于 1924 年设立三水社，其目的是采取近代资本主义农业经营方式，实现韩国农业的近代化。1931 年他将公司名称改为三养社，主要从事制盐业、制糖业、纺织业。此后，他前往中国东北地区，设立了南满纺织株式会社，开韩国在海外设立公司的先河。受其兄金性洙的影响，金季洙还积极投身于文化教育事业，成为中央学校（现在的中央高中）的创立人之一，参与普成专科学校（现在的高丽大学）的重建，并与其兄金性洙一同于 1920 年创办了《东亚日报》，为韩国的教育和文化事业做出了贡献。

和信财阀的创始人朴兴植 1903 年出生于平安南道龙冈郡（现朝鲜南浦特别市龙冈郡）。从龙冈公立普通学校毕业后，他前往镇南浦商工学校学习，17 岁辍学从事粮食生意，在商业领域崭露头角。朴兴植于 1921 年设立鲜一印刷所，1924 年将其扩大为鲜一印刷株式会社并出任社长，1926 年移居京城设立鲜一纸制品株式会社，向《东亚日报》《朝鲜日报》等报社提供从日本进口的纸张，获得成功。1931 年，朴兴植在首尔钟路设立和信百货商店，堪称当时朝鲜人开办的最大规模的百货商店。鉴于当时韩国商品的供需依然靠传统的集市和地方商店的情况，朴兴植于 1934 年推行连锁店计划，在全国招募 1000 多家分店，构筑了流通体系，设立了和信连锁店株式会社。随后，他设立了和信贸易株式会社和大同纺织品株式会社，并与日本企业进行合作，逐渐扩大其经营规模。1941 年，朴兴植设立和信产业株式会社并任社长，被誉为"朝鲜第一富翁"。

2. 财阀的形成

尽管李承晚政府宣称实施的是自由经济政策，但实际上整个国民经济的运行基本上不遵守自由经济原则。政府通过向民间处理"归属财产"和向企业发放经营进出口许可证，控制企业经济活动。朝鲜战争中的战时统制经济树立了政府的经济权威，战后重建时期又通过争取、控制外国经济援助，借助制订、实施产业复兴计划和管理资源的配置和运营，使国家成为左右韩国经济生活的主导力量。在这种环境下，私人企业为了能在国家资源的分配中获得好处，倾向于寻求加强与政府的亲密关系，愿意接受政府介入经济活动，这也为政府加强在国家经济活动中的支配地位提供了条件。

韩国首批现代企业和财阀形成于 1945 年至 1960 年的美国军政统治和李承晚政府处理归属财产时期。解放后，韩国继承了以前归属日本的

166301 项财产。其中包括 3351 处可运转的工厂和企业、土地、建筑及存货，几乎占整个国家财富总量的 30%。这些归属财产先由"财产托管美国办公室"管理，后转交给韩国政府。其中，有 513 项由"财产托管美国办公室"分配，其余的在 1948 年 8 月转交给李承晚政府分配，并一直持续到 1957 年。①

在归属财产的处理过程中，价格原则上按照 1945 年以前的注册价格确定，但实际上远低于实际价格。以"朝鲜纺纱大邱厂"为例，1947 年价值 30 亿韩元的工厂审定价为 7 亿韩元，而实际售价仅为 3.6 亿韩元，相当于其价值的 1/10，其市场价格的一半。② 除了极低的实际售价，这些财产的分配还伴随着大量的优惠条件，如宽松的拥有较长缓冲支付期的支付条款，规定购买归属财产可在 15 年内分期付款。在恶性通货膨胀和供应短缺的 50 年代早期，这种购买就等于不付代价的"白捡"。有能力购买归属财产的人是那些与官方关系密切的商人和在农地改革中持有大量"地价补偿证券"的大地主。他们靠着此类特权一夜间成为暴富的企业家，有的迅速转变为控制系列企业的家族集团，如三星、乐喜、金星、东洋等。③ 随后，李承晚政府又进一步处理归属银行的股份，而能够购买这些银行股份的还是那些购买归属财产者所建立的企业集团。

李承晚政府时期，在高通胀和低利率政策下，资金供应持续短缺。鉴于资金需求远远超出供给，李承晚政府在融资和贷款方面采取"重点主义"的紧缩政策，大企业和在战争中依靠同政府的紧密关系崛起的资本家在分配资金方面占据优势。韩国政府制订的战后重建计划第一年度（1953 年）和第二年度（1954 年）的资金总额分别为 7000 万美元和 1.3 亿美元，均以非常优惠的方式提供给国营企业和关系密切的企业。在一般银行信贷方面，金融机构也实行倾斜政策。1957 年一般银行总共向 19215 人发放 52.53 亿韩元贷款，其中，贷款金额超过 3000 万韩元的 22 人得到了 10.67 亿韩元，占贷款总金额的 20%，而贷款金额在 10 万韩元以下的 13928 人仅得到 4.8 亿韩元，占贷款总金额的 9%。④ 获得巨额贷款的是大企业家，他们通过对进口原料的深加工和垄断、销售战略物资，获得巨额

①　刘洪钟：《韩国赶超经济中的财阀制度研究》，光明日报出版社 2010 年版，第 15 页。

②　［韩国］柳寅鹤：《解剖韩国财阀》，草光社 1991 年版，第 47 页。

③　［韩国］朴世吉：《重写韩国现代史 2》，石枕社 1994 年版，第 24 页。

④　［韩国］申珏澈等编：《韩国经济百年史》，经济评论社 1982 年版，第 344—346 页。

利润，最终成为财阀。

朝鲜战争之后，在相当长的一段时期内，韩国经济完全是靠美国的援助支撑的。在整个20世纪50年代，韩国国家财政的50%来自美国援助。美国的援助物资结构偏重于小麦、蔗糖、原棉等韩国国内出产和能生产的品种，而且价格较之国内同类物资价格便宜很多。于是，能得到廉价物资的企业一方面倒卖援助物资，利用与本地产品之间的差价牟取暴利，另一方面又利用相较于以国内产品为原料的企业更有利的竞争优势，对此类原料进行加工后投入国内市场销售，从而形成20世纪50年代迅速崛起的所谓"三白产业"（面粉、糖、纺织业），并从中产生了一批财阀。到1960年，部分财阀已成为韩国经济主导者，如三星、三麓、乐喜、东洋、开丰、大韩、三养、和信、现代、双龙等，其主要经营领域是进口贸易、银行业和"三白产业"。

（二）财阀的成长与政府的扶植

韩国财阀虽然形成于20世纪60年代以前，但其崛起和壮大始于60年代初期。1961年朴正熙发动军事政变，建立了军人政权。韩国是一个后发国家，朴正熙政府上台后，为了尽快实现韩国现代化，并通过经济的快速发展赢得民众对其统治合法性的默许，选择了赶超式经济发展战略。

同时，韩国政府认为，在本国财力、物力和技术资源稀缺的情况下，依靠市场进行资源配置必将出现结构失衡、经济增长缺乏后劲的不利结果。对此，韩国政府在发展战略选择上采取了"不平衡增长战略"，即以政府扶植引导产业投资，一方面确保投资的经济效益，另一方面兼顾国家的长期发展需要。这不是采取压制市场的方式，而是一方面允许市场发挥其资源配置功能，另一方面给予适当的行政引导，在不同的经济增长阶段选择不同的主导产业，以主动姿态进行产业结构重组。

这两种发展战略的选择导致两种结果，其一是必须突出政府的主导作用，其二是韩国政府赶超战略的实现和产业结构的调整需要韩国财阀的崛起和积极配合。这成为韩国政府与财阀的合作基础，也是韩国"政府主导下政企合作型"关系模式形成的一个重要因素。

具体来看，韩国财阀的成长过程可分为基础确立期、扩大成长期、深化稳定期。

1. 基础确立期

20 世纪 60 年代，韩国经济持续高速增长，政府通过广泛干预的方式大力推进经济发展，其发展政策逐步由进口替代转向出口导向。为尽快发展本国经济，韩国政府采取了一系列措施：

首先，韩国政府于 1961 年 6 月将主要经济决策部门的功能合并，建立了经济企划院，由一名常务副总理领导，全面负责制订和实施五年经济发展计划。与此同时，为了监督经济日常运转，朴正熙在总统府设立了经济秘书局。1962—1971 年韩国实施了"第一个五年计划"和"第二个五年计划"。在这 10 年间，韩国经济取得了巨大成就，国民生产总值增加 2.5 倍，年均增长率达到 9.9%，人均国民生产总值增长 2 倍。由于工业主导经济增长，产业结构优化成绩显著，工矿业所占比重从 1961 年的 15.2% 增至 1971 年的 22.2%，同期农林渔业所占比重由 40.1% 降至 29.1%。①

其次，出台了一系列关于执行 1960 年公布的《引进外资促进法》的配套法规，积极引进外资。20 世纪 60 年代，来自美国的援助急剧减少，发展所需外资只能依靠借款和投资。1961 年 12 月，韩国出台了《引进外资运营方针》，规定了外资引进的方向；1962 年 7 月和 1963 年 10 月先后制定和修改了《借款支付担保法规》和《长期结算方式引进生产资料特别措施法》，旨在实现银行对商业借款的支付担保；1964 年 3 月出台了《民间商业借款基本方针》，抑制商业贷款，积极引进公共借款和外国直接投资。1966 年 8 月，韩国对有关引进外资的法规进行整合，出台《引进外资法》。② 从 1964 年起，政府财政借款和外国人投资都出现大幅增加。

再次，对 20 世纪 50 年代出售给民间的商业银行实行国有化，同时组建一批专业化银行，如韩国发展银行（1961 年）和外汇银行（1967 年）等，从而集中和分配有限的金融资源。此外，对于私人资本难以进入的大规模资本密集型产业，政府以国营企业或政府出资企业的形式参与，由政府直接发挥资本家的作用。

最后，确立以出口导向为手段的发展模式。为了促进出口，韩国制定并实施了出口补贴政策，对为出口生产而进口的原材料及设备等减免关税

---

① 韩国经济企划院编：《经济白皮书》，1972 年，第 321 页。
② 韩国财务部、韩国产业银行编：《韩国引进外资 30 年史》，1993 年，第 53—54、92 页。

和直接税，并在提高一般贷款利率的同时，对从事出口的企业降低贷款利率，此外还成立了大韩贸易振兴公社，努力开拓海外市场。得益于此，出口增长强劲，1962 年商品出口额为 5670 万美元，1971 年达到 13.52 亿美元，10 年内增长了 23.8 倍，年均增长率高达 41.3%。[①]

在第一个和第二个"五年计划"期间，从事政府主导的劳动密集型出口产业或为此提供服务的基础产业，充分利用政府出口产业的培育政策，在金融、税收和信贷等方面最大限度地获得优惠，迅速成长为新的财阀，如锦湖、韩国玻璃、味元、三洋食品、乐天、海泰等。同时，原有的大企业也利用自己的传统优势，以出口产业为中心发展各自的系列企业。例如，三星进入电子产业，现代参与汽车工业，以生产化妆品起家的乐喜金星也跻身半导体产业。另外，一些大企业借助参与政府发展社会间接资本与基础工业的政策进一步壮大实力。例如，现代集团集中发展建筑业和水泥工业，双龙由合成纤维转向水泥生产，三星建立化肥厂。此外，60 年代韩国的国有企业私有化、地产投机及越南战争等诸多因素也为财阀的增长与巩固提供了历史机遇。

2. 扩大成长期

从 1972 年起，财阀在政府"重化工业立国"战略的指导下发展更为迅速，从而进入扩大成长期。在这一时期，财阀与国家经济保持了同步增长，政府更加广泛地介入经济领域。出口导向型的经济发展政策完全确立，经济结构由劳动密集型轻工业转变为资本密集型重化工业。

财阀的极度扩张始于朴正熙政府于 1973 年 1 月发表的"重化工业宣言"。同年 3 月，政府成立了国务总理直接领导的"重化工业促进会"，制定了《发展重化工业长远计划》（1972—1981 年），选定钢铁、有色金属、造船、机械、电子、化工为"六大战略工业部门"，要求计划期间重化工业产品占全部制成品的比重从 16% 增加到 60%，到 1981 年出口额达到 100 亿美元，人均产值达到 1000 美元。在第三个"五年计划"（1972—1976 年）期间，韩国经济实际年均增长率达到 11.2%，其中工矿业年均增长率为 20%，超过计划指标 7 个百分点。

1977 年，韩国开始实施第四个"五年计划"（1977—1981 年），基本目标是增长、均衡与效率，计划 GNP 年均增长率达到 9.2%。从第一年

---

① 韩国经济企划院编：《经济白皮书》，1972 年，第 321 页。

起，政府开始加大对钢铁、水泥、化肥和石油工业的投资。1977—1979年，政府用于重化工业的投资达到28060亿韩元，约占制造业投资总额的80%，相当于同期轻工业投资的4倍。为缩短时间，充分利用规模经济，尽快建立资本密集型中间产品部门，政府决定挑选一些大财阀作为优先发展对象，还实行了一系列激励、保护政策，其中包括低息贷款、出口利息补助、产品的进口差别关税、免除直接税等。70年代后半期，国家计划内的重化工业项目获得的贷款利息通常低于一般贷款10至20个百分点。通过特别优惠机制，政府有力地推动了大企业发展重化工业。①

由于政府的大力扶持，这些财阀迅速提高了其在国民经济中所占的比重。对于财阀而言，只要服从政府的命令，就会获得大量的优惠资源。因此，那些能够接近政府并忠实履行政府制定的重化工业发展战略的财阀在此期间均获得快速增长。例如，1975年现代集团建立了年造船能力200万吨的现代化大型造船厂，使韩国造船能力从1971年的19万吨猛增到1975年的239万吨；大宇集团1981年建立另一家大型造船厂，年造船能力达到120万吨，使得韩国造船能力达到400万吨；1970年至1981年，韩国分4期投入39.3亿美元建设的浦项钢铁联合企业，生产能力达到850万吨，居世界大型钢铁企业第8位。②

朴正熙推进重化工业的快速发展，使韩国在第四个"五年计划"结束时进入工业化发展的高级阶段。韩国在工业化过程中，特别是在快速发展重化工业过程中，造就了一批支撑国家经济的新型财阀。这些财阀规模庞大，一般都拥有数量不等的下属系列企业，涉及第一、二、三产业所有领域，而且具有很强的垄断性。例如，到70年代末80年代初，韩国前30家大财阀生产的工矿业产品占全国工矿业产品总额的35%—39.7%。③相较于发达国家，韩国的财富过于集中，而且经营领域过于庞杂，不仅造成资源的极大浪费，而且导致韩国社会贫富差距拉大、政治与社会不稳定。

这一时期，在政府和大财阀的关系上，尽管政府居于主导地位左右着财阀的发展与存在，财阀的话语权相对有限，但是，由于财阀控制着全国

①　大韩商工会议所：《韩国经济20年回顾与反省》，1982年，第201页。

②　曹中屏、张琏瑰等编著：《韩国当代史》，南开大学出版社2006年版，第274页。

③　韩国经济企划院：《贸易白皮书》，1984年，第102页。

近半数的经济力量，因此在很大程度上决定着国家经济发展的状况。

　　3. 深化稳定期

　　从 20 世纪 80 年代初到 90 年代初，财阀在外延扩张的同时，加强了内部整顿与巩固，进入其发展的深化稳定期。军人出身的全斗焕和卢泰愚清楚地意识到自己非常缺乏民众的支持，提高其权威和正当性的最佳途径就是稳定当时混乱的经济局面，通过恢复经济增长取得民众支持。当时，朴正熙制定的传统发展战略遇到问题，如产业结构失调、经济过于集中、重化工业部门生产能力过剩等，致使这一时期的韩国经济在增长速度上开始放缓，甚至出现负增长。

　　在对旧体制的反思过程中，新自由主义逐渐成为韩国社会思潮的主流。在政治上，民主化运动以前所未有的速度推动韩国向市民化社会发展。在此情况下，听从民意，采取新自由主义政策成为韩国政府的最好选择。为保持经济稳步增长，政府采取了一系列措施，如通过降低政府干预和进口自由化创造一种让市场发挥更大作用的经济运行机制；对中小企业部门给予更多的关注；产业政策从过去的战略产业导向型政策，逐渐转向项目或功能指向型政策。

　　为改变失衡的经济结构，政府开始加强对财阀的管制。财阀的财务状况和扩张行为及其房地产投资等开始受到政府的严密监控。1980 年政府颁布了韩国历史上第一部反垄断法《垄断管制与公平贸易法》，此后多次进行修改。由于加入了许多关于反对财阀经济力量集中的条款，该法被认为是财阀政策的主要工具。此外，为了加强该法的实施，韩国政府还在 1981 年成立了公平贸易委员会。80 年代末，为了扼制财阀势力，韩国政府曾推出三项措施：一是要求财阀出售非主动经营性土地；二是要求财阀缩减经营范围，并为每个财阀指定最多三个其具有比较优势的专业化领域；三是要求财阀控股家族出售一部分股票，降低企业的所有权集中度。①

　　尽管政府对财阀实施了管制措施，但实际上在很多方面仍然给予财阀保护和支持，例如，政府实施的重组重化工业的措施将重化工业转变成为一个由为数不多的财阀所控制的、更为集中的产业；财阀仍能获得由政府控制的廉价金融资源；政府对大量管理不善的财阀实施救助；实施金融自由化改革使财阀进入金融领域进行融资等。

---

　　①　刘洪钟：《韩国赶超经济中的财阀制度研究》，光明日报出版社 2010 年版，第 145 页。

尽管名义上财阀受到政府的严格管制，但事实上这一阶段财阀仍保持强劲的发展势头，以保持其在国民经济中的统治力。据统计，从 1980 年到 1990 年，韩国 4 大财阀的资产总额增加了 10.02 倍，30 大财阀的资产总额增加了 7.69 倍，而同期政府财政规模和国民生产总值仅增加了 3.76 倍和 4.16 倍。[①] 可见，这一时期财阀发展速度远高于国民经济发展速度。1992 年 30 大财阀的销售额和资产总额均为 169 兆韩元，占国民生产总值 243 兆韩元的 69.5%；1995 年 30 大财阀的销售额和资产总额分别为 293 兆韩元和 287 兆韩元，分别占国民生产总值 344 兆韩元的 85.17% 和 83.43%[②]，在韩国经济中占据举足轻重的地位。

随着经济地位提高，财阀开始公开批评政府政策，对政府的绝对地位提出挑战。而随着对财阀控制力的减弱，政府也认为有必要对日益膨胀的财阀加强管控。政府和财阀间的这种矛盾在卢泰愚政府时期以冲突的形式暴露出来。卢泰愚政府试图加强对财阀的管制，既有作为资本总体利益的代表遏制财阀短期利益的合理的一面，也有利用对财阀的各种规制获取政治资金或保护官僚利权的不合理的一面。[③]

1990 年，韩国发布 "5·8 措施"，成为政府和财阀矛盾公开化的代表性事件。1991 年 3 月 11 日，全国企业家联合会会议公开表明反对政府提出的行业专业化政策；5 月 7 日召开的经济五团体负责人会议发布声明称 "劳资纠纷、资金困难、出口不振、公害问题等经济状况不断恶化的原因在于政府的不作为"；5 月 13 日召开的全国企业家联合会负责人会议进一步提出建议，要求政府不要紧盯企业的 "钱袋子"，应当改善财政运营，控制物价，并敦促政府推迟西海岸高速公路、京釜高速铁路、永宗岛开发等项目。[④]

在财阀对政府的不满情绪与日俱增的情况下，发生了郑周永对国家权

---

① 洪德律：《1987 年以后政府与财阀关系的变化》，载《经济与社会》1996 年夏季号，第 221 页。

② ［韩国］曹东成：《韩国财阀》，每日经济报社 1997 年版，第 133 页。

③ 韩国财阀提供给政府的政治资金数量无法考证，但从现代集团名誉会长郑周永的一番话中可以略知一二。他说："朴正熙总统时期一开始捐了 5 亿韩元，后来捐了 20 亿韩元，这在当时是一笔巨款。全斗焕总统时期每次捐 30 亿韩元。卢泰愚总统时期一开始捐 20 亿—30 亿韩元，后来提高到 50 亿韩元，两年前最后捐了 100 亿韩元"。［韩国］《中央日报》1992 年 1 月 9 日。

④ ［韩国］李宗载：《全国企业家联合会与青瓦台的权力游戏》，载［韩国］《话月刊》1991 年 7 月号，第 42、45、46 页。

力提出挑战、创建国民党并参加总统选举等一系列事件，反映出财阀与政府的力量对比发生了变化。虽然当时国民党的创建是由现代集团一个财阀推进，但在很大程度上代表了大多数财阀的利害关系，反映了财阀对政府的不满情绪。然而，随着国民党在第 14 届国会选举中刮起一股旋风，崛起为政界的一个新势力，不仅引发政界担忧，同时也引起财界其他财阀的戒心。这是因为，国民党并不是代表全体财阀共同利益的政党，而只是代表现代集团一个财阀利益的政党，从而进一步加剧了财阀间的激烈竞争。其结果，其他财阀反而积极支持民主自由党。

第二节　财阀金权政治的崛起与扩张

在威权主义的高压统治下，反独裁民主化势力不断成长。自 20 世纪 60 年代以来，韩国民主化迅速发展，进一步增强了韩国国民的政治意识，而腐败的军事独裁官僚政治体制未能满足国民日益高涨的经济和政治要求，致使民主化运动日益高涨，民众抗议运动不断，韩国工人运动、学生运动风起云涌。在产业化过程中逐渐成长起来的中产阶级也开始反对威权主义体制，加入民主化运动，成为促成实现政治转型的重要的政治力量。1987 年爆发的"6 月民主化抗争"最终迫使军部退出了政治舞台，长期实施独裁统治的威权主义体制瓦解，成为韩国民主化进程中的一座里程碑。

自实现民主化以来，在民主主义体制时期，韩国的政治权力结构呈现衡平多元形态（见图 3.2）。在威权主义体制时期长期霸占核心圈层的军人集团退出政治舞台，回归兵营，居于边缘圈层，专心致力于国防，不问政治；在威权主义体制下依靠政府的大力扶持成长起来的财阀集团凭借其雄厚的经济实力，将其与政府的关系从依附关系转变为一种"共栖"关系，加强了对政治的干预和控制，逐渐进入核心圈层；在民主化运动中发挥重要作用的中产阶级也步入政坛，居于核心圈层，实现了金大中、卢武铉两届"民主政府"的执政；在民主化运动中始终在第一线开展激烈斗争的劳工集团则由于受到民主化势力分裂和全球新自由主义思潮泛滥的影响，未能实现斗争目标即"经济民主化"，长期处于制衡圈层，目前仍在为实现"经济民主化"开展各种运动。

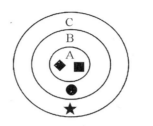

图3.2　民主主义体制时期的权力结构

一　民主化：军人集团的分裂和威权主义体制的解体

从东亚国家的政治发展进程来看，军部政权退出政治舞台需要满足以下条件：一是强有力的民间反对势力成长；二是军部政权的政策失败；三是军队内部的分裂；四是来自外国的影响；五是军部做出退出政治的决定。①

与泰国、菲律宾等国相比，韩国是唯一发生军部决定退出政治的事例的国家，但这并不意味着通过军事政变掌权的军人集团退出政治、还政于民，是其自发地、有计划地放弃政治、回归兵营，而是民主化势力通过民主化运动创造了军队不可能再介入政治的政治、社会环境和条件，迫使军队就范。因此，韩国威权主义体制瓦解与其民主化进程密切相关。

（一）军人集团的分裂

与泰国、菲律宾等国不同，韩国军部退出政治是在源自社会底层的持续不断的抵抗造成的社会压力之下，被迫进行调整和妥协的结果，被称为"通过妥协而实现的民主化"。② 这一过程既不同于执政精英主动实现的民主转型，也不同于威权政府被彻底推翻或垮台，而是通过威权政府和反对派的互动和妥协而实现的民主化，是自下而上和自上而下相结合的产物。在此过程中，以下三个因素起到了重要作用：

第一，迫使军部退出政治的最重要因素，是抵抗威权主义统治的反独裁民主化势力不断成长。

---

① ［韩国］徐景教：《有关军部退出政治的比较研究：以泰国、菲律宾、韩国为例》，载［韩国］《韩国政治学会报》1993 年第 27 辑第 3 号，第 291—313 页。

② ［韩国］安清市等编：《转换期的韩国民主主义：1987—1992》，法文社 1994 年版，第 3—10 页。

20 世纪 60 年代以来，韩国民主化迅速发展，进一步增强了韩国国民的政治意识，他们追求民主主义并对政府的要求不断增加。由于军事独裁和中央集权的官僚政治体制维持权威主义统治，未能有效满足国民日益高涨的经济和政治要求，导致国民政治效能感低落和政府政策效率低下。因此，政府领导人失去了国民大众的支持，出现了慢性"正统性危机"，致使民主化运动日益高涨。

第五共和国时期，对于全斗焕的掌权，社会民众抗议运动不断，韩国学生运动、工人运动风起云涌。在野力量和民主人士要求全斗焕辞职并尽快实现民主化。在这一轮民主运动中，光州地区的学生和市民尤其活跃，但最终遭到血腥镇压，史称"光州事件"。

"光州事件"增加了人们对民主制度的渴望。1987 年 4 月 13 日，全斗焕发表特别谈话，以在野党分裂为由，宣称修宪问题将延迟到 1988 年奥运会之后。全斗焕断然采取了所谓的"4·13 护宪措施"，加大了对反对力量的控制。此举激起了民众声势浩大的抗议斗争，成为"6 月民主化抗争"的导火索。这是以学生、市民和中产阶层为核心的民主运动，是全斗焕掌权后参加人数最多、规模最大、冲突最激烈、持续时间最长的一次民主势力与威权势力的对抗。这场运动声势浩大，给政府施加了前所未有的巨大压力，加上外部因素影响，迫使全斗焕政权未选择以往的武力镇压，而是做出妥协。

第二，20 世纪 60 年代和 70 年代韩国经济的高速发展为韩国的政治发展创造了社会经济条件。

朴正熙发动政变上台后，确立了经济发展第一、出口导向的发展战略。在这一战略指导下，朴正熙政权实现了韩国经济的飞跃，1962 年至 1979 年间，韩国实际国民生产总值年均增长率为 9.5%，国民生产总值从 1962 年的 23 亿美元增加到 1979 年的将近 640 亿美元，人均国民生产总值从 1962 年的 87 美元增长到 1979 年的 1640 美元。由此，韩国实现了社会的重建和经济的复兴，经济现代化水平有了巨大的提高，从而为韩国政治民主化的推进提供了条件。

经济迅速发展显著改变了韩国人口的受教育程度，受教育群体的人数激增，教育程度普遍提高。韩国初中在校学生从 1960 年的近 53 万人增加到 1980 年的 247 万人，高中生从 1960 年的 26 万人增长到 1980 年的近

170 万人，大专和大学生从 1960 年的 10 万人发展到 1980 年的近 60 万人。① 教育程度提高，不仅有利于公民参政意识的增强，而且显著提高了民众参政议政的能力。

经济现代化促成了一个生机勃勃的市民社会诞生，并形成了一支庞大的、拥有强烈参政意识的中产阶级队伍。市民社会是民主政治产生和发展的沃土，而中产阶级的参与和支持则成为迫使军部退出政治、促成韩国民主转型的重要力量。

第三，军部领导层接受了反独裁民主化势力提出的树立民主政府的要求。

1987 年，面对以"实行直选制改宪"为中心目标的声势浩大的"6 月民主化抗争"，军部领导层必须做出选择，要么动用武力进行镇压，要么冒着失去权力的风险接受民主化势力提出的改宪要求。最终，包括全斗焕在内的军部领导层选择了后者。

对此，部分学者以时任陆军本部作战处处长安秉浩的证言为依据，认为从 1987 年 6 月 18 日至 19 日取消军队出动命令至卢泰愚发表"6·29 宣言"，军队内部的稳健派发挥了重要作用，由此引发了强硬派和稳健派之间的矛盾。② 但是，部分学者对此有异议，认为这种主张夸大了所谓的军部稳健派对韩国民主化进程的贡献。他们认为，面对日益高涨的"6 月民主化抗争"，军部最终放弃动用军队进行镇压，是以下方面因素综合作用的结果：一是已经扩散到全国及社会各界的示威游行；二是 5 月"光州事件"的历史教训；三是军队内部的反对意见；四是来自美国方面的政治压力；五是相信警察能够遏制示威游行；六是 1988 年奥运会的举办。在当时政治化的军部内部，"一心会"的凝聚力集中于全斗焕一人，因此，对于通过"6·29 宣言"的发表得以好转的局面，与其说是强稳两派的分裂和稳健派的上台，不如说是作为整体的军部为了延长其权力而采取的一种策略。尤其是 1980 年 5 月"光州事件"的教训对军部最终选择产生了巨大影响。依据安秉浩以及时任保安司令官的高明昇的证言，"光州事件"的历史教训成为军部放弃武力镇压示威游行的决定性变数。③

---

① 资料来源：韩国统计厅网站（https://www.kostat.go.kr）。
② ［韩国］姜成九：《关于民主化过程中韩国军部退出政治的研究：以金泳三政府的军队改革为中心》，硕士学位论文，韩国外国语大学，2001 年，第 30 页。
③ ［韩国］金载洪：《文民时代的军部与权力》，罗南出版社 1993 年版，第 269 页。

在研究韩国军部退出政治舞台的问题时，如何评价卢泰愚政府具有重要意义。从历史地位来看，卢泰愚政府可视为一个集民主化和军部威权统治为一体的矛盾融合体。从统治势力的基本性质未曾变化来看，卢泰愚政府依然具有军人政权的性质，因此与真正的民主政权相去甚远，但它又是通过合法的民主程序选出来的政权，其合法性不容置疑。因此，我们可以将其视为一个由威权到民主的过渡政权。由此，韩国相对和平地回归到民主政治轨道。

以"重新树立军队形象"为名，在军部退出政治、文人统治的机会不断扩大方面，卢泰愚政府确实采取了一些实际措施。首先，在民主化和产业化的社会中，致力于树立最为合理的军民关系；其次，实现军队的专业化，为军民关系的根本性改善奠定基础。[1] 为此，国防部部长和陆军参谋总长等军队高层发表宣言，阐明了军队的民主化及政治中立、公开国防行政等措施。

作为改善军民关系的措施，政府废除了士官学校毕业生的"事务官特别采用制度"，发行《国防白皮书》公开军队的行政，还对各军本部及保安司令部进行国政监察，开始了由国民代议机关——议会对军队的控制。[2] 与全斗焕政府相比，在卢泰愚政府时期，军队高层出身的高层官僚（副部长级以上）由 76 名减至 44 名。[3] 这些措施与其说是军队自发回归兵营，不如说是迫于民主化的社会压力而采取的措施。

卢泰愚执政后，政府和军部之间开始出现不和谐之音，尤其是围绕着以 1980 年 5 月"光州事件"为核心的第五共和国清算问题，全斗焕的"1.1 军部关系网"和卢泰愚的"9.9 军部关系网"产生了激烈的矛盾。[4] 这种矛盾意味着军部内部围绕国家权力主导权展开了激烈的争夺。

从执政伊始，卢泰愚政权就开始谨慎地、阶段性地改编全斗焕在离任之前构筑的军队人事体系。这既表明卢泰愚对全斗焕离任前对陆军高层人

---

① 韩国公报处：《第 6 共和国实录：卢泰愚总统政府五年》，1992 年，第 660 页。

② ［韩国］金光植：《韩国军部脱政治化过程研究》，博士学位论文，高丽大学，1998 年，第 132 页。

③ ［韩国］杨成哲：《韩国政府论：历代政权高层行政精英研究（1948—1993）》，博英社 1994 年版，第 89 页。

④ 全斗焕曾任第 1 空降旅旅长和第 1 师师长，卢泰愚曾任第 9 空降旅旅长和第 9 师师长，因此，当时在这些部队服役的军官各自以全斗焕和卢泰愚为核心组成的关系网被称为"1.1 军部关系网"和"9.9 军部关系网"。

事安排的否定，也意在彰显第六共和国军部与第五共和国军部的区别。1988年6月，卢泰愚撤掉任期还剩半年的陆军参谋总长朴熙道，任命自己庆北高中晚辈李钟九。全斗焕前往百潭寺隐居后，卢泰愚将保安司令官崔枰旭左迁为教育司令官，让赵南丰接替。对此，时任陆军士官学校校长的闵丙敦对政府的人事变动提出批评，这又成为卢泰愚对仍然保留基本骨架的"1.1军部关系网"彻底改编的契机。结果，李弼燮接替闵丙敦担任陆军士官学校校长，具昌会接替金振永担任首都防卫司令官。上述军队内部人事体系改编的核心是"一心会"内全斗焕势力的退出和卢泰愚势力的崛起。这就意味着过去以全斗焕为核心紧密团结在一起的"一心会"开始分裂为全斗焕派和卢泰愚派。①

此后，为巩固自己的地位，卢泰愚充分利用社会对历史清算提出的要求，将全斗焕流放百潭寺，并试图通过举行第五共和国听证会以表明其完全不同于第五共和国。1988年初，当选总统的卢泰愚首次将"光州事件"定性为"光州民主化运动"；1989年12月25日，卢泰愚在青瓦台与在野三党总裁金大中、金泳三、金钟泌进行会谈时公开宣布"关于光州问题，为了恢复光州市民的名誉并向死者家属和伤者予以补偿，决定早日立法"；1989年12月31日，依据对第五共和国进行清算问题进行政治协商达成的结果，在被称为民意殿堂的国会召开对前任总统全斗焕的听证会。

卢泰愚之所以对以全斗焕为核心的"一心会"组织进行改编，是因为在朝小野大的政治局势下，国民要求清算第五共和国和民主改革的呼声日益高涨。在这种状况下，卢泰愚需要彰显第六共和国与第五共和国的区别，以获取执政名分和政治支持。由于"光州事件"与第六共和国高层有牵连，因此1988年召开的国会听证会更关切第五共和国腐败问题，尤其是与全斗焕亲属有关的事件。可见，对第五共和国进行清算的目的在于，削弱全斗焕的政治关系网，强化卢泰愚第六共和国的人脉关系。

在"一心会"成员中，卢泰愚强化了以其为核心的"9.9军部关系网"，并在政界刻意排除军队出身的人，启用庆北高中出身的民间政治家，以改变军部的独裁形象。不过，包括总统一职在内的政府核心要职依然是由军队出身的人担任。因此，第六共和国仍然具有浓郁的军人政权性质。

---

① ［韩国］《中央日报》1994年12月23日。

（二）威权主义体制的瓦解

对于新诞生的民主政府掌控军队而言，军人集团内部产生的分裂既是机遇，也是风险。卢泰愚政权时期产生的军人集团内部的分裂和矛盾，使得金泳三政府能在短短两年内有效掌控军队，即在进行军队改革的过程中，削弱了以"一心会"为核心的军部反弹。

以"文民政府"自诩的金泳三政府将军部作为执政初期的核心改革对象。他将文人政府对军队的掌控视为保证新的民间政府的正统性及民主主义进程的最为重要的一项工作。这是一项表明政府旨在从根本上消除军队干政可能性，从制度上使军队成为国家机构的一部分，进而使军队不再直接干政的强有力的意志，让国民认识到文人政府具有的道德优越性的、具有高度象征意义的政治任务。

金泳三政府进行的军队改革主要有：排除以"一心会"为核心的、担任政府要职的将领，确保军队政治中立及军民关系正常化，确保人事安排的公正性，确立民选政府对军队的优势地位及清除军需品采购体系中存在的腐败问题。

威权主义体制的瓦解和文人统治的制度化可以视为在军部具有影响力的所有部门树立文人政府占据优势地位的体系。为了促进军部垄断的解体，确立文人政府的统治地位，必须通过人事调整、调查与国防预算有关的腐败问题、清算历史等措施消除政治军人及其依附势力。

金泳三认识到如果不首先解决军队人事中存在的问题，任何军队改革都难以奏效。军队是一个等级森严的组织，因此对每个军人来说，晋升是一项非常重要的问题。从第一共和国到第六共和国，韩国的文人领导层或军人领导层按照自己的政治利害关系将军队作为维持统治的工具，同时对军队事务加以干预和控制，在军队人事安排问题上呈现出偏重地缘、学缘等因素的倾向。

在此过程中，基于旧职业主义向往军队专业化的诸多纯粹的职业军人遭到淘汰，致使韩国军队的专业化停滞不前。只有成为维持政权的前卫队的极少数政治军人能够享受晋升和补缺任职的特惠，但来自社会的所有责难和批评却转嫁到全体军人身上，在这种状况下，难以期待军队正常的专业化发展。由于采取了迅速而果断的军队改革措施，金泳三政府在执政初期就对军司令官一级的100%、军长一级的60%以上、师长一级的40%

以上成功实施了撤换。①

金泳三政府高举军队改革的旗帜，对军队高层领导进行大规模撤换，与此同时，借助清除军队腐败的机会开展了军队整肃运动。1993 年 3 月 8 日，金泳三撤换了陆军总参谋长金振永上将和机务司令官徐完秀中将；4 月 2 日，撤换了首都防卫司令官安秉浩中将和陆军特战司令官金炯璇中将；此后又陆续撤换了一批与前军人政权关系密切的军界高级将领。

韩国军部的政治化主要集中于陆军中以陆军士官学校出身的将校为中心组成的"一心会"。于是，金泳三取缔了军队中的非法核心派系组织"一心会"，肃清其骨干成员，并借助整肃政坛积弊，清洗军队高层。前国防部部长李钟九和李相熏、前海军总长金铁宇、前空军总长韩周奭、前海军陆战队司令赵基烨，以及其所属的将官级人士纷纷落马。

此外，金泳三通过启用空军出身的人担任参谋长联席会议主席、启用非陆军士官学校出身的人担任机务司令官、降低国防部部长军衔、以文职人员担任国防部发言人等措施，降低了陆军的地位，改变了长期由陆军尤其是"一心会"把持军中要职的局面；并通过削弱保安部队的职能、大幅削减军费、改革军事教育制度、强化民间警察厅、肃清参与镇压民主运动的军部精英等措施，切断了依然具有新职业主义倾向的政治军人的影响力，以促使军队回归旧职业主义，保持政治中立。

另一方面，在朴正熙、全斗焕、卢泰愚政府时期，军部充当了政府主要部门人员的来源，直到金泳三政府时期，这种现象才有所改观。全斗焕执政时期内阁人员中的军部精英所占比重为 22.8%，金泳三执政期间的 1992—1993 年，这一比重降至 8.9%。② 此外，金泳三执政后，军队退役军官进入民间部门任职的特惠也大幅减少。全斗焕执政时期，在国营企业中军队出身人员所占比重高达 48.5%，卢泰愚执政时期这一比重降为 38%，到金泳三执政时期进一步降至 12.4%。③

令人感到意外的是，对于金泳三政府推行的军队改革措施，当时残存的"一心会"势力的反弹却非常微弱。"一心会"会员李忠锡陆军少将在

---

① ［韩国］《朝鲜日报》1994 年 2 月 22 日。

② ［韩国］杨成哲：《韩国政府论：历代政权高层行政精英研究（1948—1993）》，博英社 1994 年版，第 89 页。

③ ［韩国］姜成九：《关于民主化过程中韩国军部退出政治的研究：以金泳三政府的军队改革为中心》，硕士学位论文，韩国外国语大学，2001 年，第 71 页。

参谋长联席会议对政府整肃军队的措施表示强烈不满，结果在 1993 年 7 月 16 日被解除职务后退役。李忠锡的不满虽然反映了"一心会"会员的内心感受，但也仅仅是在酒会上发生的一次"偶发事件"，而此次事件也是在文人政府时期引发"一心会"反弹的唯一事例。①

之所以出现这种结果，其原因在于：一是市民意识通过民主化得以成长以及国民对文人政府推行的军队改革给予全力支持；二是在军队内部旧职业主义占据优势，对具有新职业主义倾向的既得权力集团加以牵制。由于 1980 年 5 月的光州血腥屠杀和 80 年代后期的听证会，使得有关政治军部导致军队的威信和名声扫地的认知在军队内部迅速扩散，从而促使军队回归以政治中立为核心的旧职业主义。

作为清算威权主义遗产工作的一环，军队改革中最有力的措施是逮捕了前总统全斗焕和卢泰愚，并制定了《5·18 事件特别法》。1995 年 10 月 19 日在国会曝光的卢泰愚秘密资金事件，成为金泳三政府向军部政治势力展开攻势的绝佳机会。同年 11 月 16 日，卢泰愚被捕入狱。此后不久，全斗焕也因收受政治资金及策动军事叛乱的嫌疑被捕入狱。前总统及政变有关联的大部分人站在法庭受审，这一前所未有的事件成为对军部发出的强有力声音。1995 年 12 月 18 日，国会审议通过具有追溯力的《5·18 事件特别法》，为处理上述事件铺平道路。

金泳三政府在"匡正历史"的名义下，对威权主义政权的遗产进行了清算并对其进行了审判，其目的在于防止威权主义势力重新集结。《5·18 事件特别法》具有追溯力，明确了破坏宪政秩序的行为即使成功，事后也会受到审判，从而在一定程度上排除了军队再次政变隐患，有助于建立符合西方现代军队体制的政治中立的军队。

二　财阀与文人政府的关系

金泳三上台后制订了雄心勃勃的改革计划，试图通过出台相关法律和政策对财阀实施严厉管制，以削弱其对国民经济的控制力，改变经济结构过度失衡的格局。但是，金泳三政府的改革举步维艰。其主要原因在于，金泳三政府具有先天的局限性，即他是通过与保守势力的联合才登上总统宝座，与财阀具有紧密关系。对财阀进行改革将直接影响到金泳三的执政

---

① 东亚日报特别采访组编：《失去的五年》，东亚日报社 1999 年版，第 46 页。

基础。因此，金泳三的改革只能是"雷声大雨点小"，不可能取得预期效果。此外，改革遇到了财阀的坚决抵抗。财阀以不再进行新的投资为要挟，结果导致经济发展停滞不前。

在民主化运动不断加强、新自由主义思潮高涨、财阀压力不断增加的情况下，金泳三政府采取保持经济稳定、放松管制的自由化措施。这些措施的实施极大地满足了财阀更加自由扩张的需求。财阀以其庞大的经济规模和对社会的影响力"要挟"政府，迫使政府政策朝着有利于它的方向发展。不过，财阀和政府的关系转变，并不意味着财阀已经能够控制政府。事实上，双方开始互为"人质"，任何一方都无法轻易凌驾于对方，唯一的选择就是开展对等合作。

财阀"章鱼爪"式的无限扩张最终导致 1997 年的经济危机。韩国的经济危机始于起亚、韩宝等一些大企业的破产。到 1998 年 1 月，在前 30 大财阀中有 15 家破产，还有超过 20000 家中小企业破产。亚洲金融危机的爆发和国际权威资信评级机构对韩国资信等级的下调，彻底摧毁了国外投资者和国内民众对韩国经济体制的信心，货币危机和经济危机随之爆发。

经济危机的爆发动摇了韩国民众对财阀体制的信心。根据 1995 年三星经济研究所的一项调查，对于财阀形象，41.4% 的被调查者认为"不好"，39.8% 认为"不怎么好"，即高达 81.2% 的被调查者对财阀持否定态度。① 可见，早在经济危机爆发之前，财阀在韩国民众心目中的形象已经严重下滑。面对严峻的现实，韩国社会要求彻底改革财阀体制的呼声日益高涨。

承载着国民的高度期待上台的金大中政府在国际货币基金组织的约束条件下，锁定金融、产业、劳工、公共领域四大部门，开始推行全面的经济体制改革。1998 年 1 月 3 日，金大中政府与前 5 大财阀就改革五项措施达成协议：提供企业经营透明度；取消债务互保；改善财务结构，降低负债比率；确立主导产业部门，加强与中小企业的合作；加强控股股东和经营者的责任。但是，改革并不顺利，经济危机并未出现明显的缓和迹象，"改革失败论"开始流传。对此，金大中在 1999 年 8 月 15 日发表的

---

① ［韩国］三星经济研究所：《韩国财阀企业的形象现状》，载［韩国］《东亚日报》1996年 3 月 30 日。

贺词中，宣布了三项改革原则，即"5＋3"改革方案：产业资本与金融资本相分离；财阀内部停止相互投资行为及非法内部交易；防止变相继承财产。①

经过5年的努力，改革取得了一定成效。根据韩国银行发表的数据，2001年8月23日，韩国偿还了自爆发金融危机以后从国际货币基金组织借入的195亿美元借款中的最后一笔1.4亿美元，提前还清全部借款。此外，韩国还拥有超过1100亿美元的外汇储备，成功摆脱了外汇危机。②但是，由于受到如下多种因素的影响，改革未能解决财阀体制的根本问题，未能取得预期成果。

首先，财阀坚决抵制政府推行的改革。在改革初期，财阀作为造成危机的主犯遭到舆论谴责，处于守势，但随着时间推移，开始抵制政府的改革方针，提出"财阀必要论"，批评政府改革方针过于苛刻和不现实，采取消极方式予以应付。随着大规模贸易黑字形成和大量外资引进，金融危机有所缓和，改革的紧迫感有所降低，社会上甚至出现了支持财阀的舆论，使得财阀更加明目张胆地抵制政府的改革。

其次，完全处于守势的劳动阶层对财阀改革采取双重态度。尽管劳动阶层对财阀体制存在弊端有所认识，但是，随着改革强度逐渐提高，破产企业层出不穷，产生大量的失业工人，直接威胁到工人收入和生活稳定。在这种情况下，劳动阶层中的一些人开始对批评财阀体制、要求财阀改革的问题采取回避态度。再加上劳动阶层缺乏有效组织，缺乏政治凝聚力，唯一有组织的体现劳动阶层力量的工会主要由大企业、男性、高学历、高熟练、高工资的工人构成，具有明显的政治局限性。事实上，工会仅在自己会员遭到解雇时，才会出面谴责财阀，所代表的仅是会员利益，而不是全部劳动阶层利益。这就使得政府改革未能得到劳动阶层的有力支持。

最后，政府内部改革派实力较弱、政府未能形成明确的改革目标。在地域上处于孤立的金大中通过与忠清道势力的联合才勉强执政，但与顽固保守势力金钟泌一派的联合致使金大中的改革具有先天局限性，从一开始就举步维艰。同时，金大中的"家臣"大部分也是与改革无关的旧时代

---

① ［韩国］朴鲁英：《新自由主义的全球化与韩国财阀体制及劳动体制改革》，载［韩国］《社会科学研究》2002年第13辑，忠南大学社会科学研究所，第141页。

② 韩国银行网站（http：//www.bok.or.kr）。

人物。此外，金大中政府本身也存在着诸多问题。金大中虽自称是地域感情的最大受害者，一直强调消除地域感情和加强全民团结的必要性，但其执政后重用湖南地域出身人士，受到非湖南籍民众的抨击。层出不穷的金大中"家臣"及亲属的各种腐败丑闻更是对金大中政府的改革造成损害，使有关改革的话题成为民众茶余饭后的笑料。

1987 年的民众抗争追求民主、自由、平等，作为其受惠者的金大中政府积极引进"IMF 体制"，要求民众为了保护民主政府做出牺牲，而其继承者卢武铉政府将新自由主义理念扩大到经济政策及国家机关和公共政策全部领域。就任总统后，卢武铉公开表示权力已经转入市场，左右韩国社会的力量源自市场，取决于市场的各种竞争和协商，新自由主义理念扩散到全社会是不可阻挡的潮流，政府能够做到的事情有限，即管理"市场的公正性"。

卢武铉政府在执政之初就提出了民主主义和市场经济的并行发展，其市场改革路线图也反映了市民运动势力的要求，但在严峻的经济形势下，卢武铉政府也与历届政府一样，只能以促进经济增长、摆脱经济困境为其首要目标，而实现经济增长目标必须取得与掌控国家经济命脉的财阀的合作。于是，财阀借 2003 年经济不景气之机展开攻势，对卢武铉政府的经济政策提出批评，指出财阀改革加剧了经济不景气，公然要求缓和甚至废除对财阀的管制措施。

可见，韩国在产业化后，虽经历了民主化，但迎来的不是"市场为了国民的生活而存在的时代"，而是"权力转入市场的时代"，经济独裁成为制度化，政府沦落为"从政治上解放资本"的角色。[①] 卢武铉总统有关"权力已经转入市场"的论断，充分表明财阀与政府的关系发生了改变。

在诸多财阀中，三星集团"一枝独秀"的状况无论在经济上还是在社会上都表现得非常明显。对此，即使对财阀相当友好的保守媒体《朝鲜日报》也刊登题为《三星之国》的文章，表示担忧。据《中央日报》进行的舆论调查，三星被选为在韩国最有影响力、最值得信赖的集团，《首尔新闻》选定的"左右韩国的 101 人"中，三星集团的总裁李健熙超

---

① ［韩国］李炳天：《反共开发独裁与突飞猛进的产业化："汉江奇迹"及其两难境地》，载［韩国］参与连带《光复 60 周年研讨会资料集》，2005 年，第 66 页。

越卢武铉总统名列榜首。① 这些调查结果说明，在韩国财阀和政府的地位发生了根本逆转的现实。那么，韩国财阀是如何实现对政府关系的逆转的？现以财阀的佼佼者三星为例来探讨其原因。

第一，以三星集团为首的财阀利用其在国家经济中举足轻重的地位向政府施压。

在韩国资本主义的成长过程中，历届政府一贯推行以大企业为中心的资本积累战略。这种状况在卢武铉政府时期也并未发生根本性变化。这就使得国家经济对大企业的依赖程度日益增加。其中，三星集团的发展壮大尤其引人瞩目。

据统计，2003 年三星集团上市公司的市价总额为 83.73 兆韩元，占韩国全部上市公司市价总额的 28.5%，占十大集团市价总额的 54.8%。2005 年三星集团上市公司的市价总额为 94 兆韩元，而同期的现代、LG、SK 三大集团市价总额合计为 88 兆韩元。2005 年三星集团的总资产为 209.63 兆韩元，同年的销售额为 139 兆韩元，占韩国国内生产总值的 17.9%。此外，2004 年三星集团的出口额为 527 亿美元，占同期韩国全部出口总额的 22%，其上缴的税款占同期国家税收总额的 10%。②

在韩国经济对三星集团的依赖度如此高的情况下，卢武铉政府无法放弃以大企业为中心的资本积累战略，只能依赖以三星为首的财阀集团实现经济发展目标。这就使得政府以经济合理化及资本合理化为目标的财阀改革难以实现，唯有继续维持财阀体制。此外，财阀也充分利用在国家经济中的地位，以所谓的"资本罢工"的形式向政府施压，迫使政府接受其要求。在标榜要进行财阀改革的政府执政初期，财阀会减少设备投资以观察政府的应对，待政府缓和对财阀的管制时再增加设备投资，这种现象的频发并非偶然。③ 在自己成为政府改革的对象时，财阀就会拒绝投资，即使投资也只是消极应付。对于希望尽快摆脱经济困境的政府而言，这种威

---

① ［韩国］崔韩秀：《剖析"三星共和国"》，载［韩国］《文化科学》2005 年第 43 号，第 239 页。

② ［韩国］李周勋：《三星共和国？》，载［韩国］《MBC 新闻编辑部》2005 年 6 月 1 日。

③ 部分韩国学者认为，这种现象源于财阀为了向政府施压而采取的有组织、有目的的行为。金泳三政府上台的 1993 年设备投资同比增长 0.3%，翌年增加 23.9%；金大中政府执政的 1998 年设备投资同比减少 38.8%，翌年增加 36.3%；卢武铉执政的第一年也出现了设备投资较前一年大幅减少的情况。而这三届政府在执政初期均宣布要进行财阀改革。［韩国］李宗宝：《民主主义体制下资本对国家的控制》，博士学位论文，圣公会大学，2010 年，第 391 页。

胁要比公众宣称如果不进行改革就会撤销对政府支持的威胁更加严重和直接，从而唯有选择与财阀妥协。

第二，以三星集团为首的财阀利用政治资金介入选举维护自己的利益。

民主选举是反独裁民主化运动的产物，成为民主主义桥头堡。任何政治势力都要遵循民主制度和程序，通过竞选获胜后方能执政。在选举过程中，各种政治势力不仅要争取市民的选票，而且要确保其所需的政治资金。

为了在短暂的选举期间获得更多的选票并最终胜出，各个政党均需要投入大量资金为本党及其候选人宣传。在这种情况下，选举的最终结果与各个政党投入的政治资金数额产生密切联系。虽然韩国为了阻止政企勾结修订了政治资金法，禁止法人提供政治资金，但民主主义的制度性措施尚不完善，大量的隐形政治资金通过非正式渠道流入选举，使得韩国的政治受到各个政党政治资金动员能力左右，民主化最终遭到"流产"。

这种状况为具有强大经济实力的财阀通过提供政治资金介入政治创造了良机。在民主化以后，实际上能够参与政治的势力就是能够满足政治圈的政治资金需求的大财阀。其中，三星集团的地位尤其引人瞩目。在三星集团提供的政治资金中，从20世纪80年代至2002年大选，仅受到审查被曝光的资金就高达865亿韩元。①

三星提供的政治资金不仅数额巨大，而且方式也非常隐秘。在1997年大选前，三星总裁李健熙指示通过其内弟、三星下属的《中央日报》社社长洪锡炫向政治圈提供资金。三星采取"多头下注"的办法，在向最有可能获胜的总统候选人提供更多数额资金的同时，也向其他政党候选人提供一定数额的资金，以确保不管是谁最终获胜都能在下一届政府中发挥影响力。三星的策略取得了良好效果，虽然三星向在野党总统候选人金大中提供的资金少于向执政党候选人提供的资金，但最后还是收到金大中的谢意。②

由于法律对政治资金约束乏力，每次总统选举时都会发生有关政治资

---

① ［韩国］张英姬：《李健熙的受难时代》，载［韩国］《时事杂志》2005年第8期，第16页。

② ［韩国］《韩民族》2005年7月23日。

金的事件，但选举结束后往往都不了了之，使得韩国财阀更加肆无忌惮地动用政治资金这个武器展开攻势。在 2002 年大选前，三星集团表示不会向反对市场经济和企业活动的候选人提供资金。① 韩国财阀试图以政治资金为饵，对总统候选人的选举公约进行评价，诱导政党推出对其有利的政策。

全国企业家联合会智囊机构"韩国经济研究院"从 2001 年末起，先后三次发布题为《下届政府政策课题》的报告，对政府乃至政治圈提出具体的强烈要求，其中甚至包括要求政党缩小中央机构和废除地方机构，对部分国会议员实施"召回制"等内容。② 由于经济实力与对政府的影响力成正比，虽然在选举过程中需要支付的经济费用增加，但财阀也乐于支持选举这种民主主义的形式，以政治资金作为武器发动攻势，来维护自己的利益。

第三，以三星集团为首的财阀采取国家机构控制战略对国家政策的制定施加影响力。

韩国的宪法规定所有市民均享有平等的权利，但以三星集团为首的财阀却依靠强大的经济实力，在政府就政治、经济、社会等诸多领域进行决策的过程中发挥极大影响力。三星集团投入大量资金构筑了庞大的人际关系网络，并借此加强对国家机构的控制。这种人际关系网具有如下特点：

首先，三星的人际关系网非常广泛，包括政治、行政、司法、学界、文化、艺术、社会运动等诸多领域，其中大部分人均为堪称韩国社会"权力精英"的前高层官僚、司法机关人员和学界人士。例如，曾任国务总理的李守成、李贤宰、李永德及曾任检察总长的李宗南、曾任法务部部长的宋正浩、曾任保健福祉部部长的车洪峰、曾任建设交通部部长的朴胜等人，退职后均进入三星集团担任高层职务。此外，曾任大法院审判长的韩焕振、周云和，曾任大法官的金锡秀、郑贵浩、朴宇东以及曾任宪法裁判所所长的尹永哲等人，也在退职后进入三星集团担任高层职务。因此，坊间戏称"动用三星的人力资源都可以开国务会议了"。③ 除了积极引进在政府任过职的前高层官僚之外，三星还采取帮助晋升、院外游说等方

---

① ［韩国］崔洪燮等：《三星集团有选择地提供大选资金》，载［韩国］《朝鲜日报》2002年 9 月 13 日。

② ［韩国］崔洪燮：《大选之前财阀总裁们的大会同》，载［韩国］《周刊朝鲜》2002 年 5 月 23 日。

③ ［韩国］参与连带：《三星人际关系网调查》，2005 年，第 13 页。

法，加强对现任政府官僚的管理和控制，使其为三星的利益服务。据韩国媒体报道，为阻止国会议员推行阻碍三星发展的政策或表明对财阀形象的否定性意见，三星动用为专门处理此类事务而设立的机构调整本部工作人员，以国会为对象进行院外游说。①

其次，从三星引进的高层官僚或司法机关人员构成来看，其中 80%曾在监督机构或司法机构任职。在 1995 年至 2005 年间进入三星的公职人员总共有 74 人（行政部公务员 47 人，审判长及检察长 27 人）。其中有82.4%（61 人）曾经在财经部、金融监督委员会等行政监督机构或警察、检察院、法院等司法机关任职。引进的行政官僚均与三星集团的发展有密切关系。例如，1995 年三星进入汽车产业之后，短短一年内就引进前通商产业部书记官金英柱等 4 名通商产业部官僚，但 1999 年退出汽车产业之后，仅引进了 1 名产业资源部（原通商产业部）官僚。②对于引进的高层官僚大部分来自与产生附加值的企业生产活动没有直接关系的监督机构一事，三星的解释是"引进企业运营所需的优秀人力资源"，但其真正的目的在于：一是将包括财阀、金融等政府政策的经营环境引向有利于自己的方向；二是消除或控制在推进集团发展或经营权继承的过程中产生的法律方面的各种危险因素。概言之，三星引进公职人员的目的并非确保优秀的人力资源那样简单，而是将公职人员在长期的工作过程中积累的信息和人际关系据为己有，为其所用。

第三节　韩国民主化的问题及其课题

较之其他新生民主主义国家，韩国的民主化被评价为非常成功的案例。相较于同期开始民主化的中南美、东亚地区的其他案例，在过去的半个世纪里，韩国民主化取得的成果与其经济发展奇迹同样受世人瞩目，诸多学者将韩国视为成功实现民主转型的样板。

韩国的民主化之所以受关注，是因为它并非由少数精英阶层在议会或密室中实现，而是由广大民众形成"反独裁、争取民主"的战线，在广

---

① ［韩国］金南一：《2003 年非法大选资金审查记录》，载［韩国］《韩民族》2008 年 3 月15 日。

② ［韩国］参与连带：《三星人际关系网调查》，2005 年，第 13 页。

场和街头开展轰轰烈烈的民主化运动得以实现，因此，韩国实现民主化的过程被誉为"民众抗争史"。

不过，1987 年 6 月以后，随着曾引导民族统一运动、市民运动及工人运动等民主化运动的诸多大众组织投入所谓"民主政府建立事业"，自下而上的民众运动开始衰退。尤其是在 1997 年历史上首次通过朝野政权交接成立的"国民的政府"（金大中政府）和其后高举进步改革旗帜的"参与政府"（卢武铉政府）相继执政后，曾意味着为自由、民主、平等而斗争的多数主体的"民众"一词开始被认为是不科学的、落后的对象，统一运动和市民运动等得到政府的认可，并通过各种法规制度化。于是，在目前的韩国社会，自下而上的参与和寻求变化的积极性正在衰退，民主主义似乎归于沉寂。

在新自由主义经济政策和超国界的资本全球化过程中，韩国开始面临收入差距急剧扩大和雇用不稳定等下层民众的生存权问题。此外，创造大量就业机会的中小企业破产，保障大企业高度积累的经济独裁加深，至今仍停留在秩序性民主制度层面的民主主义，诸多因素的存在不仅阻碍了韩国政治的进一步发展，而且还给韩国社会成员造成不安心里，影响韩国社会的稳定。

对此，韩国部分学者惊呼民主化之后的韩国民主主义陷入危机。[1] 那么，民主化以后的韩国民主主义为何出现诸多问题？为实现真正意义上的民主主义，今后韩国社会应解决的课题是什么？

一　代理政治：从"充满活力的主体"变成"被动消极的支持者"

1980 年 5 月在光州爆发的面对国家暴力独裁、自下而上提出的民主化要求，不仅成为旨在对抗军部独裁，建设新社会的各种合法、半合法、非法的"政治组织运动"和唤起民众对民主化的热望的"战线运动"成长的基础，[2] 而且还成为监督和揭发国家权力非民主性的"强大社会"的

---

① ［韩国］崔长集：《民主化以后的民主主义》，人文科学出版社 2002 年版，第 16 页。

② 各阶级和阶层为了依靠"自下而上的活力"形成共同的力量，结成了多种大众组织和市民团体。1980 年 5 月光州民主抗争以后结成的具有代表性的民主化大众组织有工会民主实践委员会、首尔地区大学生代表协议会、旨在实现民主化的全国教授协议会等。20 世纪 80 年代中期，全斗焕政权出于权力结构趋于稳定的自信实施的对民主化势力的缓和措施，反而成为当时以大学生和知识分子为中心的民主化运动势力有组织地唤起民众对民主主义热望的契机。在此过程中，具有激进政治理念的非法前卫组织和对抗独裁的民主主义阵营的"战线运动"得以组织和成长的

基础。

1987 年民众抗争以首尔大学学生朴宗哲被拷问致死事件为契机发生，发展成为反对"4·13 护宪措施"、要求结束军部独裁并进行直选制改宪的"6 月民主化抗争"，随后是在 7 月至 9 月间爆发了自朝鲜战争以后的首次全国大规模工人斗争。据统计，6 月抗争是全国四五百万民众参与的、持续 19 天的民主主义斗争，其间工人运动发生 3311 次，参加人数达 1122.583 万人次。①

为推翻 30 多年的军事独裁、实现民主化，各阶层在 1987 年陆续发表解放宣言，尤其自 1987 年"6·10 抗争"以后，在民众中占据多数的工人阶级的斗争如火如荼地开展，成为民主化运动史的重要组成部分。1987 年 7 月至 9 月间爆发的工人大斗争，是那些深受低工资、长时间工作、恶劣的工作环境、暴力性工人统制等压迫的劳苦工人，为对抗政治独裁和经济独裁，争取"对劳动的正当的自由和平等的权利"而开展的民主工会建设运动。这种自下而上的活力在 1987 年以后表现为要求民主化的全国各阶级、各阶层的大众组织建设，从而形成了象征韩国民主化的"87 年体制"。

1987 年以后，从政治民主主义的角度看，韩国的秩序性民主主义取得了相当程度的发展，进入了选举民主主义的不可逆阶段。此外，舆论民主主义也取得发展，人们对以青瓦台为象征的国家权力进行批评也不再受到明显约束。不过，直到现在，仍然存在着思想的自由、围绕政治资金的腐败、私党政治及地域主义政治形态等诸多问题。其中，最首要问题在于，以"自下而上的参与"为特点的实质性民主主义并未取得进展。

"87 年体制"对理解现在的韩国社会很重要。在"87 年体制"形成过程中，曾作为韩国民主化运动根本动力的民众活力，由于代理政治的制度化而逐渐衰退。与"4·19""5·18""6·10"等抗争中广泛的民众参与形成鲜明对比的是，1987 年改宪并未考虑民众的直接参与，而是以"委任于政治圈的状态"进行。这就使得民主化运动的主体与政治主体相互分离。

---

① ［韩国］民主化运动纪念事业会：《民主化运动年表》，民主化运动事业纪念会，2006 年，第 16 页。

民主化制度按照朝野的政治利害关系，就"任期五年的总统单任制"等问题达成了政略性协议。在此过程中，首先，社会和国家的乖离得以持续；其次，地域主义政治得到扩散；最后，造成政治的司法化。于是，在政治活力逐渐衰退、民众参与遭到排挤的情况下，出现了"法律判决"这种形式上的、秩序性的民主主义制度，并产生了在非政治的法律体制内做出的最终决定也能得以正当化的现象，尤其是宪法裁判所的违宪法律审查权具有了绝对的正当性。

民主化以后，虽然在韩国社会出现了数量众多的市民团体，但未能将其间受到压制、喷发而出的社会矛盾作为自然的市民社会现象予以接纳，未能形成完善的社会参政机制。于是在韩国社会，依赖于政治圈的代理政治得以扩散。具体来看，其原因在于运动主体和政治主体两方面：

从运动主体来看，在全斗焕政府承认"直选制"以后，当时已深入大众的民族统一运动阵营和学生阵营立即投入了与形成新国家权力有关的所谓"民主政府建设斗争"，即选举活动。与此相对，旨在促进韩国社会民主化进程的自下而上的主体化运动则被置于次要地位。1987年下半年民主工会建设运动在全国开展过程中，未能与工人阶级形成广泛纽带，结果在总统选举中，工人大斗争未能促进韩国社会民主主义的培养主体和形成连带结构，反而成为要求卢泰愚退出选举和争取中立内阁、支持分裂的在野党候选人、谴责非法选举的斗争。

从政治主体来看，与支持金泳三、金大中、金钟泌等特定政治家和特定地区的政党体制和地域主义、关系网紧密结合在一起，发挥了重要作用。相较于引导广大民众参与自下而上的社会活动，快速增加的市民团体更热衷于院外游说等政治活动。在此过程中，按照民主、自由、平等精神来看理所当然的自下而上的各种要求，也被视作阻碍韩国社会发展的"民主势力的分裂"。

面对工人运动的激烈抵抗，政府和保守媒体一方面压制民众运动及其主张，另一方面却在非常露骨地扶持温和的社会运动。由于政府采取的这种"制度性选择"，使得劳工集团进入政界受到限制，而那些热衷于合理秩序的市民团体却享有特权，得以稳定成长。

上述两个原因结合在一起，使得反对军部独裁的在野势力及民族统一运动阵营接受了通过"6·29宣言"妥协的军部势力提出的"总统直选制"提案，未能使民主化在经济和社会领域真正得以实现。其结果，

1987 年 7 月至 9 月进行的工人大斗争未能形成旨在实现经济民主化的全社会团结，只能成为工人阶级孤立的民主工会运动。

此外，各种协约和选举未能使韩国政党发展成为具有明确政治理念的政党，而是沦落为以特定人物和派系为中心的争权夺利的集团。民主化的动力是民众的抗争，结果却形成朝野政治圈"进行交易的民主化"，未能在韩国彻底瓦解威权主义，尤其是从未就民主主义的重要指标即"经济民主化"进行过认真探讨。

1989 年的国会上，朝野通过协商修订了《劳动关系法》，但卢泰愚政权却行使否决权予以否决，并动用武力镇压工人运动，采取了与以往独裁政府相似的措施。此外，作为执政党的民政党与第二、第三在野党联合形成"保守大联合"。其结果，通过此次大联合掌权的金泳三政府制定的有关劳动及工人权利的政策与卢泰愚政府并无二致。

将民众抗争的果实拱手让给制度政治圈的后果，出现在为促进民主化开展的 1991 年 5 月的斗争中。被称为中间阶层的城市工薪阶层和大企业工人及被地域化的农民和小商人都未参与此次斗争。由于被认为代言民众抗争权利的在野党不理会，以及受到声称"担忧社会分裂和促进团结"的民族国家意识形态的攻击，1991 年斗争遭遇失败。通过两次选举已在政治领域形成巩固地位的在野党，开始与存在理念分歧的市民社会相分离，从而使 80 年代在民主化运动中形成的民主联合战线逐渐解体。这就是保守的民主化导致的结果。

依托民众抗争的成果在国家权力结构中取得巩固地位的在野势力，和对其表示支持并扩张势力的政治化市民社会在 1997 年以后选出了"国民的政府"和"参与政府"，但由于民主化运动阵营中出现的理念分歧和民众活力的衰退，再加上冷战结束造成的全球性理念混乱，韩国的民主政府未能从自下而上的民众抗争精神中汲取真髓，致使"国民"和"参与"徒有其名。

尤其是韩国的政党，缺乏明确的理念和目标，致使"国民"和"参与"成为"支持执政政府的国民和市民团体的参与"，未能履行"先发展后分配"的承诺。1997 年遭遇金融危机后，政府高举"克服 IMF 体制"和"国家竞争力"大旗，要求广大民众为"先发展"忍受痛苦，使得基于"87 年民众抗争"而形成的诸多民主化运动阵营内产生分化。

金泳三政府之后的韩国政府一再强调"国家竞争力"，导致国家权力进一步排挤劳动、亲近资本。"国民的政府"虽以追究经济危机责任为契机开展了经济改革，但只是造成了大企业排名顺序变化或以风险投资的形式暂时降低了新资本进入市场的门槛，未能管制财阀对韩国社会的"经济独裁"。"参与政府"声称要在政治社会领域积极进行进步改革，并且表示要采取积极措施解决房地产投机、财阀经济、贫富差距加大等问题，但却积极承认三星、现代等跨国资本的影响力，并与其进行合作，未能实施能够管制"经济独裁"或阻止"财富集中到少数人手中"的积极的社会经济政策。其结果是，"国民的政府"未能代表广大国民的利益，"参与政府"未能实现广大国民的参与。

于是，国民对政治的否定性认识逐渐增多，超越"不关心"态度，发展到"厌恶"程度。在朝鲜半岛南北分裂体制下，反共安保理念深深扎根于体制内部，除了标榜社会民主主义的民主劳动党之外，其他政党在理念上几乎没有什么差别。此外，虽然实现了民主化，但通过自下而上的参与介入现实政治的空间却较之 1987 年以前更加萎缩。

为了扩张和实现"社会权利"，最重要的是应将解决最需要社会保护的集团的问题设为最优先的课题，但 1987 年以来，相当数量的运动阵营及在野党政治阵营并不理会这一根本问题，而是热衷于代理政治的制度化。在韩国民主化过程中"充满活力的主体"已转变成所谓民主政府的"被动消极的支持者"。

二　排挤劳工集团："劳工"和"参与"的缺失

1987 年实现民主化以后，韩国社会最大的问题是实现劳工正当权利的承诺未能兑现，财富分配重新集中于在开发独裁时代依靠各种特惠和特权得到发展的财阀手中，而具有讽刺意味的是，"民主的后分配神话"反而被民主政府打破。

1997 年"国家危机论"和经济结构调整的实际受惠者，其实是国际金融资本和韩国财阀，这是在产业化时期工人、民众付出昂贵的近代化成本之后，"韩国经济史上最大的结构性矛盾"。① 大企业和证券市场繁荣，但投资不振和财富集中到少数人手中的现象却日益加深；投入巨额公共资

---

① ［韩国］李炳天：《反共开发独裁与突飞猛进的产业化："汉江奇迹"及其两难境地》，载［韩国］参与连带《光复 60 周年研讨会资料集》，2005 年，第 67 页。

金进行金融结构调整，却以低价将银行转让给外国投机资本，致使银行的企业金融崩溃；在创造汉江奇迹和将韩国建设成世界经济强国的过程中做出巨大贡献的工人阶级，却处于雇用不安和生存危机之中。财阀积累的财富并非用于提高工人生活水平上，而是通过证券市场为国际金融资本的积累做出贡献。通过结构调整重新构成的主要财阀并未承担起相应的社会责任，呈现出"世界经济强国"与"劳动过剩及福利落后国家"的不对称性结构。

在此过程中，政治民主化成为摆设，大多数工人对声称要对少数经济权力进行"公正"管理，但却将社会资源的分配权拱手交给市场的民主政府深感失望。在"跨国企业和资本积累的自由"及"社会和劳工的经济矛盾激化"时代，对不负责任的资本和对此采取放任政策的民主政府，大多数工人以旨在生存的保守化予以应对。

需要指出的是，不仅是朝野各党派，社会各个阶层均陷入"经济危机"意识，将少数经济权力的垄断性利润追求和非民主的劳动管理视为理所当然的事情，并归咎于未能进行"公正的管理"或"顺畅的积累管理"的"政治"。政府的经济机构及学界甚至是市民社会，都认为"新自由主义"是工会或传统左派势力毫无根据提出的政治词汇。于是，无论所谓的执政党与改革势力，还是在野党及保守势力，均认为"只有政治才是导致这种结构的根本性问题"，却对以经济和劳工为争议焦点的民主主义的课题视而不见。①

新自由主义理念的最大问题在于，它导致平等价值的崩溃。韩国社会的经济不平等始于朴正熙政权，政治不平等始于李承晚政权时期的反共社会形成过程。在近代个人主义尚未成熟情况下，这种不平等在韩国社会得以结构化。因此，以"87年民众抗争"为起点，大多数国民的基本愿望就是"实现平等"。在1987年民主化以后，测定韩国社会"实现平等"程度的指标，就是对占据韩国社会大多数的工人生活产生直接影响的劳动政策。

---

① ［韩国］崔长集：《民主化以后的民主主义》（修订版），人文科学出版社2005年版，第163—164页。

表 3.1　　　　　军事政权以后历届韩国政府的劳工政策比较

	军事政权	金泳三政府	金大中政府	卢武铉政府
目 的	维持治安	提高国家竞争力	克服经济危机,提高国家竞争力	社会团结和改革→回归经济增长至上主义
方 法	强制解决	由上而下的改革	社会合议	继承社会合议→扩大劳资当事者的自主性
手 段	检察、警察、保安	劳资关系改革委员会	劳资政委员会	劳资政委员会→加强政府直属委员会职能
对劳工的观点	排挤—统制对象	排挤—改革对象	排挤—形式上的包容对象	放弃包容
评 价		试图将劳资关系最低限度的制度化与劳动市场的宽松化结合	部分扩大劳资关系的制度化,宽松化基础的急速扩散	宽松化与合作关系的制度化

资料来源:〔韩国〕尹都现:《韩国的贫困与不平等》,〔韩国〕民主化运动事业纪念会,2004 年,第 94 页。

　　从表 3.1 可知,从金泳三政府到卢武铉政府,一贯的劳动政策基调都是聚焦于大企业的积累和提高竞争力的"排挤劳工"政策。即将大多数工人的生存问题交给市场权力,并坚持推行大量产生不稳定雇佣关系的宽松政策。那么,从被称为韩国社会民主化起点的"87 年体制"之后一直到现在,劳动政策的民主化为何未能取得任何进展?

　　从政府立场看,提倡"通过分配促进发展"和"大众经济论"的金大中政府能在不受民众抵抗的情况下推行与其主张相悖的新自由主义政策,得益于 IMF 危机管理体制的存在,从而解救了处于两难境地的金大中政府。当时金大中政府对"民主主义和市场经济并行"中的"民主主义"做出的解释并非消除不平等的劳资关系,而是向跨国资本"公平开放"市场,以扩大市场功能的透明性。在此过程中,金大中政府和卢武铉政府推卸了要为自己的存在基础即民众负责的负担。[①]

　　从工人立场看,1987 年工人大斗争以后,制约工人运动的遏制体制

---

　　① 〔韩国〕李光日:《"民主化以后"意识形态及知识垄断结构的变化》,载《民主化以后民主主义的复合型矛盾及危机》,圣公会大学民主主义与社会运动研究所 2006 年版,第 68—69 页。

遭到削弱，从而为工人运动在政治组织上得到发展创造了条件。但所谓"87年体制"是在军事政权制定的以禁止工会政治活动、禁止第三者介入等为基本内容的劳动政策之中形成的体制。

从民主改革的内在局限性看，存在着源自改革主体的现实、认识、阶级局限性等问题。因此，1987年以后的政治民主化虽然取得了进展，但"韩国资本主义残酷的积累结构在未受管制的情况下得以启动"，与1997年亚洲金融危机和新自由主义的全球化结合起来，促成贫富差距的扩大和市民社会内部的两极分化，而房地产投机等投机资本更是进一步加剧了这种两极分化。①

虽然经济和社会方面的民主主义问题日益严重，但推行新自由主义政策的金大中政府和卢武铉政府均无力也无意通过加强对财阀管制以解决这些问题。由于民主政府未能对"市场权力的独裁和社会的两极分化"做出民主性应对，也未能实施有助于消除两极分化的积极社会政策，从而产生了在民主政府时期未能实现大多数工人的参与和经济民主化的具有讽刺意义的现象。

这种所谓的"民主政府造成的民主主义危机"反而促进了"保守势力的能动性"。主导主流舆论的保守阵营主张，造成这种结果的根源在于"无能的进步政治""民主主义的过剩"，这种论调不仅流传到工人之中，还扩散到曾经作为韩国民主化运动主要动力的大学生之中。

在民主政府未能实现参与、民主、平等，并因南北关系等问题犹豫不决的时候，曾经支持民主政府的1987年民众抗争的支持者大失所望，撤销了对政府的支持。对民主政府的这种失望情绪迅速蔓延到韩国社会，逐渐形成了"有能力的保守势力胜过无能的进步势力"的新保守主义倾向。

此外，卢武铉政府虽然指出了韩国社会最大问题即"两极分化的加深"及"社会分裂危机论"，但未能提出解决这些问题的有效政策，反而引发了非正规职工剧增、房价大幅上升等社会问题。卢武铉政府公然提出"新自由主义大势论"，接受了财阀提出的大部分要求，但对于广大工人阶级，只是在"生产性福利"的名义下实施了非常有限的福利政策。对于被称为"青年失业"的从未进入劳动市场的年轻人和非正规职工人

---

① ［韩国］赵熙然：《87年体制的转折性危机与民主改革》，载［韩国］参与连带《光复60周年研讨会资料集》，2005年，第79页。

中难以统计的大多数钟点工，甚至连最小的公共扶助机会都未曾提供。雇佣保险和失业补贴不仅是短期的，而且并非由韩国社会最大受惠集团即资本家承担，而是需要工人自己支付。

　　民主政府就经济政策和劳工政策等关系到大多数工人生存的问题未能提出民主的、有效的对策，在韩国社会造成了不良后果。未能实现按劳分配和实质性的民主主义被认为是"民主主义的失败"，导致广大国民撤销了对"排挤劳动且又无能的政治制度化势力"的支持。① 其结果，虽然与民主政府相比没有明显的政策差异和应对之策，但在此后的两届总统选举中，大众的关注对象转向保守主义政党即大国家党和新国家党，人们开始怀念朴正熙的开发独裁时期，最终选择了被称为其接班人的李明博与朴槿惠。

三　韩国民主化的课题：经济民主化

　　目前，韩国社会存在着生存的危险、没有前途的危险等各种各样的危险，其中最为迫切的危险即为生存的危险。财政经济部报告书指出，韩国2007 年第一季度个人破产申请者达到 4.5 万余人，创历史之最。② 另据统计厅统计，对同一时期全国家庭收入高低两个群体 20% 的家庭进行比较调查，2007 年 3 月末韩国社会家庭收入差距达 8.4 倍，也创下历史之最。③

　　不稳定的雇佣关系及不知在何时、何地发生的事情会威胁到个人的生活这种生存危险，使广大民众时刻处于忐忑不安之中，也加深了人们的防备心理，阻碍了人与人正常的交流与沟通。据首尔大学社会科学研究院提交的题为《可持续的韩国型福利国家的前景及战略》的研究报告，2006年末以全国 1200 名成年男女为对象进行的问卷调查表明，对卢武铉政府的失业政策有 77.2% 的人持否定意见，对政府采取的与预防和减少贫困相关的对策，也有 69.5% 的人持否定意见，均超出对住宅政策及教育政

---

　　① 据韩国社会舆论研究所 2005 年进行的一项舆论调查显示，72.3% 的人认为造成韩国社会两极分化的原因是政府政策的失败，21.3% 的人认为是经济的结构性变化。2005 年初政府虽然将"两极分化"作为亟待解决的课题提出，但对"您相信政府的政策能够取得成功吗？"的提问，73.1% 的人回答不相信，只有 22.6% 的人回答相信。韩国社会舆论研究所，2005 年 9 月 15日。

　　② ［韩国］《东亚日报》2007 年 5 月 21 日。

　　③ ［韩国］《东亚日报》2007 年 5 月 10 日。

策的否定意见（分别为 56.1% 和 50%），可见人们对直接关系到生存的失业和贫困政策更加不满也更加担忧。①

在民主化以后的 20 多年间，韩国政治民主化取得了一定程度的发展，而与之形成鲜明对比的是，经济民主化的发展停滞不前，甚至倒退。1987 年以后，反映社会两极分化程度的指标基尼系数快速得到改善。但以金大中政府执政的 1997 年为转折点，由于受到经济危机及新自由主义政策的影响，原本逐步缩小的贫富差距急剧扩大，1999 年甚至出现较之军事独裁时期更不平等的状况，② 而最大的危险来自"经济独裁"。

李明博上台以后，形式上的、秩序性的劳动民主化或劳动改革议题事实上已经消失，例如过去作为处理劳资关系重要机构的"劳资政委员会"等参与协商机构变得有名无实。与此同时，政府还推行了一系列导致民主化倒退的措施，例如修改非正规职法、推行劳动现场复数工会窗口单一化、限制公务员和教员工会的各项基本权利等，甚至动用国家情报院等机构进行监视和稽查。在新自由主义经济政策不受任何限制的情况下，即使 2008 年后半期以来面临经济危机，韩国的劳动福利仍未得到改善，经济民主化的停滞甚至倒退进一步加快。

在谈论民主主义都受到压制的军部统治时期，1987 年的民众抗争对抗国家权力的独裁和暴力，使自由和平等成为公论，因此可称为韩国现代史上的分水岭。在产业化和军部统治时期处于不平等的分配结构的工人们为了获得生存权开展了斗争。在此过程中，由于反共安保理念一直受到控制的民主主义运动兴起，尽管尚不成熟，但仍以 1987 年为起点迫使政府就"劳动对压制享有抵抗的权利"及"对劳动进行正当的分配"做出承诺。在韩国社会中，追求"为民众实现民主化"的目标并谈论更美好的明天，为推翻独裁政府团结在一起的底气，正是 1987 年喷薄而出的"自下而上的活力"。

目前，基于"自下而上的活力"和参与的实质性民主主义理念未能得以实现，在新自由主义及全球化的潮流中，由于主导政治和经济的少数权力集团的政治行为和资本积累及不平等市场竞争等原因，独裁的理念成

---

① ［韩国］《东亚日报》2007 年 5 月 25 日。
② ［韩国］孙浩哲：《韩国民主化 20 年：成果和局限性及危机》，载成均馆大学东亚地区研究所《面临危机的东亚民主主义》，2007 年，第 63 页。

为现实。在这种情况下，为了早日改变充满各种危险的社会，韩国需要完成的课题是：为了重新恢复被歪曲的民主和自由，为了实现广大工人阶级更美好的未来，要致力于实现"经济民主化"。

在 2012 年总统选举中，朴槿惠做出了实现"经济民主化"的承诺，最终以微弱优势击败民主党候选人文在寅当选总统。目前，朴槿惠政府的各项政策正在逐步展开，但尚未就实现"经济民主化"提出具体政策。作为保守势力利益代表的朴槿惠政府，能否提出切实可行的政策，以实现韩国民主化的重要课题即"经济民主化"，人们拭目以待。

第四章　印度尼西亚

　　二战结束以来，印尼政治发展经历了议会民主、有领导的民主、以军人专政为本质特征的威权民主、多元民主改革等不同阶段，在每一阶段都存在不同的政治权力结构。根据不同时期印尼政治权力集团在"同心圆"的分布情况，可将其政治权力结构划分为四种形态：议会民主时期（1950—1957 年）的无序多元形态→有领导的民主时期（1957—1966 年）的单极自律状态→威权民主时期（1967—1998 年）的单极多元形态→多元民主改革时期（1999 年至今）的衡平多元形态。

　　苏哈托下台后，从哈比比、瓦希德、梅加瓦蒂到苏西洛历任总统都致力于民主化改革，使印尼迅速发展成为"世界上第三大民主国家"，其民主转型速度之快让人始料不及，取得的成就也令世人瞩目。但这种速成的民主注定有其天生的缺陷和不足，其稚嫩和脆弱显而易见。作为一个经济和社会发展仍然较落后，且面临着一些迫切问题和挑战的发展中国家，印尼政治民主化进程不可能一蹴而就，必定要经历一个形成、发展、巩固、成熟的艰难历程。从目前来看，印尼的政治权力结构还将在相当长时间内继续处于衡平多元形态。

第一节　印尼政治权力集团类型

　　印尼独立半个多世纪以来，代表各方利益的众多权力集团在政治舞台上粉墨登场，博弈较量，其中发挥作用持续时间长、影响力大、在当今印尼政治发展中仍具有重要地位的是民族主义集团、军人集团和伊斯兰集团。

一　民族主义集团

印尼的民族主义运动兴起于 20 世纪初，第一个民族主义组织是成立于 1908 年的"至善社"，但其成员范围狭小，不具有广泛的群众基础。影响不断扩大的是后来出现的两大政党，一是伊斯兰教联盟，二是印尼共产党。在 1926 年印尼共产党发动起义失败后，印尼民族运动的领导权就转到了以苏加诺和哈达为代表的民族主义集团手中。在苏加诺的领导下，民族运动开始走向统一，并最终使印尼获得了独立。

印尼独立后，代表各种利益集团的政治势力经过重新组合，形成了一些新的政治力量，如代表中间势力的民族主义集团（以苏加诺的印尼民族党为代表），代表右翼势力的伊斯兰集团（以马斯友美党和伊斯兰教师联合会为代表）以及代表左翼势力的社会主义集团（以印尼共产党为代表），他们围绕独立后的许多问题展开了激烈的斗争。由于各政治势力旗鼓相当，这一时期的印尼政坛呈现出纷繁复杂的局面，导致政府内阁频频更换。1947 年，随着《林牙椰蒂协定》和《伦维尔协定》的先后签订，在印尼国内引发了政治危机，各种政治力量再次分化重组，到 1948 年印尼政治舞台上形成了以沙利费丁社会党演变而成的人民民主阵线、苏加诺领导的印尼民族党和苏基曼领导的马斯友美党三大政治势力的角逐。

1950 年 8 月 15 日，苏加诺正式宣布成立统一的"印度尼西亚共和国"，同时颁布一部临时宪法。临时宪法规定，内阁向议会负责，苏加诺和哈达仍为正副总统。马斯友美党在议会中成为第一大党，印尼民族党为第二大党。由于大多数党若不与其他党联合就难以在议会中拥有话语权，结果使得印度尼西亚共和国内阁从一开始就呈现明显的不稳定性。

1955 年大选后，印尼政治和经济状况仍然令人失望，派别斗争日益明显，经济发展问题却被搁置一边，引起民怨沸腾。在错综复杂的矛盾和斗争中，苏加诺和哈达在政治上的分歧日益严重。有鉴于此，苏加诺于1957 年 2 月提出了改革方案，实行"有领导的民主"体制。该体制的建立有着深刻的政治、经济等方面的原因，既是印尼独立后推行西方议会民主制遭到失败的产物，也是以苏加诺为首的民族主义集团和右翼军人集团以及印尼共产党三种主要政治力量斗争与妥协的产物。但是，苏加诺虽然凭借总统权力保持了各种势力平衡，却未能实现体制的统一。"有领导的民主"得到印尼共产党的支持，却遭到右翼政党和军人集团的强烈反对，各种矛盾和斗争越来越尖锐，最终导致"9·30运动"的发生。军人集团夺取了国家最高权力，印尼共产党各级组织被破坏殆尽，而苏加诺建立的"有领导的民主"体制也彻底终结。

苏哈托上台后，民族主义集团受到政府的制约。苏哈托对遗留下来的政党采取严密监控。后来又颁布简化政党法，将原有的9个政党按其政治思想基础，合并为两个政党，以民族主义为政治思想基础合并的政党称为"印尼民主党"。合并后的民主党确立了统一的指导思想，但各成员党仍保持各自的思想基础，全党的凝聚力客观上受到削弱。直到20世纪80年代末90年代初，受国内外局势的影响，印尼反对派重新趋于活跃，两大在野党的势力也逐渐增强，提出了更具独立性的政治主张。在1992年大选中，代表民族主义集团利益的印尼民主党得票率上升4%，在国会中增加了16个席位。1993年7月，印尼民主党第四次全国代表大会选举苏加诺的女儿梅加瓦蒂为党的总主席。梅加瓦蒂的崛起，预示着民族主义集团将再次对印尼政治的发展产生重要影响。

1998年5月，苏哈托在掌权32年之后被迫下台，印尼迎来了民主改革的新时期。同年10月，梅加瓦蒂领导的民主党在巴厘举行党代表大会，建立了自己的政党——印尼民主斗争党，以该党为代表的民族主义集团已经并将继续在后苏哈托时代的政治民主化进程中发挥至关重要的作用。

二　军人集团

军队原本是国家政权的工具，然而，在印尼独立后的20年间，军队却由国家的工具演变成统治国家的工具，由中上层军官构成的军人集团也从依附地位转变为相对自主的政治集团，并于1957年至1959年间形成了较为独立的军人官僚阶层。"有领导民主制"的诞生就是印尼军人官僚阶层基本形成的重要标志。[①]

军人官僚阶层的形成对20世纪60年代初期印尼的政治发展有着深刻的影响。他们利用军队的各种优势以及军管法所赋予的特权，不断削弱、打击以印尼共产党为代表的左派力量，排挤以苏加诺为首的民族主义势力，逐步确立了在政府中的领导地位。与此同时，他们利用直接控制国营

---

① 刘宏:《中国—东南亚学:理论建构·互动模式·个案分析》，中国社会科学出版社2000年版，第353页。

企业之便，不断将国营经济部门据为己有。到 60 年代中期，以军人集团为主体的官僚资本占据了印尼国民经济的垄断地位，使军人政权的最终出现成为可能。

1965 年"9·30 运动"的爆发使以苏哈托为首的军人集团最终实现了对国家政权的绝对控制。为确保军人集团始终在国家政治生活中占主导地位，苏哈托在新秩序政府建立后采取了种种措施，保证了以军队为核心的专业集团在历届国会选举中取得压倒性的胜利。苏哈托执政期间，印尼较长时间内保持了政治的稳定和经济的快速发展。但随着印尼市场经济的发展、社会经济结构的多元化和中产阶级的壮大，军人集团的主导地位也面临越来越大的挑战。到 20 世纪 90 年代初，印尼社会的多元分化越来越深，新的利益集团越来越多，也越来越强大，而政府也越来越难以控制这种多元化的趋势。以民族主义集团和伊斯兰集团为代表的反对派开始活跃起来。1991 年 3 月，印尼当时最有影响的穆斯林组织伊斯兰教师联合会主席瓦希德成立"民主论坛"，宣传民主思想，一度影响很大。尤其在 1997 年亚洲金融危机爆发后，印尼国内反对苏哈托军人政权的呼声越来越高，终于迫使其宣布辞职。

苏哈托下台后，印尼在政治民主化方面迈出了重大步伐。但是，民众对文官政府的软弱和低效日益不满，从而出现了相当广泛的"权威主义情结"。2004 年的议会选举和总统选举印证了印尼人的心理和愿望，他们选择了具有军人背景的权威型领导人苏西洛。苏西洛的上台折射出军队完全退出印尼政治舞台的曲折性，在某种意义上也可以说是军人政治影响的反弹。另一方面，从最近几次的大选中可以看到，各个政党都积极拉拢军人增强自己的实力，需要一两个有军人背景的社会知名人士来扩大政党影响力。从内阁成员任命来看，在 2002 年明确现役军人退出文官职务后，梅加瓦蒂的"合作内阁"以及苏西洛的两届"团结内阁"中都有多名退役将军担任部长，说明尽管军人集团在印尼国家政治经济生活中的作用在逐渐减弱，但在政治权力结构中仍然保持着重要影响力。

三 伊斯兰集团

印尼是世界上穆斯林人口最多的国家，尽管政府未将伊斯兰教定为国教，但无论是历史上还是现实社会中伊斯兰集团对印尼政治的发展都具有重要影响。

　　早在19世纪末20世纪初，一些深受伊斯兰现代主义思想影响的学者就成立了印尼第一个政党组织伊斯兰教联盟。由于以伊斯兰教作为旗帜，伊斯兰教联盟具有广泛的社会群众基础，从而成为20世纪初印尼最有影响力的政治组织。由于内部矛盾和派系斗争等原因，伊斯兰教联盟后来衰落了，但另外两个伊斯兰教社会组织"伊斯兰教师联合会"和"穆罕默迪亚"开始崛起，其宗教思想和政治思想代表了印尼伊斯兰教两大宗派。前者是较为保守温和的传统派，而后者是主张改革伊斯兰教使其符合时代要求的现代派。印尼后来出现的伊斯兰政党和团体，大部分源于这两大社会宗教组织。尽管伊斯兰教师联合会和穆罕默迪亚从成立伊始就宣称是非政治组织的社会宗教团体，但却从未与政治真正分离过，其主要领导人都是各个时期的著名政治活动家。

　　从19世纪20年代后期开始，苏加诺领导的世俗民族主义集团力量逐渐发展壮大，而伊斯兰集团与其的冲突也从此展开。二者的分歧主要在民族独立运动的指导思想以及未来国家的政体问题上。这一分歧和争论一直持续到印尼独立前。为调和穆斯林领袖与世俗民族主义者两派提出的不同观点，苏加诺提出在"潘查希拉"的基础上建立独立的印度尼西亚。这一倡议引起穆斯林领袖的极大不满和失望，他们团结在马斯友美党周围，以政党的形式出现，在议会中与世俗民族主义势力展开斗争，争取实现自己的政治目的。后来，马斯友美党被指控参与地方武装叛乱，于1960年遭到苏加诺政府取缔。在"有领导的民主"时期，苏加诺将潘查希拉精神解释为"纳沙贡"，即民族主义、宗教（主要指伊斯兰教）和共产主义三大政治势力的团结和联合，但实际上苏加诺的目的之一是防止伊斯兰势力的膨胀以维持国家世俗政权。这加剧了伊斯兰势力对苏加诺政权的不满。"9·30运动"发生后，在军队镇压共产党和推翻苏加诺领导的时候，伊斯兰集团成为了反共和反苏加诺的主要社会力量。他们认为，苏加诺和左派势力垮台后，正统的伊斯兰教就可以处于印尼政治的中心。

　　然而，苏哈托取得政权之后，沿用了苏加诺对伊斯兰集团的抑制政策。以"发展""稳定"和"现代化"为名，开始进行简化政党运动，把所有未参加专业集团的伊斯兰政党和组织合并成一个政党，即"建设团结党"。该党是个松散的政党聚合体，各成员党仍维持自己的组织系统，有相对的独立性。由于宗教派系斗争和对中央权力的争夺，该党处于四分五裂的状态，力量受到很大削弱。此外，苏哈托在思想上以潘查希拉来对付伊斯兰教的影响，要求一切政治组织把潘查希拉作为指导思想，并亲自干预建设团结党的内部事务，把该党的主要领导权控制在亲政府的人手里。由于苏哈托运用了高超的政治手腕，在其统治期间，伊斯兰集团始终未能对政府构成真正威胁。

苏哈托下台后，随着新政党法的颁布，伊斯兰教政党在印尼大量涌现，表现出强烈的参政愿望。建设团结党也决定重新以伊斯兰教为指导思想，并将党徽改回原来的克尔白圣殿。此外，其他明确以伊斯兰教为指导思想的政党还有星月党、福利公正党等。这些政党成员仅限穆斯林，主张在印尼建立伊斯兰社会，尤其是星月党，有强烈伊斯兰认同，主张穆斯林在国家政治生活中发挥更大作用。有些政党的主要背景是伊斯兰教，但以潘查希拉为指导思想，如民族觉醒党和国民使命党。但是，无论是否以伊斯兰教为意识形态基础，伊斯兰集团都开始成为印尼政治的一个关键因素，而穆斯林群体则成为主要的选民库。

如果说伊斯兰集团在苏哈托执政时期始终处于印尼政治的边缘，那么现在已逐渐进入政坛中心，并成为一支重要的政治力量，这对推动印尼的政治民主化进程而言是有益的。在民主改革进程中，伊斯兰集团的重新崛起反映了时代和环境的要求，它的发展壮大也将是印尼政党制度不断走向完善和成熟的标志之一。

第二节　从威权政治到多党竞争的权力结构转型

各国政治权力的基本载体都是政府，而政府是由社会主要政治势力组成或受其影响和制约的，因此，一国政坛的派系力量构成是各主要政治势力在国家政治生活中的地位、作用、影响及其相互制约与平衡关系的综合反映。在印尼独立至今的半个多世纪里，其政治发展先后经历了议会民主、有领导的民主、威权民主、多元民主改革等阶段，不同权力集团在各个时期扮演着不同角色。

一　从议会民主到有领导的民主

1945 年 8 月 17 日，苏加诺代表印尼民族主义运动领导集团宣读了独立宣言，向全世界宣告了印度尼西亚的独立。8 月 18 日，印尼"独立筹备会"召开扩大会议，选举苏加诺和哈达为正副总统。由于印尼独立遭到荷兰殖民者的粗暴干涉，为此印尼展开了长达 5 年的维护独立、巩固独立的艰苦斗争。

1950 年 8 月 15 日，苏加诺总统正式宣布废除联邦制，成立统一的印度尼西亚共和国，同时颁布新的临时宪法。临时宪法实行国会内阁制，内阁由国会中的多数党派联合组成，内阁直接向国会负责，国会有权迫使内阁和部长辞职，总统权力受到削弱。在特定的历史条件下，印尼的这种议会民主制虽然有助于防止独裁政权的出现，但是给不同派别无节制的权力之争提供了理想的舞台。

1950 年成立的人民代表会议的 232 个议席中，马斯友美党占 49 席，为第一大党；印尼民族党占 36 席，为第二大党；印尼社会党占 17 席，为第三大党；印尼共产党仅占 13 席。由于大多数政党需要与其他政党联合才能在议会中占真正多数，这种情况导致统一的印度尼西亚共和国的内阁从一开始就表现出不稳定性。不久，就相继发生了 1951 年的"八月大逮捕"，1952 年的"10·17 政变""伊斯兰教国运动"等重大事件，使印尼社会更加不安定，人民生活更加困苦。

1953 年 6 月，由印尼民族党和马斯友美党联合组建的韦洛坡内阁被迫辞职，经过近两个月的协商后，组成了以印尼民族党为主的阿里·沙斯特罗阿米佐约内阁。这届内阁得到伊斯兰教师联合会和一些小党的支持，还有两名共产党同情者被纳入。马斯友美党和印尼社会党则被排除在联合政府之外。

阿里政府在经济上采取扶植民族企业、发展民族经济的政策；在外交方面，则奉行民族主义，以及中立、不结盟的路线，从而取得了非凡的实质成绩。首先，阿里政府拒绝加入唯美国马首是瞻、具有浓厚反共色彩的"东南亚条约组织"。其次，1954 年 8 月，与荷兰达成协议，正式废除了名存实亡的荷兰印度尼西亚联邦，取消了《圆桌会议协定》中有关两国"合作"的规定。最后，1955 年 4 月，阿里政府成功地在万隆召开了著名的亚非会议，这次会议使 29 个亚非国家重要领袖齐聚一堂，讨论和商议大家共同关心的一些重大问题，会议通过了反对殖民主义和促进亚非国家团结的"万隆十项原则"。同时，中国政府与印尼政府在会议期间签订了关于解决双重国籍问题的条约，更是明显提高了阿里内阁的声望。印尼共产党利用这一有利时机迅速扩大自己的队伍。1954 年 11 月，印尼共产党党员增加到 50 万人，该党领导的农民阵线成员约 330 万人。党的机关报

《人民日报》发行量达 55000 份，成为全国最大党报。

从政治权力结构来看，议会民主时期的印尼政坛呈现无序多元形态（见图 4.1）。随着长期垄断政治权力核心圈层的殖民力量撤离，印尼政坛在独立后出现核心圈层真空，民族主义集团、伊斯兰集团、社会主义集团、军人集团都在制衡圈层相互博弈，试图率先把持核心圈层的政治主导权。

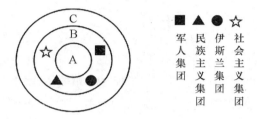

图 4.1　议会民主时期的无序多元形态

1955 年 9 月，印尼在动荡不安的形势下举行了第一次大选。两个主要竞争对手印尼民族党和马斯友美党在新议会里势均力敌，各获得 57 席，伊斯兰教师联合会获得 45 席，印尼共产党异军突起，赢得 39 席。选举结果表明，印尼左中右三种政治力量的对比发生了重大变化，右翼政党主导政府的梦想破灭，而印尼共产党则取得重要政治成就。

大选过后，印尼的政治和经济状况仍然令人失望，而苏加诺和哈达在政治上的分歧也日益严重。苏加诺喜欢利用个人权威，直接发动群众来实现他的政治目标；哈达则热心于政党政治，希望建立西方式的民主制度。1956 年 7 月，哈达提出辞去副总统职务的请求，于同年 12 月 1 日起不再担任副总统和其他公职，然后公开抨击苏加诺。不久，苏门答腊又发生三起军事政变，要求恢复哈达的副总统职位，明确表示反对苏加诺。

鉴于这种局势，苏加诺于 1957 年 2 月提出了改革方案，认为：西方式议会民主不适合印尼国情，要实行"有领导的民主"。他建议成立一个互助合作内阁，将各大政党代表都涵盖在内；同时，设立一个由各专业集团代表组成的民族委员会。在苏加诺看来，共和国成立后内阁更迭频繁，政局动荡不安，主要原因在于政府的组成不能反映国内的三种"思潮"，即民族主义、宗教和共产主义。因此，要使政府稳定，就必须由代表这三种"思潮"的人物组成一个互助合作内阁，或称"纳萨贡"内阁。[①]"有领导的民主"得到印尼共产党支持，但遭到右翼政党和地方军人集团的强烈反对。从1957年3月初起，苏拉威西、苏门答腊等地再次发生右翼叛乱，苏加诺宣布全国实行军法管制，阿里内阁同时辞职，结束了印度尼西亚共和国多党制议会政治的历史。

从政治权力结构来看，"有领导的民主"时期的印尼政坛呈现单极自律形态（见图4.2）。其中，苏加诺领导的民族主义集团把持着核心圈层的政治主导权，其他政治权力集团被压制在边缘圈层，缺乏与其经济社会力量相应的政治话语权。

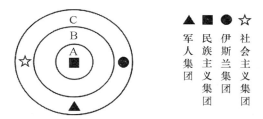

图 4.2 "有领导的民主"时期的单极自律形态

不过，由于民族主义集团的政治力量有限，因此苏加诺依托个人威望构建的单极自律权力结构并不稳定。在平息叛乱的过程中，印尼陆军集团的力量不断扩大，迅速崛起成为强有力的政治集团，并替代了右翼政党成为反共主力。1957年7月开始的地方议会选举中，印尼共产党获得了最多选票，一跃而成为第一大党。特别是在中爪哇和东爪哇地区，印尼共产党的力量明显增强，成为最有实力的政党。另一方面，随着地方武装叛乱频发，陆军在平叛中的决定性作用大大提高了纳苏蒂安等将领的政治地位。1958年7月，纳苏蒂安晋升为中将，这是当时印尼武装部队中的最高军衔。陆军权势的急剧膨胀使许多人感到不安，特别是苏加诺逐渐意识到自己的权力将被陆军架空，认为只有印尼共产党有可能成为足以抗衡陆军的力量，于是企图在陆军和印尼共产党之间建立某种政治上的平衡，从

① 纳萨贡（Nasakom）是印尼语的民族主义（Nasionalis）、宗教（Agama）、共产主义（Komunis）三个词的缩略语。

而使自己继续保持最高决策者的地位。

然而，苏加诺未能完全控制政府和军队，各派政治势力明争暗斗，矛盾越来越激化，最终导致"9·30运动"的发生。时任陆军战略后备司令部司令的苏哈托指挥军队镇压了运动，并纠集了右派军人势力借机夺取国家最高权力，苏加诺建立的"有领导的民主"体制彻底终结。1968年3月12日，临时人民协商会议选举苏哈托为印度尼西亚共和国第二任总统，印尼开始进入苏哈托的威权政治统治时期。

二　从威权政体到多元民主改革

作为一种现代政治形态，威权政体出现于20世纪二三十年代。二战后，特别是20世纪六七十年代，东亚、拉美地区的众多发展中国家不约而同地选择以威权政体推动经济快速增长，并获得了成功。关于威权政体的内涵，国内外学者已有很多论述。罗荣渠认为，所谓威权主义政权是指第二次世界大战后一些发展中国家和地区出现的军人政权或由非军人统治（一般是一党执政）的具有高度压制性的政权。[①] 印尼的威权政体类型在本质上属于军人专政。

（一）威权政体的成因

威权政体在印尼的出现并非偶然，既有历史必然，也有客观现实要求，是同印尼的政治、经济、社会、历史、文化等因素以及当时的国际大环境密不可分的。

第一，落后的生产力发展水平和畸形的社会经济结构是威权政体出现的经济基础。由于苏加诺在经济发展战略上出现严重失误，实施了一系列脱离印尼国情的经济政策，因此，印尼经济从独立后到60年代中期一直没有得到实质性的发展，甚至几近崩溃边沿。到1966年，印尼经济通货膨胀率高达650%，政府财政赤字达15656亿盾，外债积欠额达24.5亿美元；工业生产几乎陷于停顿，开工率仅有20%，交通运输瘫痪，农村土地大片抛荒，农民流离失所，失业人数达15%。[②] 这种经济落后的现实为苏哈托上台后威权政体的滋生和发展提供了肥沃的土壤。

---

① 罗荣渠：《各国现代化比较研究》，陕西人民出版社1993年版，第274—275页。
② 贺圣达、王文良、何平：《战后东南亚历史发展》，云南大学出版社1995年版，第164页。

　　第二，民主政治尝试的失败为威权政体的出现提供了契机。印尼于1945年宣布了独立，但随即进行了抗荷斗争，直到1950年才建立统一的印度尼西亚共和国，并颁布了临时宪法，规定国家政治体制实行西方式的议会民主制。但随着议会民主制实行，各种政治力量之间的斗争迅速发展和激化，使统一后的印尼陷入政局动荡不定的泥潭。由于内阁不稳定，中央政府对地方的控制力极弱，各种叛乱此起彼伏。执政集团面临复杂的矛盾束手无策，社会精英也难以把主要精力放在国家的社会经济发展上，这又加剧了经济状况的恶化。此外，从独立后至60年代初，印尼仍然以落后的农业经济为基础，居民的教育水平很低，以私有工商业经济为基础的强有力的中产阶级远未形成，受过高等教育的知识分子人数也很少。在这样的情况下，西方式议会民主制在印尼缺少正常发挥功能的土壤，而威权政体的出现也就顺乎其然了。

　　第三，长期形成的政治文化传统是威权政体得以滋生的思想条件。政治文化是一个国家长期以来形成的公开或无意识的对政治系统的一种价值偏好。印尼政治文化的特点表现为：强调和谐、自我克制、崇尚容忍和服从权威。这与爪哇的传统文化有很深的渊源关系。爪哇文化强调人们在交际言语和行为中要遵循两个规律，一是"和睦"规律，要求人与人、人与周围世界"和睦""协调"和"一致"；二是"敬重"规律，暗示个体之间应该注意维持有秩序的尊卑差别，同时提醒人们时常意识到自己的社会地位和身份。① 在历史上，爪哇曾深受印度文化和伊斯兰文化的影响，而这些文化都带有深刻的等级、顺从和被动的特征。在爪哇语里至今都有明显的等级之分，把长幼、上下、贵贱和尊卑分得一清二楚。这种政治文化显然难以与民主政体相协调，客观上却为威权主义的政治模式提供了精神支柱。

　　第四，威权政体在印尼得以施行与二战后冷战格局密切相关。20世纪60年代中期，威权政体在印尼出现的时候正是以美、苏为首的两大阵营间"冷战"最激烈的阶段。当时，西方国家大肆渲染"共产主义威胁"，在东南亚地区拼凑了带有军事同盟性质的"东南亚条约组织"，企图对不断增长的共产主义势力加以遏制。为此，美国对具有反共倾向的印

---

　　① 龚勋：《爪哇传统的"家""国"观与印尼现代精英政治的嬗变》，载《东南亚研究》1993年第Z1期，第102—104页。

尼军人集团给予了大量经济援助和军事支持。苏哈托军人政权的上台与美国等西方国家的强力支持是分不开的。

　　总之，苏哈托时代印尼的威权政体是源于印尼的政治传统，同时又结合了一些现代因素的一种特殊的政治体制，是在印尼特定的历史条件下出现的，是印尼从传统社会向现代化社会过渡的一个特殊阶段，具有不成熟性和过渡性。

　　（二）威权政体的形成与发展

　　从政治权力结构来看，苏哈托执政时期的印尼政坛呈现单极多元形态（见图4.3）。其中，苏哈托领导的军人集团在核心圈层处于垄断地位，民族主义集团和伊斯兰集团被压制在制衡圈层，虽然在一定程度上拥有政治话语权，但难以对军人集团形成实质性威胁。

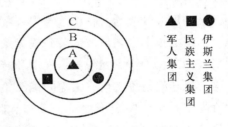

图4.3　苏哈托时期的单极多元形态

　　苏哈托领导的威权政府能长期执政，主要得益于以下重要举措：

　　第一，增强军人集团的政治力量与执政能力。

　　为了巩固统治，苏哈托在取得实际控制权后，极力重用忠于他的陆军将领，建立军人专制政权。为了使军队名正言顺地参与政治，苏哈托进一步发展了纳苏蒂安的"中间道路"理论，提出"双重职能"理论，[①] 为军队参政提供了合法性。在这一理论基础上，苏哈托采取一系列措施使军队全方位参与了政治生活。一方面，将大批军官安插在中央和地方行政管理和国营经济部门中；另一方面，人民协商会议议员的1/3由政府从军队中任命，而国会议员中有100名由政府在军队中指定。这样做的官方理由

――――――――――

　　① 纳苏蒂安认为，根据宪法，每一个公民都有参与国家事业的权利与义务，国家事业包括国防安全和政治经济生活两个方面，军队在这两个方面都应起核心作用和领导作用。但是，军队在参与政治和社会各个领域事务的同时，又不能完全取代政府，而是要走一条中间道路。

是军队无权参与选举，因此必须在这两个机构中通过任命的方式使军队成员占有相当数量，以保障军人的公民权利。军队通过以上方式全面控制了从政治到经济、从国防到安全、从政府到议会、从中央到地方的广泛权力。同时，苏哈托还通过清除左派军官和资深将领、大力安插亲信和心腹，改革军事体制，对各军参谋长、军区负责人和警察部队领导实行定期轮换制等措施，把军权牢牢控制在自己手中。

第二，扶植支持军人政权的政党，打击和削弱反对党。

苏哈托上台后认识到仅靠军队的支持来实行长期统治是不可行的，于是开始寻找一个能代表军方利益的政治组织作为行使长期政治统治的基础。在当时印尼众多的党派中，专业集团联合秘书处是他认为较为合适的选择。在苏哈托的扶持下，专业集团势力逐渐增大，形成了包括政府公务员、退伍军人、知识分子、工人、农民、商人、记者、律师、医生、自由职业者和武装部队成员等200多个群众团体联合组成的现代政党。政府还制定法律规定一切政府官员不得加入除专业集团之外的其他政党，将军人和公务员作为政党的核心。[①]在军队强有力的支持下，专业集团完成改组后参加了1971年大选，并在大选中获得62.8%的选票，一跃成为印尼最大的政党，在国会和人民协商会议中拥有绝对多数席位。

在取得政府控制权后，苏哈托开始利用政权的力量削弱政治对手。他要求各政党在精神和物质两者间选择其一作为自己的纲领，把除专业集团外的其他政党强迫合并成印尼民主党和建设团结党。经过合并、改造、削弱和限制后的两大政党失去了昔日竞争力，政党色彩大为淡化。由于内部矛盾和斗争不断，力量涣散，两大政党的组织基础大不如前，尤其在农村地区更是一片空白，而这正是苏哈托所希望看到的。

第三，控制最高权力机构。

根据印尼宪法规定，人民协商会议是代表全体国民行使国家主权的最高机构。1975年的"人协第5号法令"规定，印尼人民协商会议成员为920人，其中460名国会议员是人民协商会议的当然代表。1985年的"人协第2号法令"对此加以修改，规定国会议员人数增至500人，人民协商会议的成员相应增加到1000人。无论是之前的920人，还是后来的1000

---

① 潘一宁：《国际因素与当代东南亚国家政治发展》，中国社会科学出版社2004年版，第187页。

人，其名额分配都要遵循特殊的规定，使 1/3 的名额由总统直接或间接控制，如国会议员中的 100 名由总统指定的军人担任；职业团体代表 100 名由总统根据其所在组织的推荐任命，或由总统自行决定任命；地方代表 149 人全部由各地立法会议选举产生。[①] 人民协商会议的这一结构意味着人民协商会议代表和国会议员中由政府或总统指定的成员占了很大比重，这就使亲总统的军队和执政党专业集团能在人民协商会议中占据优势，从而保证总统长期执政。

此外，苏哈托还利用协商一致原则来控制最高权力机构。虽然宪法规定印尼人民协商会议可以用投票选举做出决议，但根据潘查希拉的协商一致原则，印尼领导人一般不主张采取投票的方式进行表决，而是通过协商、协商、再协商，然后达成一致，最后以鼓掌方式做出决议。在这样的原则下，对于政府的议案，尤其是重大问题，只要存在不同意见，就会继续讨论协商下去，直到对立方被迫放弃自己的主张，实现所谓的"统一"。这种"被迫放弃"必然伴有压力、威胁和强制，协商的结果从来都是反对派在百般无奈下屈服于政府。

第四，重视经济发展，巩固统治地位。

苏哈托上台后的首要任务是恢复处于危机中的经济。他重用一批在西方受教育的专家学者作为经济智囊，制定和积极推行适合印尼国情的经济发展战略。把利用外资和鼓励国内私人投资、扩大政府投资作为一项基本国策，于 1967 年和 1968 年制定并颁布《外国资本投资法令》和《国内资本投资法令》，与一些国家签订了投资安全保障协定和避免双重征税协定，不断放宽对外国资本在印尼创办企业的各种限制。巨额的资金投入促使印尼经济在短短十多年内得到了迅速发展。与此同时，苏哈托政府放弃"对抗马来西亚"政策，与马来西亚和新加坡恢复了邦交，从而改善了与西方大国的关系，并重新回到联合国，使印尼获得了发展经济的有利国际环境。由于重视发展林业和以稻米为主的农业，印尼迅速成为世界上主要的木材和胶合板生产国与出口国。1984 年，印尼实现了大米的自给自足，获得世界粮农组织的肯定。在工业方面，苏哈托政府利用巨额的油气收入，大力发展资本密集型企业，通过实施六个五年计划，有步骤地使印尼

---

① 骆沙舟、吴崇伯：《当代各国政治体制——东南亚诸国》，兰州大学出版社 1998 年版，第 237 页。

很多工业从无到有地发展起来，轻工、电子乃至飞机制造等现代工业门类也开始形成体系和规模，经济建设取得巨大成就。

总之，利用冷战的因缘际会、得天独厚的战略位置和丰富的资源，苏哈托通过威权政治创造了印尼经济快速增长的"黄金时代"。经济成就不仅使印尼人民的生活水平有了很大提高，也使印尼的国际地位显著上升，这也是苏哈托政权保持长期稳定的主要原因之一。

不过，在苏哈托的威权统治下，稳定和发展的背后却存在着许多潜在的矛盾和问题。

其一，权力垄断下形成的政经联盟与官商经济使政治腐败成为必然。

苏哈托的军人政权统治强化了权力的集中和垄断，进而操纵和控制国家经济命脉，为官商勾结创造了条件，从而造成了腐败泛滥。印尼的各主要经济部门都被政府官员或与之有关系的极少数人所垄断、控制。政治的腐败又导致"寻租活动"泛滥，使官商勾结、贪污、贿赂越来越严重，欺诈和不公平竞争盛行。

其二，社会分配不公，贫富悬殊问题突出。

苏哈托统治时期，印尼经济获得了长足的发展，但与此同时，财富也源源不断地流入了少数人的腰包。严重的结构性腐败令少数权贵利益集团借助垄断的权力占据了社会大部分的资源，造成了印尼社会极不公平的财富分配。由军人控制的企业集团、家庭财团（如苏哈托家族控制的财团）等大肆搜刮财富，使原有的由分配不均造成的贫富差距进一步拉大。

其三，经济建设存在不少问题。

在经济获得迅速发展的同时，印尼也面临较为严峻的挑战：一是外债负担沉重，给国家带来了很大的压力，不仅抵消了经济增长带来的收益，还随时有可能引发多方面的危机。二是地区发展不平衡，爪哇岛面积只占全国的 6.5%，却占国内生产总值的 50% 以上，苏门答腊岛占 30%，其他岛屿只占 15% 至 18%；爪哇工业产值占全国的 80% 以上，苏门答腊占 10%，其他地区就更少了。[①] 经济发展的不平衡不仅造成地区间的矛盾，还不时引发民族和宗教问题。三是经济结构不尽合理，印尼重工轻农现象较为严重，在农业上只重视大米生产，忽视多种种植和多种经营，在工业

---

① 潘一宁：《国际因素与当代东南亚国家政治发展》，中国社会科学出版社 2004 年版，第 192 页。

上偏重发展国营大企业，压抑私营中小企业的发展，使中小企业发展缓慢，不利于市场经济发育和成长，也不利于经济转型和企业更新。

其四，国内外环境的变化。

一方面，印尼国内的政治文化和阶级结构开始发生变化。经过几十年的发展，印尼国内的政治价值观发生了变化，新一代民众的传统性明显减少，西方流行文化显著影响着青年一代的生活方式和价值观。个人主义、民主和自由等价值观越来越有市场，政治价值偏好的变化销蚀着威权政治的认知合法性基础。同时，印尼阶级结构也发生变化，中产阶级有所壮大，他们更注重民主政治秩序，不希望再有压制性统治和侵犯人权的行为。

另一方面，威权政治合法性的外部基础不复存在。威权政治在印尼盛行 30 多年，不仅与国内因素有关，还与特定的国际环境相关。但在冷战结束后，当时给予威权政治强大支持的美国在外交政策上发生了转变，到处灌输所谓自由、民主等政治价值概念。威权政体在冷战期间的最大靠山——美国在政策导向上的变化，使它失去了一个最重要的外部支持者。[①]

从政治发展与社会进步相适应的角度看，苏哈托军人专政的威权政体具有强调秩序、整肃社会、集中权力和资源发展经济的特定优势，但用高压取得的稳定具有一定的局限性，在经济发展的同时也积累了越来越严重的社会弊病。这些矛盾和问题积重难返，在 1997 年亚洲金融危机引发下，最终将执政 32 年之久的苏哈托推下了历史舞台，从此拉开了印尼政治发展的多元民主改革序幕。

三　民主化进程初见成效

所谓"民主化"，是指以民主为目标的政治变革过程。D. 波特尔简洁地概括了"民主化"的内涵。他写到：民主化是指这样一种政治变革过程，即"由较少负责任的政府到较多负责任的政府；由较少竞争（或干脆没有竞争）的选举到较为自由和公正的竞争性选举；由严厉限制人权和政治权利到较好地保障这些权利；由市民社会只有微弱的（或干脆

---

① 何新华：《机运与局限：发展型威权政体的政治合法性》，载《东南亚研究》2005 年第 2 期，第 55—59 页。

没有）自治团体到享有较充分自治和数量较多的自治团体"。①

对于经历了苏哈托 30 多年威权统治的印尼而言，民主化其实就是由威权主义政体向民主政体的转变过程。它起源于 20 世纪 90 年代印尼社会民主意识的觉醒、民主派的形成以及争取民主斗争的兴起，其导火索则是 1997 年亚洲金融危机引发的印尼长期积蓄的经济、政治、社会等一系列矛盾的总爆发。

苏哈托威权政体在数日内土崩瓦解，民主化进程的序幕由此拉开。面对民主改革的强大呼声，从哈比比、瓦希德，到梅加瓦蒂和苏西诺，每任总统都不同程度地对印尼的政治进行了改革，虽然其中难免有缺陷或困境，但这种改革在真正意义上解构了苏哈托的政治遗产，逐步完成了政治治理模式从威权到民主的过渡，其中最重要的进步体现在以下几方面：

第一，政府对社会的控制减弱，人民大众的各项权利得到法律上的保障。

苏哈托统治时期，印尼社会和新闻界受到政府的严格控制。哈比比上台后宣布取消了多项实行多年的限制新闻自由和对出版行业进行管制的法规政策，颁布新的法规推动新闻自由，允许国内媒体自由发表各种观点和批评政府的意见，为造就民主的环境起到了积极的作用。同时，印尼政府批准了一些涉及人权问题的国际公约，恢复了人民言论、集会、游行等基本权利，释放了许多持不同政见的人士。哈比比还签署命令，要求政府机构和官员平等对待国家所有公民，取消各种形式的部族、宗教和民族歧视规定，要求政府和各级领导人不再使用原住民和非原住民的称呼。

这些法律规定为印尼公民，特别是印尼华人的人权及安全提供了法律保障。瓦希德出任总统后，继续实行哈比比时期的新闻自由政策，取消了专制时期用来控制新闻媒体的新闻部，设立人权事务部部长的新职位，推进民族和解，主张种族、宗教平等。梅加瓦蒂上台后也向印尼新闻界作出保证，将继续保障新闻自由，并承诺今后不会有封闭报刊的事情发生，同时设立电讯与资讯部，替换过去的新闻部。相对于苏哈托时代，这一系列政策法规的出台无疑是印尼政治发展的一大进步。

其二，利益集团和民众的政治参与由沉寂变得活跃。

---

① David Potter, ed. , *Democratization*, Polity Press, 1997, p. 6, 转引自丛日云《当代世界的民主化浪潮》，天津人民出版社 1999 年版，第 37 页。

在苏哈托威权统治时期，人民大众在政治参与方面受到很多限制。一方面，普通选民无权直接选举总统和副总统，作为最高立法机构的人民协商会议（包括国会）的成员不是全部由选民选举产生，其中大部分是由政府任命的；另一方面，人民大众没有组建政党的自由，只允许专业集团、建设团结党和印尼民主党及其成员党合法存在。苏哈托下台后，历届新政府实行了包括修改宪法、颁布新政党法、解除党禁等一系列改革措施，从而使人民大众有了充分的组建政党的权利，也使反对党在日渐宽松的政治环境中得到了较大发展，并在政治生活中显示着自己的力量。

在上述改革的基础上，印尼于 1999 年成功举行了 30 多年来的第一次多党选举，共有 48 个政党参加角逐，其中 21 个党赢得议席，有 5 个政党脱颖而出。最终，梅加瓦蒂领导的民主斗争党获胜，共赢得 153 个议席，成为国会第一大党。专业集团在此次选举中赢得 120 个议席，退居第二。由此，印尼很快步入了多党政治阶段，从机制和程序来看，这无疑是印尼在民主改革道路上的一次飞跃。

其三，军队退出政治权力中心，政党政治进一步完善。

受全球民主化浪潮影响，苏哈托执政后期，内阁部长中具有军方背景的人数就开始减少，军人地位受到一定程度削弱。不过，这些变化都只是表面现象，军方实际影响仍然强大。苏哈托下台后，军队改革的"去政治化"① 开始被公开讨论，并成为公众的迫切要求。

从哈比比政府开始，印尼军队的改革已在几个方面取得了成功：军队与警察分离；将社会与政治办公室改为领土事务办公室；要求军官在军职与文职之中做出选择；减少军人在国会中的席位；切断军队与专业集团的联系，保持政治中立等。1999 年 11 月，文官出身的苏达梭担任国防部部长，开创了文官出任此职务的先河。之后，瓦希德在哈比比政府对军队实行"去政治化"改革的基础上，通过分拆军队领导权、逼迫原军队领导人退役和辞职等一系列政治手腕，逐渐削弱了军队在政治中的地位，实行了军队国家化。在瓦希德被弹劾时，军队拒不执行紧急状态法令，表明自己忠于宪法而非总统个人，其中立化立场已十分明确。梅加瓦蒂上台后不久，便对军队领导层进行一次大调整，使军队的政治功能进一步淡化，逐

---

① 从广义上说，去政治化就是剥离军队的民事与政治职能，使军队从政治和经济领域收缩，回到职业化和中立化的道路上来。

步向职业化方向发展。

具有重要意义的是，2002 年 8 月印尼人民协商会议重新修订了《1945 年宪法》，除出台新的总统选举办法之外，还规定军、警人员不得参加竞选立法机构成员和总统候选人，新的立法机构也不再为军警保留席位。为了严守中立，在大选中军队不得支持某个政党，也不参加投票。苏西洛上台后，通过修改《国防法》和《印尼国民军法案》，进一步明确了军队的职责和任务，有效防止了军队参与政治和民事活动。这些举措都是实现印尼军队职业化和去政治化的重要步骤，也是健全印尼民主制度的重要保障。

其四，立法机构的作用得到加强，由突出行政集权向分权制衡的方向发展。

苏哈托威权统治时期，权力高度集中于总统。通过对立法机构成员的任命，总统对立法机构实行严密控制。新的宪法修正案严格限制总统的权力，既切断了总统控制立法机构的渠道，也废止了立法机构选举总统的制度，采用了选民直接选举总统的办法。新的立法机构人民协商会议包括国会，全部由选民在全国范围内选举产生。此外，对总统、副总统任期作了限制，规定总统和副总统任期五年，期满后可连任，但仅限一次。为增加人民协商会议的权力，规定如果证明总统有犯罪行为或不能胜任职务时，人协可根据国会的提议罢免总统。此外，加强了司法机构权力，在最高法院之外，新设了宪法法院，用以监督行政和立法两个部门，以防滥用职权。

为增加地方发言权，人协还新增一个机构"地方代表会议"，其议员由全国 32 个省的选民分别从各省选举产生，该机构有权参与有关地方事务立法程序，以代表地方利益。新的立法机构剔除了任何由政府任命或其他机构指定的成员，从而凸显了立法机构的人民代表性。

其五，法制建设和民主的程序性显著提高。

在苏哈托时代，总统实际上控制着一切权力，政治运作过程往往是黑箱操作，一切法律程序都形同虚设。总统候选人的产生过程完全受控于苏哈托，除专业集团以外，其他政党几乎被剥夺了推举总统候选人的机会，从而使每届总统选举的候选人都毫无例外是苏哈托一人。

苏哈托下台后，情况有了很大改观。首先，宪法明确了立法和司法权的独立性，制约了总统的权力。其次，法律体系得到了进一步完善。新政府制定、修改和通过了一系列重要政治法律；先后对《1945 年宪法》进行了四次修改，① 通过了两个政党法和两个选举法，为民主化改革定下了基调。再次，增加和强化了一些有关司法和执法的监督机构，例如新建立了宪法法院，还成立了一个自由、独立的最高审计署，有权监督国家的财政管理。最后，突出了政治过程的制度化、透明化和程序化，避免黑箱操作和个人干预。这一点在选举过程中表现得最为明显。对参加立法机构选举的政党有明确的标准规定，并由选举委员会认定其参选资格。政党能否推选候选人参加总统选举，也有明确的条件。新的选举法废除了鼓掌通过的选举方式，一律采取自由的、秘密的、无记名投票的方式。②

以这些改革为基础，印尼先后举行了 1999 年、2004 年和 2009 年大选，三次大选均在相对平静、有序的气氛中顺利举行，表明雅加达权力精英们正在逐渐学会尊重民主政治的游戏规则，这对程序民主的巩固和民主习惯的培养至关重要。

在印尼 2010 年国情咨文中，苏西洛总统指出"从 1998 年至 2008 年，尽管面临巨大挑战，肩负重任，但印尼顺利完成了第一波改革……在这 10 年中，印尼在民主转型的道路上阔步前行，对政治、社会、法律和经济等领域的基本制度进行了大刀阔斧的改革。我们进行了三次公正的大选，建立了非常独立的立法机构，创立了立法、行政和司法机构之间相互监督和制衡的有效机制。印尼国民军回归为职业化军队，不再参与政治和经济。今天我们能保证新闻自由和舆论独立。我们废除了歧视性法律……我们进行了广泛的地方分权，在全印尼范围内实施了地方政府选举。今天，全印尼所有的省长、市长、县长都由公民直接选举产生，这是一种根本意义上的政治改革。今天，权力真正的掌握在人民手中，而不再是那些

---

① 1999 年至 2002 年间，印尼人民协商会议对《1945 年宪法》做了四次修正，每一次修正都有浓厚的强调民主和制衡权力的色彩。1999 年 10 月第一次宪法修正案中规定，总统和副总统职位只可连任一次；2000 年 8 月第二次修宪增加了地区自治和尊重人权等重要条款；2001 年 11 月第三次修宪设立地方代表会议，并把过去总统"必须是印尼原住民"改成"必须生为印尼国民"，产生方式由原来的人民协商会议投票选举改为由全国选民直选产生。2002 年 8 月第四次修宪进一步对总统直选做出了规定，并取消军队和警察在人协和国会中的预留席位，从法律上终结了印尼军警长期存在的"双重职能"现象。

② 张锡镇：《印尼民主转型和民主化软着陆》，载李文主编《东亚：宪政与民主》，中国社会科学出版社 2005 年版，第 179—182 页。

打着人民旗号的利益集团手中"。①

　　从政治权力结构来看，民主改革时期的印尼政坛呈衡平多元形态（见图4.4）。其中，军人集团、民族主义集团、伊斯兰集团在核心圈层形成相互制衡，分享国家政治权力；曾经长期处于边缘圈层的城市中产阶级与华商集团开始拥有一定的政治话语权，成为制衡圈层的重要政治力量；农民群体、少数民族群体等弱势社会群体依然被排斥在政治权力之外，缺乏必要的政治话语权。

图4.4　民主改革时期的衡平多元形态

　　历经十余年的民主改革，印尼的民主转型在克服各种矛盾和冲突的同时也在进一步深化，民主化进程已进入发展和巩固阶段。任何否定或忽视印尼民主改革成就的观点，都是有失偏颇的。然而，作为一个经济和社会发展仍然比较落后的发展中国家，印尼的多元民主改革必定要经历一个较长的过程，现实中仍然面临一些严峻挑战，主要表现在以下方面：

　　首先是"精英民主"的挑战。

　　经济发展水平决定了印尼当前的民主只能是精英阶层的民主。美国政治学家科恩曾把民主的条件概括为五个方面："物质条件""法制条件""智力条件""心理条件"和"防卫条件"。他认为"……如果民众中大多数人无衣无食，或疾病缠身，指望这样的民众实行真正的民主，那是幼稚的"。② 还有一些政治学家通过实证分析得出一个基本的结论：在世界一切国家中，国民生产总值人均收入以及与此有关的其他指数越大时，则产生竞争性政治体制和多元政治的概率就越大。而亨廷顿更是直接指出：

_____

① 参见印尼总统苏西洛于2010年8月16日发布的国情咨文"Pidato Kenegaraan"。
② ［美国］科恩：《论民主》，商务印书馆1994年版，第111页。

"如果你想造就民主，就请促进经济增长。"①

自苏哈托下台以来，印尼在政治民主化方面迈出了重大的步伐，但普通老百姓的生活依然困苦，受教育程度不高，公民意识还较弱，民主在他们心里只是一个十分模糊的概念，谈不上把政治取向付诸政治行动。印尼政治转型也因此被批评为"过度精英化"，缺乏广泛群众参与，停留在一种"社会精英设计规划、为社会精英服务、供社会精英享受的民主"层面上，"政党的领导人不能代表和反映国家的利益，而仅仅是代表少数政治精英们的利益"。② 这种民主的典型特征是人民大众参与政治决策的权力常常被忽视，其结果是民主决策过程流于形式，民主决策结果变成了为精英阶层服务而不是为广大人民群众服务。

其次是"金钱民主"的挑战。

对印尼而言，民主是奢侈品，需要大量耗费社会资源和人们的精力。就选举而言，印尼除了直选总统外，还直选产生各级地方行政长官，包括省长、市长、县长等，平均每年地方首长直选就达上百场，而且选举活动越来越昂贵，"因为与个人能力的逻辑相比，金钱的逻辑占绝对的支配地位"。③ 粉墨登场的政客需要付出越来越大的成本参与选举。从村级代表选举开始，候选人就必须采取派发红包、生活必需品等各种方式拉选票。在乡镇、县市、省或全国选举活动中，选举需要的活动经费就更加难以计数。有印尼学者指出："印尼现在选举方面的大致数据是：选国会议员，个人需花费 10 万至 40 万美元；选总统，个人需花费 5000 万美元。"④

这种情况导致民众不把选举看作一个机遇来选出能为他们利益而努力工作的领导人，而是认为需要民众的选票来把某人送上政治精英的舞台。因此，对那些需要他们投票的候选人，他们觉得有权利获得报酬。最终，这些带有金钱味道的行为，不论是直接的或是间接的，隐蔽的或是公开的，都使民主变得十分昂贵，并对印尼的政治文化产生消极的影响。

印尼不少学者担心，地方直选给富人提供了更多机会，今后可能会出

---

① ［美国］亨廷顿：《第三波——20 世纪后期民主化浪潮》，上海三联书店 1998 年版，"序言"，第 3 页。

② 曹云华：《民主、政党与经济发展——以印尼为例》，载李文主编《东亚：政党政治与政治参与》，世界知识出版社 2007 年版，第 215 页。

③ Surwandono, Menju demokrasi 4 - Tak.

④ 许利平：《印度尼西亚的多元民主改革及前景》，载《南洋问题研究》2011 年第 1 期，第 4 页。

现更多官商勾结，会出现像菲律宾和泰国那样的情况，即完全由少数富人把持地方。目前，印尼政府已将遏制"金钱民主"提上议事日程。虽然这项工作可能比反腐还要困难，但印尼民主要获得健康发展，别无选择。

再次是"程式化民主"的挑战。

印尼人民现在可以通过投票选举总统、国会议员、省市长和县长，但这并不意味着印尼已完全过渡成为民主国家。因为选举仅是民主组成要素之一，除定期举行公开、公平、自由的选举活动外，民主还要求广大民众能利用民主制度下的机会来表达自我意志，实现利益诉求。

目前，印尼的民主转型取得了巨大的进步，但尚未实现真正的民主，或多或少还带有"程式化民主"的特点，换言之，是一种走过场的民主。这种民主实质上是一种"重形式、轻内容"的民主。对广大民众而言，他们仅仅是拥有了投票权而已，却没能获得生活水平的实质性改善。从立法机构通过的国家预算来看，民主决策的形式维持得很好，可一旦涉及民生等具体问题时，则在预算中处处打折扣。社会财富和资源被精英阶层挥霍于民主发展的各种外在形式，而这些财富和资源原本可以用来改善印尼比较突出的民生问题，提高人民的生活水平。

毋庸置疑，程式化民主的出现给印尼的政治发展带来了非常消极的影响，这样的民主同人们渴求的透明、可信和公平等价值观念背道而驰。因此，领导者的当务之急是加快经济发展速度，真正改善人民群众的物质生活，从而使民主化的实现水到渠成。

最后是"低效能民主"的挑战。

在现有政治框架下，印尼基本上建立起了多党制的政治体制，有效遏制了专制政府产生，但是，由于党派众多，又容易滋生争权夺利、政争激烈等矛盾，影响到政府有效决策的能力和效率。内阁提出的议案在国会中面临各政党的讨价还价，迟迟得不到通过，有的甚至胎死腹中。

此外，印尼目前政党众多，但却无一党派有力量在选举后产生的权力机构中占据必要的优势，从而影响到执政党有效地掌握政权和决策，在处理紧迫的经济、社会和政治问题的时候效能低下，使选民失去信心。

2010年12月印尼通过了新的《政党法》。该法的实施无疑将削弱小党的利益，强化大党的利益，对印尼政治格局产生重要影响。就目前而言，印尼最缺乏的不是民主，而是强有力的政府、完善的法律和秩序、高效的行政体系。如何提高政府的施政效能，使得民主改革、经济发展、社会稳定、反腐倡廉等进入良性协调的发展轨道，真正让人民大众享受到民主实惠，是印尼政府迫切需要解决的问题。

第三节　民主改革中伊斯兰集团的崛起

印尼的民主改革使各种势力都跃上政治角斗场，其中包括各派政党、军队、警察、民众团体、宗教组织和极端组织，伊斯兰集团也是其中的一支。在印尼独立后近半个世纪里，伊斯兰集团未能在印尼政治舞台上占据优势地位，尤其在苏哈托时代，伊斯兰集团的政治作用一直受压制。苏哈托下台后，伊斯兰集团的政治诉求得以释放，而伊斯兰教政党的重新崛起则成为印尼民主改革进程中的重要现象。

一　伊斯兰集团政治地位的兴衰演变

从总体来看，伊斯兰集团参政的主要形式，是通过组建伊斯兰教政党直接参与民主选举。独立初期，印尼政党体制中的伊斯兰色彩十分浓厚。当时主要的伊斯兰教政党有：伊斯兰教师联合会（NU）、马斯友美党（MASYUMI）、印尼伊斯兰教联盟党（PSII）和白尔蒂伊斯兰教党（Perti）等。在 1955 年的国会选举中，公开标榜伊斯兰教的政党占到 1/3，并且获得的选票总量超过了民族主义和共产主义力量，三者在当时的印尼政治舞台上鼎足而立。但由于无论是伊斯兰教政党，还是非伊斯兰教政党都未能在国会中获得 2/3 的席位，因而造成内阁不稳，政局动荡。为稳定政局，苏加诺提出"有领导的民主"，并倡导建立了"纳沙贡"政府。然而，苏加诺调和矛盾的这种做法并没有获得伊斯兰集团的认可和支持。在 1965 年发生"9·30 运动"时，伊斯兰教势力成为反共和反苏加诺的主要社会力量，为后来苏哈托的上台立下了汗马功劳。

苏哈托取得政权后，有意无意地沿用了苏加诺对伊斯兰集团的抑制政策。这首先表现在是否恢复马斯友美党的问题上。由于苏哈托建立政权依靠的重要力量之一是正统的伊斯兰教势力，因此苏哈托上台后恢复这派势力的政治代表之一马斯友美党应是顺理成章的事。但苏哈托有更多的考虑，前马斯友美党与较温和的传统派伊斯兰组织伊斯兰教师联合会不同，其成员大多数是外岛人，他们与多由爪哇人组成的军人集团之间存在着固有分歧，而且军人集团对该党曾参与地方叛乱记忆犹新，担心将来对政权造成威胁。此外，军人集团中还存在以王牌军西里万吉师为代表的"现代派"势力，他们主张务实的现代化路线，反对建立伊斯兰教国家。① 所有这些因素使得苏哈托对恢复马斯友美党合法地位持反对态度。然而，许多穆斯林和亲马斯友美党的势力强烈要求恢复马斯友美党，苏哈托最后决定在排除前马斯友美党要员进入领导层的条件下，准许成立新的"印尼穆斯林党"（Parmusi）。

1973 年大选后，苏哈托政府开始进行简化政党运动，将所有未参加专业集团的伊斯兰教政党和组织合并成了一个政党，即"建设团结党"（PPP）。尽管合并后的建设团结党处于四分五裂的状态，力量受到很大削弱，但该党毕竟贴有伊斯兰教的标签，因而获得了一些穆斯林的支持。在 1977 年、1982 年大选中，建设团结党分获 29.13% 和 28% 的选票。在亚齐和雅加达，建设团结党的得票率甚至超过专业集团。建设团结党在选举中的上佳表现使许多观察家认为伊斯兰教势力正在成为印尼政治的一支重要力量。针对这一情况，苏哈托决定对建设团结党采取更加严厉的措施。

1982 年 8 月，苏哈托提出以法律的形式规定"潘查希拉"为政党的共同政治思想纲领，所有政党和组织必须接受"潘查希拉"，并放弃自己原有的宗旨。在政府的严厉措施下，建设团结党最终放弃伊斯兰教的旗帜，把"潘查希拉"作为党的唯一指导原则，党徽也从麦加圣殿变为没有宗教色彩的五角星，从而消灭了该党的最后一点伊斯兰痕迹。②

对建设团结党造成更严重打击的是内部分裂。1984 年 8 月，建设团结党召开第一届党代表大会，印尼穆斯林党把伊斯兰教师联合会排斥出主要领导地位，从而激化了两党间早已存在的权力之争。随即，伊斯兰教师联合会在 1984 年 12 月举行的第 27 届代表大会上做出决定，该党退出建设团结党，不久后加入了政府控制的专业集团。从此，印尼的伊斯兰势力对政府的威胁大大减弱。受到重创的建设团结党在 1987 年大选中的得票率降到该党历史上的最低点。

总之，在民主转型前的"旧秩序"和"新秩序"时期，印尼伊斯兰集团经历了一个从兴到衰的过程，没能发挥较大的政治作用，更没有在印

---

① 张锡镇：《当代东南亚政治》，广西人民出版社 1995 年版，第 333 页。
② 范若兰：《伊斯兰教与东南亚现代化进程》，中国社会科学出版社 2009 年版，第 263 页。

尼政治舞台上占据优势地位。尤其在苏哈托执政的"新秩序"时期，印尼伊斯兰集团的政治作用备受压制，力量受到严重削弱。

二 伊斯兰集团的重新崛起

苏哈托下台后，继任总统哈比比在日益强大的改革浪潮压力下采取了一系列改革措施，其中包括解除党禁、修改政党法、实行政党自由等。在这种政治气候影响下，印尼新政党雨后春笋般涌现，数量达 140 多个。后经政党法审查，48 个政党有资格参加 1999 年大选，其中伊斯兰教政党有15 个。

如此多的政党大量涌现，并表现出强烈的参政愿望，在印尼历史上是绝无仅有的。这种从威权政体向多党竞争的过渡，是印尼民主转型过程中的一个重要成果，而伊斯兰教政党的重新崛起则是其中的一个重要现象。随着新政党法颁布，建设团结党决定重新以伊斯兰教为指导思想，并将党徽改回原来的克尔白圣殿。同样明确以伊斯兰教为指导思想的其他政党还有 14 个，主要有星月党（PBB）、福利公正党（PKS）等①，这些政党有强烈伊斯兰认同，主张伊斯兰教在国家政治生活中发挥更大作用，其成员只限于穆斯林。此外，还有些政党的主要背景是伊斯兰教，但以潘查希拉为指导思想，吸收非穆斯林参加，如民族觉醒党（PKB）和国民使命党（PAN）等。显而易见的是，不管是否以伊斯兰教为建党原则和基础，伊斯兰集团都开始成为印尼政治中的一个关键因素。

1999 年 6 月的印尼国会选举反映了 2 亿多印尼人的主流民意。投票结果显示，反苏哈托政权的民主斗争党获得最大支持，得票率 33.74%；名列第二的是专业集团，得票率 22.44%；由哈兹领导的建设团结党获得10.71% 选票，成为国会第三大党；瓦希德领导的民族觉醒党获得12.61% 选票，成为国会第四大党；阿敏·赖斯领导的国民使命党获得7.12% 选票，成为国会第五大党。星月党和福利公正党也分别获得1.94% 和 1.36% 选票。但在随后的总统选举中，民主斗争党领袖梅加瓦蒂未能如愿胜出，而民族觉醒党领袖瓦希德得到伊斯兰力量组成的"伊斯兰中轴集团"大力支持，成功当选为第四任总统，国民使命党领袖赖

---

① 福利公正党（Partai Keadilan Sejahtera），也有学者译之为福利正义党、繁荣公正党、繁荣正义党等。

斯和其他一些伊斯兰领导人得以跻身国家最高决策层。这表明长期被排除在印尼政治权力中心之外的伊斯兰教势力重新登上政治舞台，并成为一支重要政治力量。

瓦希德上台近两年后，由于多种原因最终遭到了人民协商会议的弹劾，被迫于 2001 年 7 月下台，由梅加瓦蒂继任总统。梅加瓦蒂是信奉潘查希拉的民族主义者，主张宗教不应介入政治，她甚至像一般名义穆斯林一样，不介意到印度教神庙做祈祷。[①] 正是由于梅加瓦蒂的"世俗性"和女性身份，使她在 1999 年失去当总统的机会。现在历史又把她推到前台，面对种种指责和挑战，梅加瓦蒂如何才能争取到更多的支持者以稳固政权？最终，建设团结党主席哈姆扎·哈兹当选副总统使这一难题得到了妥善解决。

2004 年大选被认为是印尼向政治民主化过渡的一次重要选举，因为这次大选不再由人民协商会议选举，而是选民直选。经过审核，共有 24 个政党有资格参加选举，其中只有 5 个是伊斯兰教政党。从选举结果看，曾退出执政地位的专业集团党跃居国会第一大党，获得 128 个议席，得票率为 21.58%；执政党民主斗争党退居其二，获得 18.53% 的选票。伊斯兰教政党的得票情况也较 1999 年有所变化，建设团结党的得票率由 1999 年的 10.71% 降为 8.15%，福利公正党得票率则大幅上升，由 1999 年的 1.36% 上升为 7.34%，星月党也由 1.94% 上升为 2.62%，而另一个成立刚满两年的伊斯兰教政党改革之星党（PBR）则获得了 2.44% 的好成绩。[②] 同时，2004 年的大选还出现了一个独特现象：几位总统候选人的竞选伙伴都是伊斯兰组织的领导人或具有伊斯兰色彩。梅加瓦蒂的竞选搭档哈辛·穆沙迪是伊斯兰教师联合会主席；维兰托的竞选伙伴沙拉胡丁也是伊斯兰教师联合会重要领袖；而苏西洛的竞选伙伴则是另一位伊斯兰教师联合会领袖尤素福·卡拉。选择伊斯兰组织或是伊斯兰教政党的重量级人物为竞选搭档，再次表明在当时的印尼，任何一个政党及其领导人若要在政坛上有所作为，就不能不顾及伊斯兰教势力，将他们视为争取的对象。最终，苏西洛胜出，成为印尼新一任总

---

① 范若兰：《伊斯兰教与东南亚现代化进程》，中国社会科学出版社 2009 年版，第 269 页。
② 温北炎、郑一省：《后苏哈托时代的印度尼西亚》，世界知识出版社 2006 年版，第 66 页。

统，尤素福·卡拉成为副总统。选举结果显示，印尼伊斯兰集团的影响力在持续上升。

2009 年的大选发生了一些变化。国会选举中有 9 个政党获得的选票超过"国会门槛"（得票率超过 2.5%），得以进入国会。其中获票最多的是民主党（20.8%）、专业集团党（14.45%）和印尼民主斗争党（14.03%），而福利公正党和建设团结党则分别获得 7.88% 和 5.32% 选票。这比起 2004 年和 1999 年国会大选中伊斯兰教政党所取得的成绩，明显衰退了许多。更重要的是，在 2009 年总统大选中，没有任何一位正副总统候选人是代表宗教政党或团体参选的，完全不同于 2004 年总统大选"民族主义领袖 + 伊斯兰领袖"的政治搭配。

在苏西洛正式宣布由中央银行行长布迪约诺教授担任其竞选搭档的前一周，将与民主党结盟的福利公正党表示了对副总统人选的强烈反对。他们认为苏西洛理应选一位伊斯兰教领袖成为副总统候选人，而布迪约诺不能代表伊斯兰教。他们指出，正副总统候选人须由民族主义领袖和伊斯兰教领袖结合组成，2004 年总统直选时就有这种不成文的模式。有观察家分析，伊斯兰教政党以不具有伊斯兰教派代表身份为理由反对布迪约诺，其目的在于给苏西洛施压，以便将来在组阁时获得更多的部长席位。[①] 最终，在经过协商沟通后，民主党和伊斯兰教政党达成了结盟协议，福利公正党接受布迪约诺为副总统人选。

其实，根据印尼正副总统直选法规定，政党或政党联盟须在国会选举中得票 25% 或在新国会占 20% 议席，才有资格推举正副总统候选人。2009 年国会选举中得票率 20.8% 的民主党在新国会拥有 26% 议席，成为唯一无须与其他政党联合就能自主推出正副总统候选人的政党。但苏西洛为了日后在新国会掌控多数议席，建立稳固政府，以及争取伊斯兰教势力支持，从而在总统直选中获得更多选票，仍然考虑与有资格进入国会的主要伊斯兰教政党达成结盟协议。

正因为如此，尽管 2009 年总统大选中没有一位正副总统候选人代表伊斯兰教政党或团体参选，同时伊斯兰教政党在国会选举中得票率有所下降，但是，他们在大选后的国会和内阁席位中仍占有较大比重。2009 年

---

① ［印尼］余歌沧：《印尼总统候选人组合三强鼎立竞逐》，载［印尼］《千岛日报》2009 年 6 月 12 日。

10 月 21 日印尼总统苏西洛公布的新一届团结内阁部长的名单中，可以看到多位伊斯兰教政党代表。[①] 可见，伊斯兰集团影响力在印尼政治生活中不容忽视，即使在正副总统搭配上不再遵循"民族主义领袖 + 伊斯兰领袖"模式，但在寻找执政盟友时伊斯兰教政党仍是最佳选择。

三　伊斯兰集团的未来发展前景

苏哈托威权统治结束后，伊斯兰集团在长期备受压抑后能量重新释放，并得到选民的一定支持，在国会和内阁中的影响力在增强，在国家政治生活中的活动空间在加大。如果说以伊斯兰教政党为代表的伊斯兰集团在苏哈托时代尚处于印尼政治舞台的边缘，那它在重新崛起后经过十余年的发展，现已进入舞台中心，其未来前景令人关注。

第一，伊斯兰教政党的力量会继续加强，并对政治民主化进程产生积极影响。

印尼进入多元民主改革时期后，解除党禁、修改政党法、改革选举制度、放宽新闻言论自由等，为印尼成为民主国家提供了必要条件。与此同时，也为伊斯兰集团重返国家政治中心创造了机会。继续推行民主和复兴伊斯兰教，逐渐成为后苏哈托时代印尼国内政治发展的两个重要方面。[②]

尽管 2009 年大选中伊斯兰教政党的得票率呈下降趋势，但这并不表明伊斯兰教政党被排挤出了印尼政治舞台中心。随着现有伊斯兰教政党自身参政议政经验的积累，争取民众支持举措的出台，新的伊斯兰教政党还会不断崛起，而一些政党则会获得更多支持。印尼作为世界上穆斯林人口最多的国家，伊斯兰教政党的参政能有效增强广大穆斯林群众的政治参与度，有益于民主化进程。

第二，伊斯兰教政党在国家政治生活中的作用在增大，但短期内不太可能发挥主导作用。

从民主改革时期的政党政治和选举结果来看，占据印尼政治主流的是

---

① 如宗教部部长苏里亚达尔马·阿利（建设团结党总主席）、人民房屋部部长苏哈尔梭·马诺阿尔法（建设团结党干部）、信息与资讯部部长迪法杜尔·森比林（福利公正党总主席）、社会部部长沙林·斯卡夫（福利公正党干部）、科研部部长苏哈马·苏利亚伯拉纳达（福利公正党干部）等。《苏西洛总统昨日为新班子主持就职典礼》，[印尼]《千岛日报》2009 年 10 月 23 日。

② [印尼]里扎尔·苏克玛：《印尼的伊斯兰教、民主与对外政策》，载《东南亚研究》2009 年第 6 期，第 12—15 页。

潘查希拉而不是伊斯兰教。以潘查希拉为指导思想的政党占绝大多数，即使民族觉醒党（其成员主要来自"伊斯兰教师联合会"）和国民使命党（其成员主要来自"穆罕默迪亚"）这样有着深厚伊斯兰教背景的政党也主张潘查希拉，说明以协商、合作、宗教平等为宗旨的潘查希拉思想在印尼已深入人心。

从 1999 年、2004 年和 2009 年三届大选的结果来看，主张潘查希拉的政党获得了更多的支持，单纯以伊斯兰教为指导思想的政党只获得不到 20％ 的选票。这清楚地表明目前伊斯兰教政党在印尼政治生活中已具有重要作用，但尚未发挥主导作用。2009 年总统选举结果显示，苏西洛组合以 60.8％ 高票当选，梅加瓦蒂组合获得 26.79％，而卡拉组合仅获得 12.41％。印尼调查学会（LSI）对投票后选民进行的民调指出，63％ 穆斯林投给苏西洛组合，24％ 投给梅加瓦蒂组合，仅 13％ 投给卡拉组合。更让人意料不到的是，在穆罕默迪亚势力强大的亚齐，绝大多数选民（93.25％）将选票投给苏西洛组合。① 显然，选民似乎没有根据宗教来决定政治倾向，他们会独立和务实地做出自己的政治选择，将宗教信仰和政治大事分开，首先选择能够帮他们减轻经济负担，或者能让他们生活得更好的领袖。所以，大多数穆斯林选择了具有明确现代化目标的世俗民族主义政党。

第三，伊斯兰教政党不会朝激进伊斯兰主义发展。

印尼伊斯兰教最大的特色是具有广泛的兼容性和多样性。由于传播来源的多样性和复杂性以及传播方式的和平性等因素，使印尼这个世界上穆斯林人口最多的国家"不像中东的伊斯兰教兄弟国家那样具有典型的伊斯兰特征"。② 在印尼，伊斯兰教在传播过程中迎合了当地居民万物有灵的泛灵论和神秘主义观念，允许他们在承认真主安拉是独一无二的神灵、最高主宰外，还崇拜祖先，崇敬和祭祀某种物体。

印尼信仰伊斯兰教的爪哇人至少可以分为两种类型：一种是"Santri"（虔诚穆斯林），他们的代表主要是爪哇沿海的商人，在宗教信仰方面有较强的排他性，比较强调伊斯兰教纯洁性，严格履行伊斯兰义务。另一种

① ［印尼］崔一生：《2009 年总统大选穆斯林投票倾向》，载［印尼］《千岛日报》2009 年 8 月 3 日。

② ［新西兰］尼古拉斯·塔林主编：《剑桥东南亚史 II》，云南人民出版社 2003 年版，第 432 页。

是 "Abangan"（名义穆斯林），其代表主要是内地的爪哇人，他们的信仰更具有多元化的倾向，除伊斯兰教成分外，受原始宗教和印度教的影响较深。在印尼，名义穆斯林为数不少，被普遍认为是伊斯兰世界最温和、最宽容的成员。这样的选民基础决定了印尼伊斯兰教政党不太可能朝激进的伊斯兰主义发展。

第四，伊斯兰教政党的未来发展面临重重挑战。

首先，从现代政党的标准看，绝大部分伊斯兰教政党成立时间短，规模不大，组织化和专业化程度方面难以抗衡现有的民族主义政党。

其次，印尼伊斯兰教政党虽然都以伊斯兰教为建党原则，但始终分裂为几个党派，内部没有结成统一的政治利益共同体，派别竞争激烈，难以形成合力。

再次，伊斯兰教政党要获得较为广泛的认可，需保持其温和性。随着伊斯兰原教旨主义在东南亚地区的发展，印尼也出现了激进的伊斯兰团体和势力，试图将伊斯兰教教义纳入政治，把伊斯兰教教规纳入社会公共生活，推动一些伊斯兰教教规立法，要求妇女戴头巾、禁止瑜伽等。其政治活动遭到了以两大主流穆斯林组织穆罕默迪亚和伊斯兰教师联合会为代表的广大穆斯林的反对。因此，今后是否要在政治中继续强化伊斯兰色彩，将成为印尼伊斯兰教政党的重要考量。

最后，多元民主改革时期印尼的政治中心议题是发展经济、加强法治、打击贪污腐败，任何参选的政党或候选人都要靠与民众利益密切相关且切实可行的政策纲领来争取选民的支持和拥护。因此，如何从伊斯兰教的公正、廉洁角度出发，探讨发展经济、促进公平和消除腐败的治国之路，对印尼伊斯兰教政党而言同样是一大挑战。

苏哈托下台后，印尼伊斯兰集团借政治民主化之势对印尼政治的影响在不断加强，显现出从政治边缘向中心进发的势头。伊斯兰集团的踊跃参政扩大了广大穆斯林群众的政治参与度，对推进印尼的多元民主改革是有益的。尽管目前民族主义集团是印尼政治舞台上的主角，伊斯兰集团难以发挥主导作用，但不容忽视的是伊斯兰集团仍然是印尼一股强大的、举足轻重的社会力量，在印尼政治生活中会继续制约和影响各派政治力量的政治行为。

第四节　民主改革中印尼军队角色的重构

　　印尼军队①是在二战后反抗荷兰殖民统治的民族独立战争中发展起来的军事组织。印尼军队自创建之日起就具有相对独立性。由于文官政府在独立战争中的软弱，为军队后来干预政治提供了资本。随着独立初期的平息地方叛乱、收复西伊里安、对抗马来西亚等运动，军队在印尼的政治地位急剧上升。在苏哈托统治的 30 余年里，通过确立武装部队不仅作为一支军事力量，更重要的是作为一支政治力量的"双重职能"，军队成为政治参与的主体。苏哈托下台后，印尼军队对其所担负的角色进行重构已是大势所趋。军队在国家政治经济生活中的作用在慢慢减弱，并逐渐淡出政治权力中心。在宪政框架下实现印尼军队的职业化、去政治化，成为印尼政府在推进多元民主改革进程中面临的重要挑战。

一　印尼军队干预政治的启端

　　印尼军队是在日本投降后的民族独立战争中诞生的。1945 年 8 月 17 日印尼宣布独立后，随即面临荷兰殖民者在盟军庇护下卷土重来的挑战。严峻局势迫使印尼政府不得不认真考虑建立军队反抗荷兰的入侵。1945 年 10 月 5 日，苏加诺宣布将"人民治安机构"更名"人民安全军"。自此，印尼有了真正意义上的军队。

　　在抗荷战争中，军队主张通过坚决的斗争击败外国侵略者以获得国家独立，而政府则寄希望于通过外交和谈判途径争取国家独立。面对强大的敌人，印尼军队一方面在各大城市与英荷联军展开激战，另一方面发动各地群众进行游击战。从那时起，许多军官的指挥权实际扩大到非军事领域，如支持政治组织，发动群众，甚至在控制区担负起地方政权职能。这种状况使一部分军官感到他们同样能胜任政治领导，而且更有能力决定国家方向。当包括苏加诺、哈达在内的全体内阁成员落入荷兰人之手，被迫

---

　　①　印尼军队在发展历史中曾几易其名，初创时定名为"人民治安机构"（BKR），后易名为"人民安全军"（TKR）。1946 年更名为"人民保安军"（TKR），同年又改名为"印尼人民军"（TRI），1947 年再次易名为"印尼国民军"（TNI）。1962 年印尼警察部队与印尼国民军合并，由武装部队司令部领导，称"印尼共和国武装部队"（ABRI）。2000 年后，军队与警察部队分离，又恢复为印尼国民军的称号。

与荷军举行停火谈判时，这些军官认为军队仍在坚持战斗，而政治领袖却抛弃了国家。他们对政府做出的让步表示不满，这些都成为后来军队干预政治的资本。

在1950年获得真正意义上的独立之后，印尼军队在进行建设的同时开始积极尝试参政。为建成一支集中领导的军队，陆军参谋长纳苏蒂安决定按西方的军队模式进行整编，重用受过正规军事训练的职业军官，大量削减没有受过专门军事训练的非职业军官。这一措施引起军队中职业派军官和非职业派军官的严重对立。当时国会中不少议员支持军队中的非职业派，要求军队解除纳苏蒂安的职务，改组国防部。这激怒了纳苏蒂安及其支持者，他们认为这是文职官员插手军队内部事务。1952年10月17日，职业派军人煽动群众游行示威，军队出动坦克直逼总统府，要求解散国会。苏加诺拒绝了陆军提出的要求，并据理说服抗议的群众和军人。事后，纳苏蒂安等主要军事领导人辞去了军内职务。这次事件实际上是一次不成功的兵变，也是独立之后军人干政的第一次尝试。

"10·17事件"以后，军队开始协调内部两大派别关系。1955年2月，"军官联合会"在日惹举行了特别会议，加强了陆军内部团结。后来当政府任命一名级别较低的军官担任陆军参谋长时，遭到陆军的一致反对。在国会左翼政党的配合下，军队迫使政府让纳苏蒂安重新出任陆军参谋长。在这次所谓的"陆军事件"中，军队第一次成功地扮演了政治角色。

1955年以后，印尼外岛接二连三地发生军事叛乱和分裂活动。军队平息叛乱、恢复秩序的使命为其进一步干政打开了方便之门。1957年3月，在政府面对分裂、叛乱造成的动乱局面被迫宣布全国实行军事管制后，军队被授予了比行政机构更大的权力。随后，苏加诺又授予军队接管荷兰人的企业和种植园的权力，军队的影响扩大到了经济领域。

1958年11月，纳苏蒂安提出"中间道路"理论作为军队干预政治的理论基础。根据这一理论，印尼军队不像西方军队那样成为政府手中的工具，也不像拉丁美洲的军队那样热衷于政变以及接管政府，而是走中间道路，参与政治和社会各个领域的事务，但又不取代政府。[①] 纳苏蒂安主张军人有权参与决策过程，决定国家命运，应作为社会政治团体在内阁及各

---

① 张锡镇：《当代东南亚政治》，广西人民出版社1995年版，第304页。

级政府中扮演一定角色。

之后，为收复西伊里安和对抗马来西亚的新殖民主义，印尼军队进行了整编和扩充。1961 年，苏加诺决定改组军队的领导体制，并于 12 月 11 日成立国防委员会（DPN），负责制定政策，动员全国一切力量来收复西伊里安。随后又成立了最高统帅部，总统为最高统帅，原陆、海、空军参谋长改为司令。12 月 19 日，苏加诺在日惹发布了著名的"三项人民命令"，希望依靠强大的现代化军队在外交上可以有更大的话语权，迫使荷兰交出西伊里安。

时至 1963 年，军队不仅基本平息了地方叛乱和伊斯兰教国运动，还成功地从荷兰人手里收复了西伊里安，荷兰、英美企业被没收后，实际上落入了陆军手里，陆军经济实力迅速膨胀。1964 年，在对抗马来西亚的运动中，苏加诺再次授予军队广泛权力，使军队直接参与政府决策。在这个时期，军队领导人成为苏加诺决策核心"最高指挥部"的主要组成部分，内阁中有 1/3 的部长来自军队，政府各部的许多高级官员都有军人背景，还有大批军人被任命为中央和省议会的议员。至此，印尼军人官僚阶层基本形成。

军人官僚阶层的形成对 20 世纪 60 年代初期印尼的政治发展有着深刻的影响。他们利用军队的各种优势以及军管法所赋予的特权，在印尼政府内部进行着一场潜移默化的政变。鉴于军队尤其是陆军势力膨胀可能会带来的危险，苏加诺从两个方面采取措施来抑制这种局势蔓延：一是加强对陆军的控制；二是提高共产党的地位，以制约陆军的势力。

在正式接管了西伊里安后，苏加诺立即废除了紧急状态法，取消了陆军在紧急状态下所享有的广泛权力。苏加诺还通过改组和重新任命的办法培养空军、海军以及警察部队相对陆军的独立性，将纳苏蒂安明升暗降。同时，苏加诺不仅把印尼共产党的主要领导人拉入国家领导机构内，还利用各种机会对印尼共产党的影响加以宣传，同意成立"第五兵种"（独立于陆、海、空军和警察部队的民兵组织）以对抗陆军。所有这一切都不可避免地导致了印尼共产党同陆军右派势力的矛盾激化，并最终导致"9·30 运动"的爆发和苏哈托军人政权的建立。

二 印尼军队政治角色的巩固

1966 年 3 月 11 日，苏哈托以武力逼宫的方式迫使苏加诺签署了"三一一命令"，使印尼的国家权力基本转移到苏哈托手中。但是，苏哈托领导的军人政权要想取代原来的政党政治实现对国家的长期控制，还面临着一个合法化问题。为此，苏哈托采取了一系列措施，逐步建立起了总统——军队——专业集团三位一体的统治架构。

其一，以"双重职能"理论为基础，实现军人政权的合法化。

1966 年 8 月，印尼陆军第二次讨论会赋予"双重职能"以实质性内容，并将其确立为军事理论的一部分。此次会议上通过的印尼军队《战斗信条》宣称：印尼武装部队的陆军"从来不是政权的被动工具，也不是单纯的治安维护者。陆军对国家的总路线、对政府的好坏、对国家的安危、对'建国五基'和社会的维护不能保持中立，它不仅对军事战术负有主要责任，同时对社会生活各个领域也负有责任"。① 简而言之，军队不仅要保家卫国，也要参与国家政治和社会领域的事务。1973 年，作为国家最高权力机关的人民协商会议正式确认军队双重职能的合法地位。该理论为军人参与政治、干预政治提供了合法的依据。1982 年，国会通过法律规定军队不仅是一支军事力量，也是一支社会力量，"双重职能"的原则就此以法律的形式固定下来。

为了控制军队，苏哈托在 1969 年 10 月 5 日下令全面改编军事体制。参照美国军事体制，印尼武装部队取消陆海空三军的司令职务，改设为军种参谋长。撤换海、空军司令，把自己的亲信安插到军队的各个重要岗位。各军种参谋长只负责部队的行政和训练，而无指挥权。同时取消各军种的垂直领导体系，新设 6 个防区司令部（随后改为 4 个）。防区司令部的任务是领导和指挥所属地区的陆海空三军。苏哈托通过防区司令直接指挥防区内各军区作战部队。为应对国内的混乱局势和镇压印尼共产党，苏哈托还设立了权力极大的恢复治安和秩序行动指挥部。

另一方面，为体现军队"双重职能"特权，苏哈托采取措施将大批军官安插在中央和地方行政管理及国营经济部门机构中。苏哈托以军队在选举中无选举权为由，通过任命的方式使军人在人民协商会议和国会中占有相当数量，确保立法权掌握在以苏哈托为首的军人手里。在地方政权机构中，苏哈托任命大批军官担任从省长、市县长直到乡长的各级行政首长。此外，苏哈托还将大批现役和退役军官安插在国家石油公司、航空公

---

① 黄阿玲：《苏哈托执政的成就与问题》，载《东南亚研究》1990 年第 2 期，第 47 页。

司等重要的国营经济部门中。①

对于依靠军队力量夺取政权的苏哈托来说，一个强势的、能对社会进行全方位控制的军队无疑符合其统治利益。在"双重职能"理论指引下，印尼军队全方位参与国家政治、经济和社会生活，而军人则合法地出现在政党和国家机构中，并取得特殊地位。

其二，组建代表军队利益的专业集团，简化政党体系，限制反对党活动。

专业集团最早出现于"有领导的民主"时期，是 1959 年苏加诺简化政党方案提出后，把隶属于各政党和各行业的政府职员联络组成的松散政治团体。1964 年，苏加诺国民阵线中的陆军专业集团为了联合、控制其他专业集团与共产党竞争，成立了"专业集团联合秘书处"。从名称上看，该集团不叫政党，但实际上起着政党作用，主要从事政治活动。苏哈托上台后，为实现军人政权的合法性，决定将"专业集团联合秘书处"改组成"专业集团"，将其作为军队的竞选工具。

由于对"专业集团联合秘书处"的改组是一次紧张而艰苦的斗争，因此原定的全国大选的最后期限被一再推迟。在改组过程中，"专业集团联合秘书处"中原有的亲苏加诺分子被替换甚至逮捕，亲苏哈托的势力（主要是军人）被不断地安插进来。改组后的"专业集团"对应各级政府有一整套组织机构，处于最上层的是监督委员会，由军人和部分文官组成；在省和市县则设有执行委员会、评估委员会或顾问委员会，委员会由驻军指挥官控制。印尼政府同时规定，政府公务员只允许加入专业集团而不能成为其他政党党员。于是，通过控制专业集团各级委员会也就达到了控制政府的目的。

1971 年，改组后的专业集团参加了"新秩序"时期第一次大选。在军队强有力的支持下，专业集团在大选中获得了 62.8% 的选票，一跃成为国会中最大政党，在国会和人民协商会议中拥有绝对多数席位。与此同时，苏哈托通过各种手段限制反对党发展，加强了专业集团的执政优势。在政府和军队的大力支持下，专业集团从 1971 年到 1997 年连续 6 次赢得选举胜利，而且都取得绝对优势，从而一直保持着执政党的地位。

---

①　贺圣达、王文良、何平：《战后东南亚历史发展》，云南大学出版社 1995 年版，第 161 页。

总之，在"新秩序"时期，苏哈托以铁腕治国，以国家政治稳定和经济发展为第一要务，赋予军人参与政治和经济建设的权力。印尼军队除了拥有较多特权和较高社会地位外，"已变成最强大的政治集团，同时也是国家政权执行机构的基本部分和主要支柱"①。在苏哈托威权政治统治下，印尼军队是国家政治中的主导力量，决定着政局的稳定和国家的发展方向。

三 民主改革中军政关系的变化

1997 年亚洲金融危机爆发，印尼国内长期积累的政治、经济、社会矛盾进一步恶化，苏哈托在国内外民众的抗议声中潸然辞职。苏哈托的下台标志着多元民主改革的开始。在改革进程中，一个极为重要的关系——军政关系也逐渐发生了质的变化。

鉴于"新秩序"时期军人政治的主导地位，印尼民主改革不仅涉及政治体制的转换和政党制度的变更，更包含军队的全方位改革，而军队内部改革派的崛起客观上也为军队改革创造了有利条件。改革派的主要力量是新生代军官，他们虽然没有经过战争的洗礼，但却经历了军事学院的系统培训，得到较好的职业化教育，对军队扮演的"政治角色"兴趣不大，因此对印尼民众要求军队从政治中脱身、"回归军营"的呼声采取了更超脱的回应。他们对改革的基本态度是：支持国家民主化进程，支持军队改革以适应民主国家要求。

在军内改革派的主导和参与下，印尼军队改革取得了重大进展：军人逐渐淡出政治权力中心，实现了权力从军人到文官的过渡，并以此为契机开始了军队整体改革。"职业化、去政治化"成为印尼民主化进程中军队改革的代名词。

（一）改革进程

早在 20 世纪 80 年代，军队中要求去政治化、取消双重职能、建立职业化军队的呼声就持续不断。苏哈托一下台，军队的去政治化改革就被公开讨论，也被公众所要求。从广义上讲，去政治化就是剥离军队的民事与政治职能，使军队从政治和经济领域收缩，回归职业化和中立化的道路。

---

① ［苏联］格·伊·米尔斯基：《第三世界：社会、政权和军队》，商务印书馆 1980 年版，第 280 页。

印尼是按照西方发达国家的民主理念进行军队改革的：一是逐步将军队置于由文官组成的政府的绝对控制之下；二是军队自身的现代化改革，即军队的职业化。总体而言，印尼军队正沿着政府所希望的改革路线前进，但改革进程并不一帆风顺。瓦希德时期是印尼军队改革最为迅速的阶段。之后，改革速度相对放缓，同时延续了瓦希德时期制定的相关政策措施。

1. 军队职能转变

印尼军队的改革是从职能转变开始的。由于军队在苏哈托时代的不良人权记录，以及由此引起的国际压力，印尼军队的声誉一落千丈，成为了大学生们攻击的对象，人们强烈要求重新确定军队在国家政治生活中的位置，对军队的"双重职能"提出质疑和批评，认为军队的政治参与已经远远超出了"双重职能"最初所规定的范围。在国内外压力下，军方也承认"双重职能"不会永远存续，于是就军队改革提出了一系列新的范式，力求在理论上对军队的"双重职能"进行重新解释，并对新时期印尼军队的职能和作用予以重新定位。

1998 年 9 月，在军内改革派召集的关于后苏哈托时期军队改革的研讨会上，各方集中讨论了印尼军队未来的功能和作用，并于会后发布了一份名为《印尼武装部队政治社会作用新范式》的改革方案。通过文件名字就可以看出，此时的印尼军队还在执行"双重职能"，其内容主要由四个方面组成：第一，印尼军队的位置不需要一直处于最前方；第二，将"控制"的概念转变为"影响"；第三，将直接影响的方式转变为间接影响；第四，与国家的其他团体进行政治社会职能的共享。[①]

这份文件是对军队的重新定位，也代表了此时军队领导层在政权转换过程中的基本立场。从中可以看出，军队依然没有放弃参与政治的立场，而且根据这份文件，军队还应该更积极地参与市民社会以及民主化的发展过程。对此，社会舆论并不满意，认为所谓的"新范式"过于空洞、抽象。不久之后，《印尼武装部队政治社会作用新范式》的改革方案宣告失效。

在 2000 年 4 月 20 日召开的印尼国民军领导人会议上，时任国民军总

---

① Basuki：*Kjian Tentang Implementasi Paradigma Baru ABRI*，http：//www. library. ohiou. edu/indopubs/1999/10/13/0087. html.

司令的维多多海军上将宣布国民军将专注于国防的基本任务，不再担负政治社会作用，这意味着军队"双重职能"的结束。

2001 年 10 月 5 日，印尼国民军发布《印尼国民军作用新范式》，其内容包含五个方面：第一，印尼国民军执行任务的目的永远是为了国家的繁荣稳定，在民主转型时期是为了提高国家各职能部门的执行能力；第二，国民军应在国家要求下发挥作用；第三，与国家其他机构协调配合；第四，国民军是国家系统的一部分；第五，遵守宪法并执行相关规定。①

此外，印尼在法律层面上也对军队的职能进行了明确。根据 2002 年《国防法》，印尼国防政策由国防部和政府制定，并在总统颁布命令后由国民军执行，从而明确了国防部和政府的领导职能。在 2004 年《国民军法》中，进一步明确了国民军的职能，即军队作为国家的军事力量，任务是维护国家主权，保卫国家领土完整，在总统和国防部领导下执行任务，并为国家的稳定和繁荣贡献自己的力量。同时，印尼国民军不能参与任何形式的政治活动。

经过上述改革，政府与军队的关系相对平稳了，政府对军队的控制显著加强，从而很大程度上降低了军队的政治独立性。

2. 军队体制改革

1962 年印尼警察部队与印尼国民军合并，由武装部队司令部领导，称"印尼共和国武装部队"（ABRI）。在"新秩序"时期，由于警察和军队处于一个司令部领导下，而军队又在"武装部队"中占有绝对的统治地位，军队插手国内治安，使警察部队备受压制，作用发挥也受到很大限制。根据人协 2000 年第 6 号决议，印尼警事力量正式从武装部队序列中分离出来，并对武装部队进行重新命名，恢复"国民军"（TNI）的称谓。随后，人协 2000 年第 7 号决议进一步明确了国民军和警察部队各自的职责：国民军和警察部队是国家的两个职能部门，有各自的职能和作用，警察部队负责国内安全事务，国民军专司国家对外防御。

在印尼军警分离之后，印尼军队体制的改革主要围绕着去政治化和职业化的要求进行。新秩序时期遗留的一些军队在政府中设立的部门先后被撤销。例如国家稳定援助协调机构（Bakorstanas）以及特别研究机构

---

① Yuliyanto：*Paradigma Baru Tentara Nasional Indonesia Pasca Reformasi*，http：//blog. ub. ac. id/ernitadhevid.

（Litus）在新秩序时期被用来压制和排除与政府有不同政见的政治团体。由于这两个部门限制了政治自由，瓦希德在任时决定予以撤销，以鼓励更广泛的政治参与。这一举措无疑也进一步减少了军队的政治功能。

民主转型时期，印尼首次完成了三军总司令在三大军种间的轮换。长期以来，印尼陆军在军中占据主导地位，而海军和空军则始终处于从属地位。苏哈托下台后，海军和空军逐步受重视，地位稳步提高。在军事上，印尼加大了对海空军的投入，更新武器装备，提高海空军作战能力。在军队领导人任命上，1999 年 11 月，来自海军的维多多将军被任命为武装部队总司令，成为印尼建军以来首次由非陆军出身的将领担任军队最高职务，结束了陆军长期在军中的垄断地位。

苏西洛上任后，延续了瓦希德的政策，任命苏延托空军上将担任国民军总司令。2004 年通过的《国民军法》第 13 条在法律层面对国民军司令的担任条件做了规定：国民军司令由各军种曾经或正在担任军种参谋长的高级军官交替担任。

印尼的国防部部长一直以来都由军人担任，瓦希德组阁时任命文官尤沃诺·苏达尔索诺担任国防部部长，成为 1965 年以来文官首次出任国防部部长的案例，从而在体制上将军队置于文官管理之下。文人领军理念不仅得到印尼军方大多数将领的赞同，也成为印尼社会的一致要求，军人直接干政的方式从根本上得到改变。

3. 宪政制度改革

作为根本性的制度安排，军队在宪政建设中被要求从政治领域退出。1999 年 1 月，军方同意将其国会席位由 75 个减至 38 个，将地方立法机构中军方议席的比例从 20% 减至 10%。2000 年 8 月，印尼通过宪法修正案，规定将国会中军方的 38 个席位保留至 2004 年，在人民协商会议中的席位保留到 2009 年。这一决定激起了印尼国内激进民主势力的强烈反对，他们要求取消军队在国会和人民协商会议中拥有的全部席位。

2002 年 8 月，在国内民主力量的呼吁和努力下，印尼进行了独立后的第四次修宪，规定军警人员不得参加竞选立法机构成员和总统候选人；从 2004 年开始新的立法机构也不再为军警保留席位；为严守中立，军队在大选中不得支持某个政党，也不能参加投票。这些都是实现印尼军队职业化和去政治化的重要步骤。2004 年 4 月 5 日，印尼举行了继 1999 年之后的第二次议会选举。与以往不同的是，此次选举没有为军队、警察和其他"特殊利益集团"在人民协商会议内保留任何席位，这也是历史上第一次所有议会席位均通过政治竞争产生。

2002 年初，印尼政府通过了第 3 号法案即《国防法》。该法由 9 章构成，分别规定了国防体制，国防建设细则，国防建设的本质、目的、作用，国防系统管理、监督机制，国防能力的加强，国防建设资金等。在《国防法》中还明确了国家的国防政策，规定了国防部的职能以及国防部部长的权力和责任。该法明确规定，印尼国民军应在国防部的管理之下。《国防法》是梅加瓦蒂当政时的一个重要立法改革措施，也是瓦希德政府军队改革政策的延续以及在法律上的保证。

2004 年 10 月，印尼政府通过了第 34 号法案即《国民军法》。该法专门对军队参与政治经济活动的问题做出了规定。其中第 2 条 d 款指出，职业化印尼国民军应训练有素，装备精良，不参与政治，不进行经济活动。《国民军法》的通过为改革中的印尼军队指明了方向，具有里程碑意义。

2011 年 11 月，印尼颁布了耗时近 9 年才完成的第 17 号法案即《国家情报法》。该法明确定义了国家情报工作的要素，对情报工作的开展进行了基本的约束和规定，特别将军队情报工作纳入国家情报体系，接受国家情报局（BIN）的统一协调。

除上述法律外，还有几部关于军队的法律草案或是修正案受到广泛关注。一是《国家安全法》草案（RUU Kamnas）。该草案的前身是 2004 年底国防部设想的《国防安全法》草案。由于社会各界担心国安部门滥用法案赋予的权力，朝野一直未能达成一致意见。二是《国防预备力量法》草案（RUU Komcad）和《国防支援力量法》草案（RUU Komduk），因为涉及强制性动员和征用，遭到社会各界抵制，始终未能颁布。三是《军事审判法》修正案。由于近年来军队人员与地方人员间的冲突时有发生，而军人违法行为经军事法庭审判后往往轻判甚至不判，因此，社会各界要求修改 1997 年第 31 号《军事审判法》的呼声高涨，但因涉及多方利益，修正草案讨论多年仍未通过。

4. 军队参与经济活动的改革

印尼独立后，军队接管了荷兰殖民者遗留的大部分企业，开始直接参与经济活动。新秩序时期，军队成为国家主导力量，在政府各部门几乎都有军队人员，为军队参与经济活动打开了方便之门。除了获取经济利益的根本原因之外，印尼军队参加经济活动还有一个重要的原因，即国家军费预算无法满足军队需要。

印尼军队的上下各级机构通过各种途径参与经济活动，大致有以下几种方式：一是军队官方的经济活动，即军队以部门形式参与的经济活动，包括基金会、实业、制造业等；二是非军队官方的经济活动，即军队个人参与的经济活动，比如开办企业等；三是非法经济活动，即利用军队的特殊地位，进行非法经济活动，比如走私、盗伐、赌博等。

苏哈托下台后，这种状况并未马上改变，军队仍然掌握着相当份额的经济资源，在各行业拥有广泛的商业利益，从直接拥有大型企业，到通过基金会参与国家重大开发项目，再到由各单位经营的小规模合作社和士兵服务社等。这不但有悖于军队职业化改革，也不利于军队从政治社会领域有序退出，成为民主化进程中的一个敏感议题。

对印尼军队参与经济的改革是整个军队改革的重要内容。后苏哈托时代的印尼历届政府都坚决反对军队参与经济活动。2004 年通过的《国民军法》明确规定，5 年内（即到 2009 年）军队涉及的经济部门必须由政府接管。苏西洛上任后，继续推进对军队经济活动的改革，制定了很多政策来规范军队的经济部门，最终要将军队所有经济部门都置于政府管理之下。根据 2008 年第 7 号总统令，成立一个由文官领导的接管军队经济活动的国家特派组负责执行国家的相关政策，对军队所参与的经济活动进行整改。

5. 军队现代化改革

为适应国际形势发展的要求，加快印尼军队现代化建设，印尼国防部制订了三个"印尼国民军战略计划"，依次对应 2009—2014 年、2014—2019 年、2019—2024 年三个阶段，基本目标是实现印尼军队"最低限度必备兵力"（Kekuatan Pokok Minimum TNI），实现该目标最主要的途径就是更新印尼的主战武器系统。

印尼政府从 2009 年开始大幅增加国防预算，其中第一个战略计划期间（2009—2014 年）用于维护和采购武器装备的预算高达 150 万亿印尼盾。印尼军队 2012 年预算也比 2011 年大幅增长 35%，达到 64 万亿印尼盾。印尼在 2008 年的《国防白皮书》中指出，印尼军队现役武器装备的平均寿命为 25 年至 40 年，仅有 30%—35% 的武器装备的操作状况令人满意，而造成这一状况的原因是多年以来国防开支不足。

印尼在国防预算有限的情况下，十分重视在本国国防工业企业内发展武器装备的生产。苏西洛总统多次强调，印尼主战武器的采购必须首先考虑国内产品，其次是同国外合作生产的，实在不能合作生产的，才考虑国外进口。同时，加强国防工业发展也写入了 2011 年 5 月获批的印尼2011—2025 年经济发展规划。印尼国防部还向国内军事工业体系中的大企业提出了实现部分型号武器和军事装备工业化生产的任务，重点是运输机、巡逻机、护卫舰、快艇、装甲技术装备和轻武器。

经过多年的军队职业化改革，印尼的政治结构发生了巨大的变化，苏哈托时代一党独大的政党体系彻底瓦解，代表军队的"专业集团"不再享有以前的霸权地位，军队逐步淡出国家权力中心，在国家政治生活中的地位明显下降。文人领军的理念不仅得到印尼军方大多数将领赞同，而且成为印尼社会的一致要求，与此相配套的基本宪政机制也在逐步得到完善。军人直接干政的方式从根本上得到扭转，军方正在从粗鲁、暴力的政治参与形式转向一种更为成熟老练的形式。

（二）改革面临的挑战

1. 军队对政治仍具有影响力

瓦希德上台后任命文职官员担任国防部部长，加强文官政府对军队的掌控，但同时也任命了多位现役或退役军人进入内阁，分别担任交通部部长、矿业和能源部部长、行政改革国务部部长、内政部部长等，同时规定武装部队总司令和国家警察总长作为内阁成员，享受与内阁部长同样的待遇。[1] 梅加瓦蒂任总统后，继续任命文官出任国防部部长，并安排多位军人出身人士在政府中担任要职，如政治与安全统筹部部长、内政部部长、交通部部长等。[2] 具有军人背景的苏西洛出任印尼总统后，更在其内阁中加强了退役军人的作用，起用退役将领主管政治、法律、内政、海洋、内阁秘书、国务等重要部门。

因此，可以说，尽管苏哈托下台后的印尼历届政府都十分重视对军队的掌控，重新建立文官政府对军队的最高指挥权威。通过立法和行政等措施，印尼军队已在机构上脱离了与政治的联系，军队对政治的直接干预和影响现象正在逐步减少，但军人在内阁中仍然保留着一定的影响。

---

① 张蕴岭：《亚太地区发展报告（2000）》，社会科学文献出版社 2001 年版，第 167 页。

② 张蕴岭、孙士海：《亚太地区发展报告（2002）》，社会科学文献出版社 2003 年版，第 158 页。

　　此外，苏哈托下台后，印尼政府相继制定了很多军队改革政策，但并不是所有的政策都能得到有效落实，"纸上是一套，实际是另一套"的情况依然存在。军队政策执行力不足的问题始终困扰着印尼的军队改革。

　　2. 军费开支有限

　　印尼军费开支来自国家财政预算中的国防开支，而国防开支在政府预算中的优先程度一直很低。1998 年，印尼军费开支仅为国内生产总值的 1.1% 左右。由于受亚洲金融危机影响，1999 年的军费开支甚至下降到 0.9%。亚洲金融危机对军队的打击是双重的，因为军队中从事商业投资的人士未能采取适当的应对措施，导致军队可用于装备升级的资金更加匮乏。

　　虽然在 2003 年至 2007 年，印尼军费开支总额在增加，约占国内生产总值的 1%—1.4%，但是都比不上同时期邻国马来西亚（占国内生产总值的 2.2%—2.8%）和新加坡（占国内生产总值的 4.7%—5.1%）的军费。由于军费开支不足，导致印尼军队装备质量低劣，人员素质不高。

　　长期以来，印尼军队通过经济活动获得大量经济利益。虽然政府明确要求军队放弃各种形式的经济活动，另一方面却不能弥补军费开支缺口，这就决定了印尼军队要彻底告别经济活动是十分困难的。虽然苏西洛上台后印尼经济有所好转，对军队的财政投入也不断增加，但有限的军费对于军队各项开支而言依然捉襟见肘。印尼近年来不断购买新武器，其中大部分是靠向外国贷款或延期付款进行的，还有一部分要在军费开支中扣除，所剩军费更是无法满足军队需要。

　　3. 文官自身实力不足

　　苏哈托下台后经哈比比政府的短暂过渡，产生了瓦希德和梅加瓦蒂两任文官领袖，接着出现了具有军人背景的苏西洛。苏西洛能在 2004 年总统直选中胜出，很大程度上是民众不满文官政府软弱、低效的一种反映，体现了他们对强势政府的渴望。苏西洛的上台折射出了军队完全退出政治舞台的曲折性，在某种意义上甚至可以说是军人政治影响的反弹。

　　另一方面，从最近几次的大选中可以看出，各个政党之所以积极拉拢军人来增强自己的实力，从根本上来说还是因为印尼的非军人政治家势力还比较弱，并没有强过军人。文官自身实力的不足还体现在内阁成员的任命方面。2002 年规定现役军人退出文官职务后，梅加瓦蒂的"合作内阁"，以及苏西洛的两届"团结内阁"，都有多名退役将军担任部长。印尼军队的职业化、去政治化改革进程，从根本上来说就是建立文官对军队的强大领导，而目前这种主导作用还没有体现出来，文官还需要时间来增强自己的实力。唯有如此，军队才能从根本上远离政治。

追溯印尼军队的成长历史，军人政治在印尼具有很深的根基。虽然政府制定了大量的军队改革措施，但在实践中尚未得到全面贯彻落实。面对印尼军队长期积累的政治经济利益，以及错综复杂的权力关系网，改革必将面临很大挑战。但可以肯定的是，印尼军队已步入改革轨道，政府致力于军队改革的努力不会停止，印尼军队的职业化、去政治化改革将会继续深入。

第五章　泰国

20 世纪中后期以来，泰国一方面完成了从传统农业国到新兴工业国的跨越式发展，跻身为中等收入国家，另一方面也经历了从威权体制到多元体制的政治转型。从权力结构的演进来看，其主要的发展轨迹为：60年代军人专制时期的单极自律形态→70年代政治转型时期的无序多元形态→80年代"半民主"时期的寡头自律形态→90年代以来的衡平多元形态。21世纪初期，随着新资本集团他信派系的强势崛起，泰国的政治权力结构曾出现转向单极多元形态的发展趋势，但很快就受到各派政治力量的联手遏制。从目前看，泰国还将在相当长时间内继续处于衡平多元形态的磨合阶段。

第一节　泰国政坛的派系力量构成

迄今为止，曾经活跃在泰国政治舞台的权力集团主要包括：王室—保皇派、军人集团、曼谷政商集团、城市中产阶级、地方豪强集团、新资本集团等。

一　王室—保皇派

长期以来，王室—保皇派一直是泰国政治现代化发展的重要参与者。20世纪初，朱拉隆功改革的成功使该集团的政治力量攀上巅峰，成为泰国统治集团的主导与核心。但是，随着现代官僚体制和军队体制的完善与发展，该集团很快就因为固守君主专制的权力垄断而成为政治现代化的绊脚石。1932年民主革命后，该集团在与军人集团的权力斗争中遭受重创。随着1935年拉玛七世退位，该集团的政治影响力跌落谷底，甚至在二战期间沦为军人集团的陪衬。

20 世纪 60 年代，拉玛九世普密蓬国王与军人独裁者沙立·他纳叻在政治上达成默契，王室—保皇派得以在军人威权政府扶持下复兴。70 年代初，该集团在推翻军人独裁斗争中发挥了重要作用，从而奠定了该集团在泰国政治权力结构中的核心地位。80 年代的"半民主"时期，该集团成为核心圈层的权力寡头一极，其影响力甚至在一定程度上凌驾于国会与政府，成为制衡军人集团和地方豪强集团的重要力量。

1992 年民主运动中，该集团斡旋城市中产阶级与军人集团政治冲突，不仅有效化解了社会动荡，而且使拉玛九世俨然成为泰国民主体制的"中流砥柱"。90 年代以来，该集团的政治表现相对低调，但通过枢密院（国王的私人咨询机构）依然保持着重要话语权。2006 年以来在各派政治力量联手压制新资本集团的过程中，该集团再次展现深厚的政治影响力，成为军人集团发动政变、城市中产阶级掀起街头暴力、地方豪强集团开展议会斗争的重要依托和后援。

二 军人集团

军人集团从 20 世纪 30 年代初到 80 年代末，始终主导并推动着泰国政治的发展，并且至今依然拥有重要的政治话语权。甚至在一定程度上可以说，20 世纪泰国的政治转型就是军人集团连续不断的政变过程。

1932 年的军事政变，推翻了泰国的君主专制，迫使拉玛七世下诏实行君主立宪，从而开启泰国的政治现代化道路。随后，军人集团于 1933 年发动政变，挫败王室—保皇派通过议会斗争重掌政权的企图，并且在镇压保皇派叛乱的军事行动中，彻底瓦解了保皇派的武装力量，确立了军人集团的政治主导地位。

二战后，虽然军人集团曾一度在政治上被边缘化，但很快就在美国的支持下通过 1947 年政变重掌政权，并通过 1948—1951 年的一系列政变和反政变行动，肃清了自由派—文官集团以及王室—保皇派的政治影响力，再次确立了核心圈层的政治主导地位。60 年代，通过政变上台的沙立元帅，更是以备受争议的"泰式民主"模式构建了军人独裁体制。

20 世纪 70 年代初，军人独裁体制在声势浩大的学生运动中崩溃。不过，随着 1973—1976 年的"民主实验"失败，军人集团再次通过政变回归。80 年代"半民主"时期，尽管军人集团已无法在国会遏制地方豪强集团对立法权的渗透，但在王室—保皇派的支持下，却始终把持着政府内阁的行政权，直到 1988 年才让出总理职位和组阁权力。

1991 年，军人集团发动政变，推翻地方豪强集团主导的差猜政府，并试图通过立宪的方式重新掌控国会和政府。但是，军方此举遭到城市中产阶级强烈抵制，并引发 1992 年的"五月流血"事件。在拉玛九世的调停下，军人集团被迫退出政治主导地位。20 世纪 90 年代，军人集团虽然在政治上保持低调，并未直接介入政治斗争，但却始终坚守军队的自主与独立，拒绝民选政府"军队国有化"政策，从而保留了有效的政治资本。

2001 年以他信为首的新资本集团掌握核心圈层的政治主导权后，开始不断加强对军队的渗透，甚至以削减军费预算为手段，干预军方人事权，结果引起军方强烈不满。2006 年，军人集团在王室—保皇派的支持下，时隔 15 年再次发动政变，推翻了他信政府。不过，由于他信派系深得中下层选民拥护，因此在 2007 年军方"还政于民"后，他信派系很快就卷土重来，使得"反他信"与"挺他信"权力斗争在随后数年内愈演愈烈，并多次引发流血冲突。2014 年，军人集团在王室—保皇派的支持下，再次发动政变，推翻了英拉政府，并明确表示将在军方主导下推动泰国全面改革，从而再次抢占了政治权力结构的核心圈层。

三   曼谷政商集团

曼谷政商集团的形成和发展与军人集团的权力垄断密不可分。20 世纪 60 年代以前，泰国奉行国家资本主义政策，各项稀缺资源都为军人集团主导的威权政府所掌握。因此，通过赠送干股或家族联姻等方式，建构与政府高官和军警显贵的私人关系与利益联盟，从而获得相应政治庇护和商业关照，也就成为曼谷商业家族得以在国有企业的缝隙间生存和发展的重要保障。

20 世纪 60 年代初，泰国政府开始推行鼓励私人部门发展的"进口替代"政策，从而为该集团的蓬勃发展开辟了道路。通过政治游说与商业贿赂，该集团全面有效利用了政府放松管制和鼓励投资的各项政策优惠与后门漏洞，逐步发展成为 70 年代泰国经济举足轻重的组成力量，并且以银行业为核心，建构起彼此交错的商业和家族网络。不过，由于该集团与军人集团和王室—保皇派有着千丝万缕的联系，而且老一辈政商都曾经历过威权时期的政治压制，因此在政治方面相对保守，更倾向于通过游说和贿赂的方式影响政府决策，而不是直接参与政治主导权的争夺。

90 年代以来，该集团的政治态度开始逐渐积极。这一方面是因为新生代家族精英的参政意识要高于长辈；另一方面在于，该集团的经济基础——家族银行业、农产品加工业以及其他劳动密集型和资源密集型传统产业，面临"对外开放"政策的沉重压力，特别是在 1997 年亚洲金融危机中遭受重创后，更需要国家政策的扶持和庇护，以赢得家族产业转型和升级的宝贵时间。这也就是该集团会在 2006 年以来的政治冲突中坚决抵制主张"对外开放"政策的新资本集团的原因所在。

四 城市中产阶级

随着 20 世纪 60 年代以来泰国的经济增长和城市化进程，城市中产阶级逐渐形成与发展。作为新兴利益集团，城市中产阶级在政治方面存在争取话语权的参政要求，对于垄断政治权力的军人集团存在强烈不满。因此，左翼学生和知识分子在 1973 年掀起反对军人独裁的政治运动时，得到城市中产阶级的大力支持。不过，以曼谷为首的中心城市的兴起是与威权政府长期坚持"重城市，轻农村"政策密切相关的，因此城市中产阶级对下层民众政治权利增加，同样存在戒备和担忧。随着 70 年代初左翼政治思潮涌动，以及印支地区共产主义运动发展，城市中产阶级在 1976 年的军事政变中，加入王室——保皇派和军人集团的保守阵营，成为遏制左翼学生运动的重要力量。

80 年代，随着社会经济的进一步发展，城市中产阶级的力量不断壮大。特别是在泰共衰落后，学生和知识分子逐渐放弃激进革命要求，开始融入城市中产阶级，寻求渐进的政治改良。通信技术发展和社会团体形成，使得城市中产阶级拥有了更有效的动员和组织能力，成为更具凝聚力的政治力量。1992 年"五月流血"事件中，城市中产阶级积极介入军人集团与地方豪强集团的政治斗争，通过大规模的示威集会和流血冲突，迫使军人集团放弃重掌政权的企图，并退出政治主导地位。

90 年代以来，通过街头示威集会、传媒和学术舆论造势、社会团体游说等方式，城市中产阶级始终掌握着重要的政治话语权，从而有效固守"重城市，轻农村"的利己政策。2006 年以来的泰国政治动荡中，以人民民主联盟（亦称"黄衫军"）为代表的城市中产阶级，坚定支持"反他信"阵营，甚至不惜在 2008 年诉诸街头暴力，采取攻占总理府和封锁国际机场的极端行动。其根源并不在于前总理他信是否贪污腐败，或其执政作风独断专行，而在于他信政府试图改变长期以来"重城市，轻农村"的政策导向，实行有利于农村发展的国家政策倾斜，从而影响到城市中产阶级的核心利益。

五　地方豪强集团

地方豪强集团的产生是泰国政治发展过程中传统与现代因素彼此交错的妥协结果。泰国现代行政体系的地方建构，止步于府和县，并未继续深入到乡和村。这就使得地方豪强能通过传统庇护制关系，长期把持村和乡的政治权力。他们在乡村社会被泰国政庥的"重城市，轻农村"政策边缘化的过程中，形成了游离于政府的半自治体系。

从组织构成来看，地方豪强成分相当复杂，其中既有被称为"Chao Pho"（教父）的地方黑社会大佬，也有外府华商网络的地方富豪，还有通过承包政府工程牟取暴利的政治商人，以及地方职业社团的领袖人物。不过，他们在经济利益和社会认同方面具有一致性——前者表现为要求保持地方市场封闭以利于垄断，要求增加政府预算的外府拨款特别是基建项目拨款以利于分肥；后者表现为强调乡村庇护制关系以巩固其社会地位——使得他们在政治方面拥有相似的意识倾向和政策要求，致力于对中央权力垄断和财政预算的瓜分。

尽管地方豪强集团的参政方式是民主选举，但其形式上的现代性，难以掩饰其实质上的传统性。通过传统庇护制网络进行拉票和贿选，成为地方豪强集团赢得选举的关键手段。地方豪强集团对于国会议席的垄断，使得泰国政党政治长期以来一直呈现"掮客政党"特征，各政党不过是基于庇护关系的地方豪强之间的利益分配机制，根本不存在共同的政治理念或党纪约束。

地方豪强集团从 70 年代初开始崭露头角，并在 80 年代的"半民主"时期完成了对国会权力的渗透，成功跻身泰国政治权力结构的核心圈层，最终在 80 年代末迫使军人集团让出总理职位和组阁权力。随着军人集团的制衡不复存在，地方豪强集团缺乏政治责任感的缺陷暴露无遗。联合政府的脆弱、腐败与无能，成为 90 年代泰国政治的主旋律。《1997 年宪法》在很大程度上就是以城市中产阶级为首的政治力量试图遏制地方豪强集团政治扩张和权力滥用的制度安排。

90 年代末以来，由于《1997 年宪法》的制度约束和新资本集团崛起的势力侵夺，使地方豪强集团面临的生存压力不断增加，各中小政党相继被他信的泰爱泰党并吞。于是，在 2006 年的政治冲突中，该集团加入了"反他信"阵营，支持军人集团通过政变推翻他信政府。不过，由于缺乏政治认同，因此在政治压力随着新资本集团遭受重创而减弱后，该集团的外围派系迅速分化，部分地方豪强在利益驱使下，开始寻求与他信派系的妥协与合作，试图在"反他信"与"挺他信"之争中谋取更大好处，从而使得泰国政局变得更为微妙和复杂。

六　新资本集团

新资本集团是 20 世纪 80 年代泰国经济发展转型的重要产物。

相较于保守的曼谷政商集团，新资本集团的经济行为模式明显不同：后者通常从事高附加值的资本或技术密集型产业，而不是前者主要从事的劳动或资源密集型产业；后者的主要融资渠道是股票市场，而不是前者所习惯的商业或国有银行贷款；后者从一开始就是出口导向型的产业，将市场开拓和产品创新作为发展的第一要务，而前者起初是进口替代型产业，更重视市场垄断和产业保护。

得益于产业、融资、市场方面的优势，特别是泰国股市在 80 年代末到 90 年代初的爆炸式增长，新资本集团在短短十多年内，完成了曼谷政商集团数十年才实现的原始资本积累，从而拥有了雄厚的经济实力与社会资源，为其参政提供了可靠保证。例如，前总理他信·西那瓦，近乎白手起家，却在十多年时间里跃居泰国首富，成为身家数百亿泰铢的"电信大亨"，从而为踏足政坛提供了充裕的政治资金。

对于新资本集团而言，技术开发引进以及金融市场筹资都不是难题，唯有市场规模才是制约其发展的关键所在。因此，对外开放拓展海外市场，对内改革启动农村市场，也就成为事关新资本集团根本利益的重要政策要求。但问题在于，前一项要求会影响曼谷政商集团利益，后一项要求会损害地方豪强集团利益，因此新资本集团的改革开放要求，很难得到倾向于保持现状的两大集团的认可。事实上，在地方豪强集团主导政坛的 90 年代，泰国政府在经济发展方面基本无所建树。于是，以他信组建泰爱泰党为标志，新资本集团改变了以往渐进的政治参与，掀起全面重组泰国政治权力结构的激进风暴，试图以政治主导者的身份，直接推动改革开放进程。

新资本集团通过"草根政策"赢得了草根群体特别是外府农民群体的拥护，同时凭借雄厚的政治资金，拉拢地方豪强集团的部分外围派系，从而在选票和国会议席方面占据主动。2001 年选举后，初次参选的泰爱泰党成为泰国首个拥有众议院简单多数席位的政党，他信出任总理；2005年选举中，泰爱泰党横扫众议院 3/4 议席，使得他信不仅成为泰国首位通过民选实现连任的总理，而且组建了泰国首届"一党内阁"。

新资本集团掌握政治主导权后，采取激进的政治改革和体制重组，试图构建以他信为首的权力垄断体系，从而引起了各派权力集团的强烈不满。从 2006 年 2 月起，城市中产阶级、地方豪强集团、王室—保皇派、曼谷政商集团、军人集团先后加入"反他信"政治运动，并于 9 月 19 日通过军事政变推翻了他信政府。随后，军人集团在王室—保皇派和曼谷政商集团的支持下，通过起草颁行《2007 年宪法》重构了泰国的政治权力结构。

尽管新资本集团遭受重创，泰爱泰党也于 2007 年被宪法法院判决取缔，但他信派系却依然拥有雄厚的经济实力和政治资金，并得到农民群体的拥护。2007 年与 2011 年泰国众议院选举中，他信派系都以明显优势赢得选举，并先后将他信代理沙玛、他信妹夫颂猜、他信幺妹英拉推上总理宝座，从而以事实印证了新资本集团在权力结构核心圈层中的政治主导地位。

第二节　泰国政商关系发展的过程、动力与前景

尽管在过去的半个多世纪里，泰国政治舞台有为数不少的政治权力集团粉墨登场，并围绕政治主导权上演了一场场或豪迈或惨烈或诡异的历史大戏，但是，其中贯穿始终的不变主线，则是政商关系的演化与发展。甚至在很大程度上可以说，泰国从威权到多元的政治转型，其本质就是军人集团衰落与商人集团崛起的政治权力更迭过程。

2006 年以来，泰国政局持续动荡，"反他信"保守阵营与"挺他信"革新阵营之间冲突不断。从竞选拉票、游行示威、国会角力等合法手段，到军事政变、街头暴动等违宪举措，双方在政治主导权问题上展开针锋相对的斗争。从政治表象来看，双方冲突的重点在于"他信问题"，但从政治权力结构来看，矛盾的关键并不在于他信本人的功过是非，而在于他所

代表的新资本集团的政治崛起和对主导权的要求。

一 泰国政商关系的调整与转型

（一）威权时期的"依附式"政商关系

19 世纪末，朱拉隆功改革开启了泰国现代军队建设，从而促成军人集团的形成与发展。1932 年民主革命推翻君主专制政体，军人集团作为独立政治力量正式登上泰国权力舞台。20 世纪 30 年代，军人集团与王室—保皇派在政治主导权问题上展开针锋相对的斗争，甚至引发武装叛乱和军事冲突。

二战后，军人集团曾因"亲日问题"而被政治边缘化，但很快就在冷战反共的契机下，重返权力结构核心圈层。20 世纪 50 年代末，军人领袖沙立·他纳叻政变夺权，摒弃"西式民主"模式，推行"泰式民主"道路，从而依托军方的武力威慑与国王的政治合法性授权，在威权体制下建构了单极自律形态的权力结构，实现了军人集团对核心圈层与制衡圈层的全面掌控。

在行政权方面，沙立通过体制改革和调整，将军人总理在内阁中的权力地位，从先前的"平等磋商的首席部长"提升为"垂直指挥的最高领导"。对此，有学者指出，"在沙立元帅执政时期，立法与行政领域的改革集中体现在总理决策权方面，使之成为独一无二的、强势和关键的职位。沙立喜欢就各种事项采取直接行动，并试图以制度化形式将其个人意志强加于各项活动之上。在沙立总理任职期间，他始终是行政动力的核心"。① 沙立过世后，继任的军人领袖他侬·吉滴卡宗不仅延续了总理权威，而且还通过政治联姻的方式，强化了行政体系的家族式统治。

在立法权方面，沙立于 1958 年解散国会后，成立了制宪会议，负责起草永久宪法，并代行国会职权。1959 年 2 月任命的 220 名制宪会议成员中，包括 102 名陆军军官，26 名海军军官，24 名空军军官，18 名警官，50 名文职官员。由于永久宪法起草直到 1968 年才宣告完成，因此在长达 10 年时间里，军人集团得以通过制宪会议有效掌控立法权。

对于威权体制的系统运作，有学者将之概括为"权利与权力对冲"。

---

① David A. Wilson, *The United States and the Future of Thailand*, New York, NY: Praeger Publishers, 1970, p. 115.

一方面，经济社会领域在很大程度上保障人民的权利，开放资源、扩大自由，刺激人民的生产积极性、主动性，为工业化和经济发展提供巨大动力；另一方面，在政治领域集中权力于政治精英阶层，强化国家政权，依靠政权力量推动国家工业化的战略性发展。[①] 这就意味着在系统层面上，威权体制完全封闭了商人的政治上升渠道。从权力结构来看，威权时期的泰国政坛呈现单极自律形态，军人集团长期把持着核心圈层，商人群体等其他利益集团都被压制在边缘圈层，难以分享政治话语权，从而使得政商关系呈现明显的"依附式"特征（见图 5.1）。

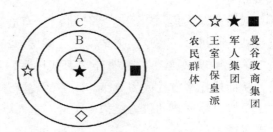

图 5.1　威权时期的"依附式"政商关系

从社会经济利益结构来看，得益于军人威权政府鼓励私人部门发展的宏观经济政策，新兴的商人群体依托银行资本逐步拥有了举足轻重的社会影响力。20 世纪 60 年代末，以曼谷为中心的泰国城市经济已逐渐为 20 多个政商家族所控制，从而促成了以银行资本为核心的曼谷政商集团的形成。[②] 但从政治权力结构来看，曼谷政商集团却长期受到军人集团压制，无法超越边缘圈层局限性，难以在国家政策的制定与修改过程中，拥有与其社会影响力相匹配的政治话语权。

尽管通过行贿和游说方式，曼谷政商集团也能在一定程度上对国家政策的制定与修改施加影响，或在国家政策的执行过程中进行"曲解"以实现其利益诉求，但这在很大程度上受制于军人集团。如果双方的利益诉

---

① 房宁等：《自由·威权·多元：东亚政治发展研究报告》，社会科学文献出版社 2011 年版，第 15 页。

② Pasuk Phongpaichit and Chris Baker, "Chao Sua, Chao Pho, Chao Thi: Lords of Thailand's Transition", in Ruth McVey, ed., *Money and Power in Provincial Thailand*, Nordic Institute of Asian Studies, NIAS Publishing, 2000, p. 33.

求存在分歧，曼谷政商集团就很难保证其发展需要得到满足。"依附式"政商关系的存在，使得军政高官在攫取庞大利益的同时，"并不需要对商人社群承担政治责任，而且毫无理由认为，他们会希望采取或实施任何普遍性法规以维护商人的社会经济利益"。[1] 这就使得羽翼渐丰的曼谷政商集团开始对权力结构调整产生了迫切要求，以期改变政治不利地位。

（二）"半民主"时期的"协商式"政商关系

20世纪70年代，泰国的政治权力结构发生重要调整。1973年民主运动推翻他侬军人独裁政府，军人集团被迫退出政治主导地位，从而使得权力结构的核心圈层出现真空。于是，从极左翼的泰国共产党，到极右翼的王室—保皇派，各派力量展开了对政治主导权的反复博弈。作为处在上升阶段的新兴利益集团，曼谷政商集团也在博弈中扮演了重要角色，并开始掌握话语权。据统计，1947—1973年的国会任命制议员中，商人群体占比为2.7%；与此相比，1973—1976年，这一比重猛增至16.8%。[2]

由于深感国内左翼派系的民粹主义压力，以及中南半岛共产主义浪潮的外部威胁，泰国政坛的中立集团与右翼势力逐步合流，并在70年代末达成"半民主"体制的妥协方案。从权力结构来看，政商关系在"半民主"时期的寡头自律形态下，呈现"协商式"特征（见图5.2）

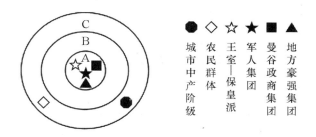

图5.2　"半民主"时期的"协商式"政商关系

一方面，军人集团依托王室—保皇派的支持，通过军事政变重掌内阁权柄。从江萨·差玛南到炳·廷素拉暖，行政权在1977—1988年间始终

---

① Fred W. Riggs, *Thailand: The Modernization of a Bureaucratic Polity*, Honolulu: The East - West Center Press, 1966, p. 252.

② ［泰国］朗讪·塔纳蓬潘：《泰国经济政策的决策机制：历史与政治经济学分析（1932—1987年）》，经理人出版社1996年版，第97页。

为军人总理把持。但是，随着"泰式民主"体制瓦解，国会立法权不再为军人集团所垄断。地方政客依托地方豪强集团的乡村庇护制网络，通过贿选操纵农村选票，从而有效控制了国会立法权。由于受地方豪强掣肘，军人集团不复政治主导地位，未能继续垄断核心圈层，而是被迫与其他权力集团形成寡头共治。

另一方面，曼谷政商集团依托雄厚政治资金和广泛经济社会影响力，成功实现了从边缘圈层到核心圈层的跨越。曼谷政商集团的政治话语权，主要体现在三方面：其一是通过传统的行贿与游说等方式影响军政高官；其二是通过政治献金等方式利用地方政客表达诉求；其三是通过官方渠道，直接参与国家政策制定和修改。例如，炳执政期间，曾鼓励私人部门通过正式的商业组织就国家经济政策对政府提出意见和建议。[①] 20 世纪80 年代初，炳政府成立公私联合咨询委员会，负责经济政策咨询工作。该委员会虽不是政府机构，但却是泰国经济决策体系的重要组成部分。[②]该委员会主席由政府总理兼任，成员包括政府副总理、主管经济的相关领导，以及泰国商会、泰国银行家协会、泰国工业联合会的代表。据统计，1981—1987 年，该委员会共审议通过有关经济问题的决议143 件，其中三大公会提出的有87 件，政府与公会联合提出的有40 件，政府单独提出的仅有14 件。[③]

从权力运作来看，由于军人集团把持行政权，因此相较于商人群体依然处在优势地位，但与威权时期相比，军人集团与商人群体已不存在"核心—边缘"的圈层差异，而是同处于核心圈层的政治力量。对于军人集团而言，"半民主"时期的商人群体不再是恭顺的"依附者"，而是必须重视的"协商者"。

（三）多元时期的"对等式"政商关系

20 世纪80 年代末，炳在民主化运动压力下放弃总理职位，但部分军方高层并不甘心就此退出政治舞台。1991 年，军方政变推翻民选政府，并高举"反腐败"旗帜压制地方豪强，试图借此重掌内阁权柄。但是，

① Anek Laothamatas, *Business Associations and the New Political Economy of Thailand: From Bureaucratic Polity to liberal Corporatism*, Boulder, Col.: Westview Press, 1992, pp. 58 – 65.
② 韩锋：《泰国经济的腾飞》，鹭江出版社1995 年版，第228 页。
③ 任一雄：《东亚模式中的威权政治：泰国个案研究》，北京大学出版社2002 年版，第124 页。

1992 年城市中产阶级的大规模民主运动，却使得军人集团未能如愿。"五月流血"事件后，军人集团被迫退出权力结构核心圈层，从而为 90 年代以来的衡平多元形态的形成铺平道路。从权力结构来看，多元时期的政商关系呈现"对等式"特征（见图 5.3）。

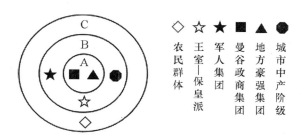

图 5.3 多元时期的"对等式"政商关系

地方豪强集团在继续把持立法权的基础上，接管了军人集团的行政权，从而成为民主化运动瓦解"半民主"体制的最大受益者。但是，作为 90 年代泰国政坛的主角，地方豪强却未能垄断核心圈层，而是与曼谷政商集团成为对等的"合作者"。① 具体来看，"对等"格局形成主要有三方面原因：

首先是政治组织的松散性。由于地方豪强集团的根基在于乡村庇护制网络，因此其组织结构有很强的地域特征，难以形成纵向和横向的紧密联系。尽管在国会运作中，地方豪强都隶属于政党，从而形式上合乎政党政治要求，但实质上，以庇护制关系为基础组建的掮客政党，并不能有效提供组织约束和利益协调机制。90 年代泰国政坛"小党林立"，联合政府更迭频繁，地方豪强集团根本无意也无力行使政治主导权。

其次是政治资金的依赖性。选举政治特别是"贿选"政治的运作需要巨额资金支持。据估算，1988 年泰国用于"收买"选票的全国支出，高达 100 亿泰铢（约合 4 亿美元）。② 1992 年民主运动后，"贿选"愈演愈烈。根据非政府组织 Poll Watch 估测，1995 年泰国用于"收买"选票

---

① 陈尚懋：《塔克辛执政前后的泰国政商关系》，载台湾《问题与研究》2008 年第 47 卷第 2 期，第 165 页。

② *Bangkok Post*, April 18, 1989.

的全国支出已增至 550 亿泰铢（约合 22 亿美元），1996 年更攀升至 1000 亿泰铢（约合 40 亿美元），相较 1988 年翻了三番多。[①] 这就使"筹资"成为地方豪强面临的普遍要务。尽管地方豪强拥有深厚的乡村庇护制网络，但是长期以来"重城市，轻农村"的发展导向，使得地方豪强很难从外府农村汲取到充裕的资源，甚至还要替代政府为当地提供免费"公共产品"，以维护其乡村庇护者的社会影响力。于是，除了贪污挪用国家财政的黑色渠道，接受商人群体的政治献金，经由"权钱交易"的灰色渠道筹资，也就成为地方豪强的必然选择。随着泰国反腐败体制建设的日趋完善，地方豪强在"筹资"问题上对商人群体的依赖性也与日俱增。

最后是多元结构的制约性。90 年代泰国衡平多元形态的重要特征就在于制衡圈层权力集团数量增加。作为制衡集团，无论是从核心圈层退出的军人集团和王室—保皇派，还是从边缘圈层晋升的城市中产阶级，都在制衡圈层拥有独立的政治地位，并在事关切身利益的特定问题上拥有关键性的否决权。这就对地方豪强的立法权和行政权形成"保守化"制约，使其无法像威权时期的军人集团那样独断专行地贯彻政治意志和利益诉求，难以成为权力结构的唯一核心。

（四）他信时期的"一体式"政商关系

1998 年，"电信大亨"他信·西那瓦组建泰爱泰党，从而掀开了新一轮政商关系调整的序幕。作为有别于曼谷政商集团的新兴商人群体，新资本集团不再满足于藏身幕后，而是要求亮相台前。2001 年，泰爱泰党赢得大选，并成为泰国首个拥有国会简单多数席位的政党。他信如愿以偿执掌了内阁权柄。2005 年，泰爱泰党再次赢得大选，并席卷了国会 3/4 议席。他信不仅成为泰国首位连任民选总理，而且成为首位"一党内阁"总理。从权力结构来看，他信执政期间表现出单极多元形态的发展趋势，政商关系呈现"一体式"特征（见图 5.4）。

新资本集团依托雄厚的政治资金和中下层民众特别是农村民众的选票支持，经由民主选举路径进入政治权力的核心圈层，并通过多方博弈逐步成为拥有压倒性优势的主导集团。在行政权方面，新资本集团着力推进行政体制改革，强化他信内阁对公务员和行政官僚的约束力。在立法权方面，新资本集团运用"银弹攻势"吞并中小政党，压制地方豪强的生存

---

① ［泰国］《曼谷事务》1996 年 11 月 17 日。

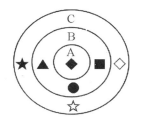

图5.4　他信时期的"一体式"政商关系

空间，以提高泰爱泰党对国会的控制力。与此同时，新资本集团依托行政权和立法权优势地位，逐步压制军人集团、王室—保皇派以及城市中产阶级的政治话语权。① 得益于他信派系与日俱增的政治优势，新资本集团不仅能直接地表达利益诉求，而且能将诉求转化为国家政策，并有效地加以贯彻落实，从而在一定程度上超越了政商之间的传统界限。

新资本集团主导的"政商一体"进程，特别是对核心圈层的垄断式掌控，严重损害了各派既得利益集团的政治权益，从而引起了普遍不满，作风强硬的他信也被反对派指责为"民选的独裁者"。从2006年起，军人集团、王室—保皇派、城市中产阶级、地方豪强等利益集团掀起"反他信"运动，旨在遏制新资本集团强势崛起。从地方豪强的国会不信任提案，到军人集团的武力威慑和军事政变，再到城市中产阶级的示威集会和街头暴动，保守阵营的攻势使他信派系屡遭重挫。他信政府被政变推翻，泰爱泰党被强制解散，他信被迫流亡海外，百余名政党骨干被判决五年内禁止从政。

不过，他信派系的根基在于新资本集团"资金"与农民群体"选票"的政治联合。这就使得在宪政民主的选举体制下，"反他信"运动很难从根本上瓦解新资本集团的崛起态势。2007年，人民力量党赢得大选，"他信代理"沙玛·顺通卫与"他信妹夫"颂猜·翁沙瓦相继出任总理。2011年，为泰党赢得大选，"他信幺妹"英拉·西那瓦出任总理。尽管受到"反他信"运动制约，但他信派系依然有效把持着核心圈层的政治主导地位。

---

① 周方冶：《泰国政治格局转型中的利益冲突与城乡分化》，载《亚非纵横》2008年第6期，第44—45页。

二　泰国政商关系的演化条件

从表 5.1 可见，随着泰国的政治转型，相关权力集团在政治权力圈层中的地位都在渐次调整。其中，军人集团、地方豪强、商人群体之间的权力地位互动，更是直观体现了政商关系在新兴权力集团崛起与既得利益集团衰落过程中的演化发展。

表 5.1　　　　　　泰国政治转型中相关权力集团的地位变动情况

相关权力集团		威权时期	"半民主"时期	多元时期	他信时期
军人集团		A	A	B	C
王室—保皇派		C	A	B	C
地方豪强集团		C	A	A	B
商人群体	曼谷政商集团	C	A	A	B
	新资本集团	–	–	–	A
城市中产阶级		–	C	B	B
农民群体		C	C	C	C

注："A"表示核心圈层，"B"表示制衡圈层，"C"表示边缘圈层，"–"表示尚未形成独立权力集团。

那么，从政商关系的演化发展来看，为什么商人群体能进入核心圈层，而其他新兴的权力集团通常止步于制衡圈层？为什么新资本集团与曼谷政商集团在权力博弈中会有不同政治诉求？对此，需要从促成政商关系演化的主客观条件予以分析。

其一，结构性经济利益诉求是商人群体参与权力结构调整的根本动力。

任何对既定政治权力结构的调整，都将会引起权力地位受影响的既得利益集团的反对和抵制，以及新兴权力集团在权力重新分配问题上的冲突和竞争。20 世纪 70 年代的军事政变与武装冲突，90 年代初的民主运动与"五月流血"事件，以及 2006 年以来的"反他信"与"挺他信"政治斗争，都以事实佐证了政治权力结构调整的艰难与曲折。这就使得任何具有理性选择能力的政治权力集团，都会在推动和参与政治权力结构调整的过程中，权衡成本与收益，以期实现利益最大化。

对商人群体而言，参政之根本目的就在于建构更有利的商业环境，从而为其发展提供切实保障和有力助推。不过，即使同为商人群体，新资本集团与曼谷政商集团对商业环境的要求也存在明显差异，从而使双方对政治权力地位产生不同需求。

曼谷政商集团主要从事传统产业，因此对商业环境具有明显的保守主义偏好。威权体制瓦解后，曼谷政商集团之所以参与政争，更多是基于防御性要求，旨在防范政治权力特别是军人集团和地方豪强对既有商业环境的不正当侵害。因此，曼谷政商集团在实现了权力地位提升、拥有自保的对等话语权之后，就不再提出更进一步的权力地位要求。

新资本集团主要从事新兴服务业和高新技术产业，因此对商业环境存在强烈的革新主义偏好。1997 年亚洲金融危机后，泰国的城乡二元格局和传统产业结构已成为制约社会经济发展的重要瓶颈。但是，无论是占据核心圈层的地方豪强或曼谷政商集团，还是处于制衡圈层的城市中产阶级、军人集团、王室—保皇派，都在国家经济政策方面相当保守，倾向于拉玛九世保守的"充足经济"理念。这就在根本上阻碍了新资本集团的长期发展，从而促使其提出政治主导权要求。

他信派系在把持核心圈层后，推行革新的"他信经济"理念。一方面对内改革，瓦解农村自然经济体系，拓展国内市场；另一方面对外开放，参与全球化进程，推动产业结构调整，提高国际竞争力。如果"他信经济"政策在革新体制下得到贯彻落实，将在中长期形成有利于新资本集团发展的商业环境。否则，新资本集团就有可能再次面临 90 年代保守体制下的发展困境。由于事关新资本集团的结构性经济利益诉求，因此尽管他信派系在"反他信"运动打压下屡受重挫，依然无意妥协，反而进一步坚守政治主导权和"他信经济"道路。

其二，雄厚的资金支持是商人群体在政治权力竞争中胜出的核心保证。

从泰国新旧利益集团的政治权力竞争过程来看，其胜负将主要取决于两方面因素的综合较量：这一方面是外部环境因素。例如，20 世纪 60 年代的地区冷战有利于巩固军人集团的政治主导权，而 80 年代的第三波民主化浪潮则有助于提高地方豪强的民选议员政治合法性；另一方面是内部资源因素。例如，武装力量是军人集团的政治底牌，国王传统权威是王室—保皇派的关键倚仗，民意舆论是城市中产阶级的有效工具，乡村庇护制网络则是地方豪强的政治根基。

对商人群体而言，外部环境因素的重要性不言而喻。正是随着民主化进程的发展，才使得曼谷政商集团和新资本集团有可能进入权力结构核心圈层，而不会像二战或冷战时期的商人群体那样，在军人集团的武力压制下成为政治依附者。不过，相较于其他利益集团特别是地方豪强，商人群体并未从民主化进程中获得额外优势。事实上，商人群体之所以能在政治权力竞争中胜出，关键在于内部资源因素所转化的政治优势，特别是得益于雄厚的资金支持。

政治运作从来都离不开资金支持。这在泰国的"庇护制"政治文化环境下，表现得更为直接。作为上位者的"恩主"，需要为下位者的"仆从"提供金钱、职位等诸多现实利益，以换取后者追随和效忠。无论是军人集团的"军政派系"，还是地方豪强的"掮客政党"，都建立在庇护制关系基础上，需要源源不断的资金支持。对此，有学者形象地写道，"政党好比大树，政客就像栖息在树上的鸟。如果某棵树上结满了果实比如大量的金钱以及特权，国会议员就会纷纷离开原先的政党前来投效"。①随着威权到多元的政治转型，民主选举开始成为政治合法性的唯一来源，政治运作对于资金的需求进一步提高。无论是合法的宣传拉票，还是不合法的贿选买票，都需要巨额资金。这就使商人群体能在政治权力竞争中更有效地发挥资金优势，从而掌握更多的政治话语权。

相较于保守的曼谷政商集团，新资本集团对政治资金的运作具有更加明显的策略性和进攻性。新资本集团一方面沿袭曼谷政商集团传统路径，通过贿赂军政高官和收买地方政客的方式保持商人群体的政治影响力；另一方面顺应民主化发展，开始将大量资金用于中下层民意的组织引导，建构民选体制下"资金"与"选票"互补式资源组合，从而为竞争核心圈层政治主导地位创造有利条件。

其三，依托新兴利益集团突破既有的权力结构是商人群体的关键策略。

从政治权力结构的调整过程来看，主要分为"解构"即原有结构瓦解以及"重构"即替代结构重建的两个阶段。其中，解构阶段的核心目

---

① ［泰国］萨穆德·苏拉卡伽：《泰国的 26 次革命与政变（1546 年—1964 年）》，媒体印刷出版社 1964 年版，第 511 页。

标，在于通过政治冲突与斗争，突破既有的权力结构，弱化甚至瓦解既得利益集团的政治主导地位，从而为新兴利益集团的政治崛起铺平道路；重构阶段的核心目标，在于通过政治上的妥协与合作，弥补社会裂痕，填补权力空缺，重建政治秩序，从而为新旧利益集团有序分享政治权益提供可行方案与制度保障。

作为从威权到多元转型的受益者，商人群体在泰国政治权力结构调整过程中，特别是重构阶段发挥了关键性的政治协商作用。不过，由于缺乏有效的暴力手段，商人群体很少直接参与解构阶段的政治角力，而是通过"借势"的方式，依托其他新兴利益集团达成解构目标。20 世纪 70 年代初，学生群体是突破军人威权体制的先锋力量；90 年代初，城市中产阶级是瓦解"半民主"体制的主导力量；21 世纪以来，以"红衫军"为代表的外府农民群体逐渐成为体制改革的中坚力量。①

尽管在其他新兴利益集团突破既有权力结构的过程中，商人群体能够在物质层面上发挥一定的助推作用，尤其在农民群体"政治化"过程中，新资本集团的他信派系更是从基层组织建设到政治资金支持都起到了重要作用；但对商人群体的政治"借势"而言，更重要的还是各方在改革方面的一致性。相关的新兴利益集团不惜代价地冲击既得利益集团的政治主导地位，根本原因就在于既有的"政治权力—经济利益"体系存在结构性缺陷，难以满足其发展需要。

"红衫军"成为他信派系的坚定支持者，固然与新资本集团提供雄厚资金支持有关，但更重要的还是新资本集团提出的"他信经济"理念，契合了外府农民群体对改善生活水平、提高生产能力、突破城乡二元格局限制的迫切要求。② 新资本集团之所以能进入核心圈层，关键是得到外府农民群体的认可与支持，从而能凭借合法的民主选举方式或不合法的街头暴力手段，瓦解"反他信"阵营的政治压制，突破既有的权力结构，推动"政商一体"进程。

三　泰国政商关系的演化前景

从短期来看，作为"反他信"阵营中坚的军人集团与王室—保皇派

---

① 李文等：《东亚社会运动》，社会科学文献出版社 2009 年版，第 266—269 页。
② 周方冶：《全球化进程中泰国的发展道路选择——"充足经济"哲学的理论、实践与借鉴》，载《东南亚研究》2008 年第 6 期，第 41—42 页。

并不甘于被边缘化，因此，保守派与革新派的政治冲突还将继续。缺乏政治暴力手段的新资本集团难以遏制"反他信"阵营的军事政变，而保守派在选举合法性得到社会普遍认同的情况下，也无法阻止中下层民众支持的他信派系通过选举上台。泰国政治权力结构在冲突双方缺乏有效互制的情况下，将呈现持续动荡的失序状态。

从中期来看，年高德勋的拉玛九世普密蓬国王的政治权威具有鲜明的个人印记，难以通过王位继承的方式延续，因此随着王位更迭，王室—保皇派将很难保持既有的政治影响力，无法再像以往那样通过国王权威为军人集团的政变提供合法性授权。这将在根本上弱化保守派的政治博弈手段，从而为新资本集团进一步掌握核心圈层的政治主导地位开辟道路。基于政治—经济体制改革的利益契合，新资本集团在中下层民众特别是农民群体支持下，很有可能通过民主选举的方式建构集权式的"政商一体"结构，从而为突破社会经济保守体制、贯彻"他信经济"革新理念、促成国家发展模式转型创造有利条件。

从长期来看，泰国政商关系是否会呈现"一体式"特征，将主要取决于体制改革的成效。如果泰国社会经济转型成功，有利于新资本集团发展的商业环境得到完善，城乡差距、贫富差距、地区差距问题得到化解，"纺锤形"社会结构形成，那么基于改革需要的单极多元形态下的政商"一体式"结构，就有可能随着相关利益诉求的达成而失去存在的必要。对新资本集团而言，坚持"政商一体"固然能取得丰厚的政治收益，但压制其他权力集团特别是地方豪强与城市中产阶级的政治权力诉求，也要付出高昂代价。而且，改革越成功，中下层民众转化为城市中产阶级的比例就越高，"政商一体"的支持者就越少，反对者就越多，新资本集团为主导核心圈层所要付出的政治代价也就越大。"成本—收益"失衡将会促使新资本集团放弃单极多元形态，转而与其他政治力量在核心圈层形成共治，从而在衡平多元形态下，通过"对等式"或"协商式"的政商关系维护其既得利益。

第三节　宪政多元化与权力边界重构

对于泰国各派政治力量而言，通过制度化方式确定权力边界具有重要价值，尽管形式上的制度规范并不能保证政治权力集团掌握相应的实际权力，但能有效降低权力集团在权力运作过程中付出的政治成本，尤其是有助于避免与其他政治力量在权力边界的模糊区域发生无谓的摩擦与冲突。

宪政制度具有多重表现形式，其中宪法毫无疑问是最具权威性的规范文件，因此成为泰国各派政治力量的重要博弈对象。1968—1978 年的 10 年间，泰国宪法被废立多达 6 次，存续最短的甚至不到一年。

20 世纪 90 年代以来，随着军人政权瓦解，各派政治权力集团相继登上政治舞台，竞相填补军人集团留下的权力真空。由于威权时代遗留的《1991 年宪法》已无法满足社会各界日趋多元的政治诉求，因此在广泛征询意见的基础上，泰国于 1997 年颁行被誉为"人民宪章"的第 16 部宪法，从而有力推动了宪政架构从一元到多元的体制转型。①

尽管《1997 年宪法》被寄予厚望，但在执行中相关制度安排却未能有效平衡各方权益，结果引发严重的政治冲突与社会分裂。2006 年，军人集团在"反他信"阵营支持下发动政变，推翻他信政府，废止《1997 年宪法》。尽管军人集团在主持起草新宪法时高举"反对多数派暴政"的宪政民主旗号，并通过全民公决方式获取合法性，但新宪法依然引起广泛争议。2007 年全民公决的投票率仅为 57.6%，明显低于 2005 年众议院选举 73% 的投票率；而且，公决中投反对票的比例高达 42.2%，近 1100 多万人，约占选民总数的 1/4，尤其是在拥有泰国近一半人口的东北部地区，作为他信派系的传统票仓，公决中投反对票的选民更是超过六成。②

《2007 年宪法》颁行后，修宪成为泰国政治的核心议题。近年来，他信派系与"反他信"阵营的政治冲突从国会延伸到街头，甚至数次引发大规模群众运动和流血冲突。2013 年 4 月，他信派系再次提出修宪动议，并依托国会席位优势强行通过一读，从而掀起新一轮政治角力。

一　泰国宪政体制的多元化趋势

从 1991 年、1997 年以及 2007 年的三部永久宪法的条款规定来看，泰国宪政体制的多元化主要包括以下四方面内容。

---

① 朱振明：《泰国：独特的君主立宪制国家》，香港城市大学出版社 2006 年版，第 112 页。
② 《泰国新宪法草案通过公决》，新华网（http://www.xinhuanet.com），2007 年 8 月 21 日。

（一）公民权利对国家权力的制约

泰国军人威权时期，一方面基于市场经济发展的客观需要，对公民的社会经济权利予以保障；另一方面为维护军人集团的政治主导地位，对公民的政治权利加以限制，从而形成"封闭政治权力，放开经济权利"的发展格局。①《1991 年宪法》作为军人威权统治末期出台的宪法，虽然不再像早期的威权宪法那样对公民政治权利加以严格限制，但总体而言态度消极，并有所保留。《1991 年宪法》第 3 章"泰国公民的权利与自由"共 25 条，其中涉及公民政治权利的仅 4 条，除明文规定公民和平集会、结社、组织政党的权利外，仅在第 26 条第 1 款中原则性地宣示"公民享有政治权利"，而且随即在第 2 款规定"公民应当根据相关法律规定行使政治权利"，从而为军人政权通过制定法律法规对公民政治权利进行限制的惯常做法提供了宪法依据。

20 世纪 90 年代以来，泰国社会民主权利意识日益增强，原有的宪政制度安排已无法满足公众对政治参与的权利诉求。于是，《1997 年宪法》第 3 章"泰国公民的权利与自由"不仅条款数量增至 39 条，条款内容更是翻了一番，其中不仅对既有权利规定进行了更详尽的修订，而且增补了公民知情权、请愿权、社群自治权等政治权利，使得《1991 年宪法》对公民政治权利的原则性宣示真正落到了实处，从而为社会公众的参政议政创造了有利条件。

《2007 年宪法》在《1997 年宪法》的基础上，进一步将权利条款增补至 43 条，并依据权利类别将相关条款分别纳入"人身权""财产权""知情权"等章节目录，从而使宪法文本更具有条理性和逻辑性，有助于援引和解释。尽管这两部宪法都未曾保留"公民享有政治权利"的原则性宣示，但从执行情况来看，得益于增补的相关权利条款，更有力地保证了社会公众的政治权利，并对国家权力形成了有效制约。例如，根据增补条款规定，国家机关、政府部门、国有企业、地方政府机构在进行重大决策或制定法律法规前，应公开相关信息，并征询社会公众的意见和建议，从而在很大程度上避免了国家权力恣意。②

---

① 房宁等：《自由·威权·多元：东亚政治发展研究报告》，社会科学文献出版社 2011 年版，第 17 页。
② 《1997 年泰王国宪法》第 59 条；《2007 年泰王国宪法》第 57 条。

此外,《1997 年宪法》还首次规定, 5 万选民有权联名向国会主席提交有关公民权利或国家政策的立法议案, 或向参议院议长提请罢免渎职舞弊的国家公职人员, 从而为社会公众直接参政提供了有效渠道。[1] 《2007 年宪法》更是将联名提交议案与提请罢免的有效请愿人数分别减至 1 万与 2 万选民, 从而进一步降低了公众参政的限制门槛。[2]

(二) 地方自治对中央集权的分化

从 19 世纪末朱拉隆功改革废除封建体制时起, 泰国就一直是中央集权的单一制国家。威权时期, 中央政府更是依托军人集团的强势地位, 进一步巩固了中央对地方的主导和掌控。《1991 年宪法》第 9 章 "地方行政" 仅有 4 条规定。尽管第 196 条原则上规定 "实行地方自治", 但却缺少具体约束机制和保障措施, 第 198 条和第 199 条甚至规定, 地方议会议员与地方行政委员会成员原则上经由选举产生, 但必要时可直接任命, 从而为中央政府通过人事任命监管地方事务提供了有效渠道。

尽管在泰国经济的跨越式发展过程中, 强有力的中央集权体系发挥了重要的引导和助推作用, 有效保证了国家资源的集中使用与配置, 从而促成了 20 世纪中后期国民经济的高速增长, 但是长期以来侧重首都曼谷即中央政府所在地的经济发展政策, 以及地区间发展不平衡的客观现实, 却使得中央与地方的利益分歧与政治摩擦日益加剧。

随着军人政权瓦解, 中央政府的政治权威性与强制力都有所弱化, 使得地方自治呼声不断高涨。于是,《1997 年宪法》在地方自治的原则性宣示之外, 还进一步明确了 "权力下放" 的具体举措, 要求中央与地方在对等协商的基础上, 制定法律法规划定中央与地方在公共服务提供方面的权力和责任, 以及在税收方面的分配方案, 并规定相关权责划分办法与税收分配方案, 应每 5 年复审一次, 以保证在地方自治过程中予以执行的合理性与可行性。[3] 与此同时,《1997 年宪法》明确规定, 地方议会与地方行政委员会成员必须通过无记名投票方式选举产生, 从而保证了地方政府人事独立性。[4]《2007 年宪法》延续了《1997 年宪法》制度安排, 并对相关条款进行了更具有可操作性的增补修订, 从而使 "地方政府" 章节的

---

[1] 《1997 年泰王国宪法》第 170、304 条。
[2] 《2007 年泰王国宪法》第 142、164 条。
[3] 《1997 年泰王国宪法》第 284 条。
[4] 《1997 年泰王国宪法》第 285 条。

条款文本翻了近一番。

从执行情况来看，尽管地方自治尚待进一步的发展与完善，但是中央与地方的对等协商关系已初步建立，从而在一定程度上制约了中央权力独断专行，并为基于地方独特优势与客观需要的多元化发展创造了有利条件，有助于泰国在中长期逐步弥合地区间发展差距，化解社会矛盾与政治分歧。

（三）立法权与行政权的衡平互制

对泰国而言，如何在内阁总理制的框架下有效协调立法权与行政权的相互关系，从而既能保持行政权的独立自主，以提高国家行政管理的效率与可持续性，又能保证立法权的制衡监督，以防范行政权力的独断与恣意，始终是宪政体制改革的核心议题。

威权时期，行政权长期占据政治主导地位。由于在立法机构中有相当数量的代表是经军人总理任命的现役军警官员，因此立法权根本无力对行政权形成有效制衡。《1991 年宪法》延续了任命制议员的相关规定，尽管不再像《1959 年宪法》那样规定所有立法机构成员都经任命产生，但是规定经任命产生的 270 名参议员，依然占到国会两院议员总人数的四成以上。[①] 从执行情况来看，1991 年任命的参议员中有 154 名军警官员，占参议院议员总数的 57%，占两院议员总数的 24%，从而有力地保证了军人集团在立法机构中的政治话语权。[②] 事实上，如果不是 1992 年"五月流血"事件迫使军政府下台，那么经由众议院五党联盟推选的军人总理素金达，很有可能依托任命制参议员的保驾护航，在相当长时期内延续军人威权统治。

1992 年民主运动后，泰国国会迫于社会压力，出台宪法修正案，增补规定"内阁总理必须是选举产生的众议院议员"，从而阻断了军警高官直接出任总理的青云路。但随着军人总理退出政治舞台，曾经秩序井然的行政管理体系很快在众议院中小政党的政争中变得混乱无序。从 1992 年到 2001 年，泰国先后更迭了四任总理，执政时间最短的仅一年，从而严重影响到国家政策的有效性与执行力。1997 年亚洲金融危机首先在泰国

---

① 《1991 年泰王国宪法》第 94 条。

② Ted L. McDorman, "The 1991 Constitution of Thailand", *Pacific Rim Law & Policy Journal*, 1995, Vol. 3, No. 2, p. 279.

爆发，更是引起社会各界对政府执政能力的强烈不满。于是，基于提高行政权稳定性的客观需要，《1997 年宪法》对立法权与行政权的关系进行了调整。

首先是废止参议员任命制，规定参议院的 200 名议员全部经选举产生，且不得兼任其他行政或政治职务，也不得加入任何政党或在政党中担任职务，以求最大限度地保证参议员的政治独立性。① 并规定，参议院有权罢免存在舞弊或渎职行为的总理、部长等国家公职人员，从而使得参议院成为行政权的重要监管者。②

其次是在国会选举中引入政党名单制，规定众议院 500 名议员中，400 名经小选区制选举产生，100 名经政党名单制选举产生，即选民在选举时投票给政党，而后各政党根据实际得票率分配议席。此举一方面是为有能力但缺乏社会声望和选举技能的社会精英提供从政渠道；另一方面通过"选党不选人"的制度安排促进政党发展，特别是有关得票率必须超过 5% 才能参与议席分配的门槛规定，更是为大党发展创造了有利条件，从而有助于改变众议院中小政党林立的格局。③

最后是提高倒阁门槛，将众议员对内阁总理提起不信任案的所需人数，从《1991 年宪法》规定的不少于众议院现有议员总数的 1/5，提高到不少于 2/5。④ 此举旨在对众议院的政府反对派特别是少数小党的倒阁意图形成压制，使之难以再像 20 世纪 90 年代中期那样，动辄提起对内阁总理或部长的不信任案，或以提起不信任案要挟执政府满足其利益诉求。

从执行情况看，《1991 年宪法》通过扶持大党发展以提高政府稳定性的意图取得了明显成效。2001 年众议院选举后，他信派系的泰爱泰党成为泰国第一个拥有众议院简单多数议席的超大政党。随后数年，泰爱泰党通过吞并其他中小政党不断壮大。2005 年众议院选举中，泰爱泰党赢得了超过七成的议席，不仅使他信成为泰国首位连任的民选总理，而且组建了泰国首届一党内阁。但问题是，他信派系的绝对优势地位，却不是《1997 年宪法》起草者的初衷。从立法意图来看，《1997 年宪法》预期的是大党对峙，而不是一党独大。例如，《1997 年宪法》规定，国家反腐败

① 《1997 年泰王国宪法》第 121、126 条。
② 《1997 年泰王国宪法》第 303 条。
③ 《1997 年泰王国宪法》第 100 条。
④ 《1991 年泰王国宪法》第 150 条；《1997 年泰王国宪法》第 185 条。

委员会成员的遴选委员会组成人员中，应包括"所有拥有众议院议席的政党分别推选 1 名代表后由代表们自行推选的 5 名委员"。① 这就意味着，根据宪法起草者预期，拥有众议院议席的政党应不少于 5 个，但事实上，2005 年众议院选举后，仅有 4 个政党拥有众议院议席，其余中小政党或瓦解，或并入泰爱泰党。

得益于泰爱泰党在众议院拥有的压倒性优势，他信派系通过立法权形成了对行政权的全面掌控。尽管与威权时期军人集团通过行政权把持立法权的路径有所不同，但从结果看，两者却殊途同归。于是，作为民选总理，他信却面临与军人总理同样的舆论压力，被政府反对派斥责为"选举式独裁"。2006 年政变后，"反他信"阵营基于权力制衡的多元化诉求，通过颁行《2007 年宪法》对立法权与行政权的关系再次进行调整。

首先是恢复了参议员任命制度，规定参议院 150 名议员中，每府 1 名共 76 名议员经选举产生，其余 74 名议员经遴选后任命产生。② 此举旨在将政治上保守或中立的政治精英掺入参议院，从而在一定程度上对拥有选举优势的他信派系形成制约。

其次是在选举制度上限制政党规模，规定众议院 480 名议员中，400 名经大选区制选举产生，不再采用有利于大党的小选区制；80 名经政党名单制选举产生，但废止原先 5% 的参与分配门槛，从而为中小政党拓展生存空间，并将选区从原先的全国单一选区改为全国 8 个选区，并且对跨选区参选的候选人资格进行严格限制，旨在对大党政治扩张形成制约。③

再次是降低了倒阁门槛，将众议员对总理和部长提起不信任案的所需人数，分别从此前规定的不少于众议院现有议员总数的 2/5 和 1/5，降至 1/5 和 1/6，并增补规定：如果在野党议员总数不足以提起对总理或部长的不信任案，那么在内阁执政满 2 年后，在野党现有议员的 1/2 以上有权提起对总理或部长的不信任案。④

最后是明令禁止特定的超大党现象，例如增补规定"众议院任期内，拥有议席的政党不得合并"，⑤ 以避免再次出现泰爱泰党通过合并中小政

---

① 《1997 年泰王国宪法》第 297 条。

② 《2007 年泰王国宪法》第 111 条。

③ 《2007 年泰王国宪法》第 93、98、101 条。

④ 《2007 年泰王国宪法》第 158、159、160 条。

⑤ 《2007 年泰王国宪法》第 104 条。

党掌握压倒性议席优势的政治现象；增补规定"内阁总理最长连续任期 8 年"，① 以避免超大党强势领袖的长期执政。

从执行情况看，《2007 年宪法》有关权力衡平的制度安排在一定程度上取得了成效。尽管他信派系在中下层选民支持下，相继在 2007 年与 2011 年众议院选举中胜出，前总理他信的妹夫颂猜与幺妹英拉先后出任泰国总理，从而进一步巩固了他信派系的政治地位，但在宪政体制的制度约束下，未能全面恢复他信执政时期的绝对优势地位。

（四）独立监督体系的建构与发展

军人威权时期，司法系统保持了相对独立地位。② 这在一定程度上对军人集团掌控的立法权和行政权形成制约。③《1991 年宪法》设立宪法仲裁委员会，负责宪法解释和违宪审查，但职权范围相对有限，并在很大程度上缺乏必要的政治独立性。根据规定，宪法仲裁委员会主席由国会主席即参议院议长兼任，其他组成人员包括众议院议长、最高法院院长、总检察长以及由众议院和参议院各自从法学界和政治学界的知名人士中任命的 3 名委员。④ 这就意味着军人集团经由其任命的参议院，能有效影响宪法仲裁委员会近半数的委员，从而使委员会很难通过多数决方式做出不利于军人集团的政治裁决。

于是，通过构建独立监督体系以加强对立法权和行政权的有效制约，开始成为泰国社会各界所关切的重要议题。《1997 年宪法》通过创设宪法法院、选举委员会、国家反腐败委员会、国家人权委员会、国会调查员等宪政机构，有序规划了泰国独立监督体系的总体蓝图。从其职权来看，广泛涉及违宪审查、选举监督、廉政监察、行政监管、人权保护等事项，从而形成对立法权与行政权的全方位监督。

宪政机构的权威性与独立性是保证监督体系有效运作的前提条件，故而成为了《1997 年宪法》制度创新的重要内容，其中宪法法院的相关制

---

① 《2007 年泰王国宪法》第 171 条。

② David M. Engel, *Code and Custom in a Thai Provincial Court: The Interaction of Formal and Informal Systems of Justice*, Published for the Association for Asian Studies by the University of Arizona Press, 1978, p. 25.

③ Chai - anan Samudavanija, "Thailand: A Stable Semi - democracy", in L. Diamond, J. J. Linz and S. M. Lipset, eds., *Democracy in Developing Countries: Asia*, Volume 3, London: Adamantine Press, 1989, p. 337.

④ 《1991 年泰王国宪法》第 200 条。

度安排颇具代表性。

在权威性方面，宪法法院承继了宪法仲裁委员会对国会立法和法院审判的违宪审查权，而且将审查范围进一步延伸至公民行为、政党行为、政府紧急法令等事项，并有权采取强制手段终止违宪行为，包括判决解散政党，从而对相关政治主体形成有效威慑。此外，尽管《1991 年宪法》规定，国会有权否决政府紧急法令，但决议并不具有溯及力，使得政府能在紧急法令颁布后、国会否决前的时间段内，不受约束地制造既成事实。这也是威权时期军人集团借以架空国会的惯常手段。对此，《1997 年宪法》明确规定，宪法法院不予认可的紧急法令"自始无效"，从而在制度上有效遏制了行政权力恣意。[①]

在独立性方面，《1997 年宪法》明确规定，宪法委员会在"人事管理、财政预算以及其他行为方面有自主权"，[②] 而且对宪法法院组成人员的构成与遴选予以严格规定，力求最大程度地限制外部因素的渗透与影响，切实保证机构运作的客观与公正。例如，宪法法院的 15 名法官中，7 名来自司法系统，8 名来自社会遴选，相较于宪法仲裁委员会，公信力明显增强；[③] 再如，宪法法院法官的遴选委员会组成人员中，包括最高法院院长、全国高校法学院院长或等同职务者自行推选的 4 名委员，全国高校政治学院院长或有等同职务者自行推选的 4 名委员，以及拥有众议院议席的政党分别推选 1 名代表后由代表自行推远的 4 名委员，从而既满足了社会精英参政议政要求，亦有效抑制了政党派系的影响力。[④]

《1997 年宪法》颁行后，宪政机构独立监督体系很快得到社会各界的普遍认可，并在泰国政治中发挥日益重要的制衡作用。不过，随着他信派系强势崛起，以及泰国政治格局从多党林立转向一党独大，"反他信"阵营开始对宪政机构的履职能力提出质疑，有关独立监督体系被渗透和影响的斥责不绝于耳。

2006 年"9·19"政变后，"反他信"阵营以相关宪政机构未能有效地遏制他信政府舞弊为由，要求重新设计独立监督体系的制度安排。《2007 年宪法》一方面延续了独立监督体系的总体架构和职权安排，另一

---

① 《1997 年泰王国宪法》第 219 条。
② 《1997 年泰王国宪法》第 270 条。
③ 《1997 年泰王国宪法》第 255 条。
④ 《1997 年泰王国宪法》第 257 条。

方面对宪政机构的组建方式进行了结构调整，进一步提高司法系统的影响力，旨在依托司法系统的独立性确保监督体系的客观与公正。

从宪法法院来看，在组成人员构成方面，《2007 年宪法》规定，9 名法官中，5 名来自司法系统，4 名来自社会遴选，从而使得司法系统所占比例，从此前不足半数的 7/15，增至超过了半数的 5/9。[①] 这就意味着，根据宪法法院审判多数决原则，司法系统事实上掌握了最终裁决权。在法官遴选方面，《2007 年宪法》规定，遴选委员会由 5 名委员组成，其中包括最高法院院长，最高行政法院院长，众议院议长，众议院反对派领袖，以及宪政机构自行推选的 1 名委员，从而使得司法系统所占比例，从此前的 1/13 增至 2/5。[②] 这就意味着，根据宪法法院法官遴选必须得到遴选委员会 2/3 多数赞成的规定，司法系统事实上掌握了遴选否决权，任何得不到司法系统认可的候选人都不可能通过遴选。与此相似，选举委员会、国家反腐败委员会等宪政机构，也都对组成人员的构成与遴选进行了制度调整，从而为司法系统的影响力提升铺平道路。

二 新旧政治力量的权力制度化诉求

宪政体制能否切实发挥主观设计的预期成效，关键取决于是否契合权力结构的客观现实。对于政治博弈而言，宪政体制的核心价值在于以制度化方式明确划定各派政治权力集团之间的权力边界，从而避免不必要的权力摩擦，尽可能实现政治利益的最大化。因此，无论原有的宪政体制在形式上或理念上是否完善可行，如果无法满足各派政治力量特别是新兴力量的诉求，都会在制度与权力的结构冲突中被逐渐边缘化甚至无效化。泰国宪政体制的多元化发展亦如是，其动力根源于新旧利益集团在政治博弈中对权力边界的制度化诉求。

（一）《1991 年宪法》：军人集团的政治复辟

20 世纪 80 年代，泰国的政治权力结构表现为寡头自律形态（见图 5.2）。其中，军人集团把持行政权，并通过任命制议员掌控立法权，从而长期占据权力结构主导地位；地方豪强集团依托外府根深蒂固的乡村庇护制网络，通过贿选等方式把持国会选举制席位，从而在立法权与行政权

---

① 《2007 年泰王国宪法》第 204 条。
② 《2007 年泰王国宪法》第 206 条。

冲突中实现利益诉求，并不断提高政治话语权；王室—保皇派依托拉玛九世的威望，成为权力边界摩擦的协调者与仲裁者，从而在权力结构中拥有关键性的影响力。①

尽管在军人总理炳的八年执政期间，军人集团通过与王室—保皇派的默契配合，始终保持着对地方豪强集团的有效压制，但随着社会经济发展与民主意识增强，军人集团的政治影响力还是无可避免地走向衰落。1988年众议院选举后，炳迫于社会压力表示不再出任总理。随着选举制议员差猜出任总理，地方豪强集团取代军人集团成为政治权力结构的主导力量。

1991年，军人集团政变推翻差猜政府。尽管高举"反腐败"旗号，但其根本目的在于重返政治主导地位。因此，军人集团主持起草的《1991年宪法》延续了《1978年宪法》的一元架构，旨在为回归军人威权体制提供宪法保证。不过，城市中产阶级的兴起，使得军人集团的努力未能取得预期成效。事实上，早在20世纪70年代，城市中产阶级就已登上政治舞台，并在1973年推翻军人独裁政府的运动中发挥了重要作用。②但是，由于政治资源匮乏、意识形态模糊、组织化程度有限等不利因素影响，城市中产阶级在政治博弈中被边缘化，缺乏必要话语权。80年代中后期，随着城市经济的繁荣、民主意识的传播、通信技术的进步，城市中产阶级的政治行动力明显提升，逐渐成为权力结构的重要组成部分。从1970年到1990年，城市中产阶级的总人数已从202.7万人增至601.6万人，占全国劳动力比重也从12.2%增至19.2%。③

作为新兴利益集团，城市中产阶级迫切希望分享政治话语权，但在《1978年宪法》的架构下，城市中产阶级很难突破寡头自律形态的权力边界桎梏，无法顺利从边缘圈层晋升到制衡圈层。因此，对于1991年废止宪法的政变行动，城市中产阶级不仅未予抵制，甚至一定程度上加以支持，其目的在于通过宪政体制重构，获取制度化的政治话语权。④

---

① 梁志明主编：《东亚的历史巨变与重新崛起：东亚现代化进程研究》，香港社会科学出版社2004年版，第542页。

② David K. Wyatt, *Thailand: A Short History*, 2$_{nd}$ Edition, Yale University Press, 2003, p. 288.

③ 资料来源：*1970 Population and Housing Census*；*1990 Population and Housing Census*, National Statistics Office, Thailand。

④ Anek Laothamatas, "Sleeping Giant Awakens: The Middle Class in Thai Politics", *Asian Review*, Vol. 7, 1993, pp. 100 – 101.

军人集团并未回应城市中产阶级的政治诉求，不仅在《1991 年宪法》中延续了寡头自律的权力结构形态，而且在 1992 年选举后，迫使众议院推举陆军司令素金达出任总理，试图回归"半民主"时期的执政模式。军人集团重建威权体制的政治行动，直接损害城市中产阶级等各派权力集团利益，从而引发大规模的反政府运动，并导致"五月流血"事件。

尽管迫于各方压力，素金达政府最终在拉玛九世的斡旋下主动辞职，军人集团也再次退出政治权力的主导地位，但《1991 年宪法》却在各方的政治妥协下得以保留，并为地方豪强集团趁势抢占政治主导权提供了最有利的制度条件。

（二）《1997 年宪法》：新旧利益集团的政治妥协

20 世纪 90 年代，泰国政治权力结构呈现衡平多元形态（见图 5.3）。地方豪强集团在摆脱军人集团的政治压制后，通过贿选有效把持了立法权和行政权，成为了权力结构核心圈层的主导力量。商人群体依托雄厚资金跻身核心圈层，形成"对等式"政商关系，掌握了话语权，其中，曼谷政商集团倾向通过游说或贿赂等传统方式表达利益诉求，而新资本集团则开始尝试直接参政。军人集团通过枢密院与王室—保皇派保持政治联盟，从而在边缘化的过程中坚持了独立地位；王室—保皇派在拉玛九世斡旋"五月流血"事件后，社会威望进一步提高，但是政治影响力却随着民主化思潮与拉玛九世年迈而趋于弱化；城市中产阶级在推翻军人政府后，政治意识与组织能力都有显著提高，尤其是学术界精英，开始掌握一定的政治话语权。

尽管政治权力结构趋于多元化，但是《1991 年宪法》的一元架构在制度设计上缺乏外部监督与权力制衡，使得各派利益集团很难通过制度化的正式渠道表达政治诉求，而且无法对地方豪强集团形成有效制约。地方豪强集团派系林立，通过捐客政党组建的联合政府缺乏必要的稳定性与执行力，根本无意也无力满足各派利益集团的政治诉求。因此，从 1992 年素金达政府辞职时起，有关修宪的政治舆论就一直不绝于耳，并最终促成了新宪法的起草与颁行。

《1997 年宪法》的多元架构是各派利益集团政治博弈的相互妥协的结果，因此在一定程度上客观体现了 90 年代中期泰国的政治权力结构。相较于《1991 年宪法》，各派利益集团权力边界的变化主要体现在以下方面：

　　王室—保皇派与军人集团的权力边界明显收缩。尽管《1997 年宪法》对涉及国王权力的条款都原封不动地予以保留，但对任命制参议员的全面废止，却在根本上阻碍了长期以来王室—保皇派与军人集团最有效的政治利益表达渠道，从而对其政治话语权形成压制。

　　城市中产阶级的权力边界全面扩张。得益于《1997 年宪法》中有关公民政治权利的增补条款规定，城市中产阶级的政治利益表达拥有了制度化的正式渠道，从而不再需要诉诸非正式的街头政治，就能对政府和国会形成有效的政治压力。此外，随着独立监督体系的建构与发展，学术精英的政治话语权得到进一步提升。例如，宪法法院法官遴选委员会组成人员中，来自全国各高校的委员多达 8 名，占到全部 13 名委员的半数以上，从而在权力制衡中发挥着重要作用。

　　地方豪强集团的权力边界既有所限制，亦有所扩张。一方面，《1997 年宪法》通过建构独立监督体系，使得各派利益集团能在一定程度上对地方豪强集团形成制约。从选举委员会对贿选的监管，到国家反腐败委员会对渎职舞弊的督察，到宪法法院对立法与行政的违宪审查，再到国会调查员、国家人权委员会等宪政机构的全方位监督，地方豪强集团被压制在权力边界内循规蹈矩，难以继续依仗政治主导地位肆意侵害其他利益集团的政治权益。另一方面，《1997 年宪法》有关"权力下放"的制度安排，则为地方豪强集团从行政官僚集团手中接管地方行政权，提供了有利条件与制度保证。此举为地方豪强集团的中小派系提供了权力置换的方案，使得《1997 年宪法》旨在促进大党发展的众议院选举制改革顺利通过国会表决，避免了地方豪强集团中小派系在失去政治生存空间的情况下可能出现的强烈抵制。

　　司法官僚集团的权力边界有所拓展。《1997 年宪法》在建构独立监督体系的过程中引入司法权的监督功能，从而为司法官僚集团的政治参与提供了制度化的正式渠道。尤其是宪法法院的创设，更是使得司法官僚集团突破了长期以来局限在司法领域的权力边界，从而能在立法与行政领域有效表达政治利益诉求。

　　（三）《2007 年宪法》：新资本集团的权力枷锁

　　作为商人群体的新兴利益集团，新资本集团在 20 世纪 90 年代中期的泰国政坛占有一席之地，但在政治权力结构中并不具有重要地位，因此各派利益集团在《1997 年宪法》的政治博弈中并未就新资本集团的权力边界进行针对性规制，而是根据其通过选举直接参政的利益表达方式，将其视同地方豪强集团一并加以约束。

由于新资本集团与地方豪强集团的权力运作存在本质区别，因此对地方豪强集团形成有效制约的相关安排，尤其是促进大党发展的选举制度改革，却成为新资本集团政治崛起的重要契机，从而使得泰国政局在《1997 年宪法》落实过程中，并未形成各派利益集团所预期的在多党共存基础上的两党对峙格局，而是演化为新资本集团的他信派系主导的一党独大格局。[1]

作为主要经营技术和资本密集型产业的新兴商人群体，新资本集团能从泰国国内以及国际金融市场募集到数额庞大的生产资金，因此不再需要经历漫长的原始资本积累过程，从而在不到一代人的时间里就发展成为国民经济的重要支柱。新资本集团的跨越式发展，使其在拥有庞大的政治资金优势的同时，存在着社会根基方面的短板。事实上，这也是各派利益集团未将新资本集团视为潜在对手，从而未在《1997 年宪法》中加以制约的重要原因。

从 2001 年与 2005 年的众议院选举来看，他信派系之所以能胜出，关键在于以"草根政策"的施政纲领为纽带，成功实现了新资本集团资金优势与农民群体选票优势的有效整合，从而在根本上解决了新资本集团的社会根基短板。[2]

值得留意的是，若非得益于《1997 年宪法》相关制度安排，他信派系即使完成了政治资源整合，也很难首次参选就取得压倒性胜利，更不可能在执政期间不受约束地扩张势力，甚至对各派利益集团产生全面压制。原本旨在约束地方豪强集团的制度安排，结果却为新资本集团提供了最有力的政治庇护。例如，有关在政党名单制议员选举中，政党得票率必须超过 5% 才能参与议席分配的规定，将诸多小党排斥在外，从而使得他信派系的泰爱泰党能赢得高于其得票率的政党名单制议席。再如，有关提起对内阁总理不信任案必须得到众议院 2/5 现任议员支持的规定，使得他信在泰爱泰党拥有众议院过半数议席的情况下，能从容展布而不必顾忌政治反

① 周方冶：《政治转型中的制度因素：泰国选举制度改革研究》，载《南洋问题研究》2011 年第 3 期，第 6 页。
② 周方冶：《泰国政治权力结构调整的动力、路径与困境》，载《东南亚研究》2011 年第 2 期，第 72—73 页。

对派的倒阁压力。

随着他信于 2005 年成功连任总理并组建一党内阁，《1997 年宪法》所预期的两大党对峙的权力制衡格局彻底落空。泰国的政治权力结构开始转向单极多元形态（见图 5.4）。

由于在《1997 年宪法》的制度架构下已难以对新资本集团的权力边界扩张形成有效制约，因此各派利益集团于 2006 年联手掀起"反他信"运动，并在政变推翻他信政府的同时，废止《1997 年宪法》。而后，各派利益集团通过颁布《2007 年宪法》，对各方权力边界进行了调整，试图对新资本集团形成全方位的监督和约束。

军人集团与王室—保皇派的权力边界有所扩张。尽管在各派利益集团的共同抵制下，军人集团提出删除"内阁总理必须来自选举产生的众议员"条款①的建议未被采纳，从而遏制了军人直接干政的政治意图，但参议员任命制度的再次启用，却为军人集团与王室—保皇派的政治诉求表达提供了重要渠道。与此同时，基于制衡他信派系提出的"他信经济"理念，弱化"草根政策"社会影响力，《2007 年宪法》将拉玛九世倡导的"充足经济"理念明确写入了国家经济政策的指导原则②，从而对王室—保皇派的社会威望产生明显的提升作用。

地方豪强集团的权力边界明显扩张。由于在民主选举体制下，唯有地方豪强集团才能在国会对新资本集团形成制衡，因此，相较于《1997 年宪法》的重点压制，《2007 年宪法》对地方豪强集团采取了有限扶持。从众议院选举恢复大选区制，到政党名单制选举取消 5% 的最低得票率限制，再到大幅降低国会反对派的倒阁门槛，以及增补规定在"众议院任期内，拥有议席的政党不得合并"等，都为地方豪强集团的中小派系提供了重要的政治生存空间。

城市中产阶级的权力边界有所收缩。尽管在"反他信"运动中，"黄衫军"的街头政治起到重要作用，从而一定程度上提高了城市中产阶级在政治博弈中的话语权，但其明显政治化倾向，也引起其他权力集团的忌惮。因此，《2007 年宪法》一方面切实保证了城市中产阶级的政治权利，以及相关制度安排更规范和可操作，尤其是进一步降低了选民直接提交议

---

① "CNS General Backs Law for Unelected PM", *The Nation*, March 12, 2007.
② 《2007 年泰王国宪法》第 83 条。

案与提请罢免的门槛，从而有利于城市中产阶级的诉求表达；另一方面则对城市中产阶级在独立监督体系中的话语权加以限制，使其难以对政治格局直接施加影响。例如，宪法法院法官遴选委员会的组成人员缩减后，不再包括学界推选产生的委员，从而在根本上排斥了城市中产阶级的政治影响力。

司法官僚集团的权力边界显著扩张。尽管《1997 年宪法》为司法官僚集团的参政开辟了道路，但话语权相当有限，因此在他信执政期间，司法官僚集团并未发挥明显的制衡作用，尤其是《2001 年宪法》法院对于他信隐瞒财产申报信息案件的无罪判决，更是引起政治反对派的普遍扼腕。《2007 年宪法》通过对宪法法院等宪政机构的重新规制，进一步增强了司法官僚集团的影响力，使其能在独立监督体系的运作中掌握主动权，从而为制衡新资本集团的权力扩张，提供了最直接的宪法工具。

三　宪法修正案的政治博弈

《2007 年宪法》通过全民公决后，包括新资本集团在内的各派利益集团都表示认可其正当性与有效性，从而保证了宪法顺利颁行，但这并不意味着所有利益集团都认同该宪法所规划的宪政架构，更不意味着完全接受军人集团主持下划定的权力边界。

（一）权力阵营的分化与重组

随着军人集团在宪法颁行后如约"还政于民"，各派利益集团很快就以修宪为议题，开始新一轮的政治博弈。从是否支持修宪来看，泰国的各派利益集团主要分化为三方阵营。

"挺他信"阵营主要是修宪派。

新资本集团在《2007 年宪法》架构下备受约束，因此成为最积极的修宪倡导者，主张通过修宪回归《1997 年宪法》架构，进而为他信派系的东山再起创造有利条件。作为新资本集团的主要政治盟友，以"红衫军"为代表的农民群体是最坚定的修宪支持者。

"反他信"阵营分化为维宪派与中间派。

维宪派主要包括军人集团、王室—保皇派、司法官僚集团等利益集团。作为《2007 年宪法》的主要获益者，维宪派坚决抵制任何可能对其权力边界产生影响的修宪意图。

中间派主要包括城市中产阶级、地方豪强集团等利益集团。对于修宪议题，中间派具有两面性：一方面，《2007 年宪法》对新资本集团权力扩张形成制约，有助于他们巩固和拓展政治生存空间，因此并不认同修宪派的全面修宪方案，以避免他信派系得势；另一方面，《2007 年宪法》为维宪派提供了制度化的干政渠道，从而对他们的权力边界形成压制，因此在摆脱维宪派政治影响力方面，他们与修宪派存在共同的政治诉求。

（二）宪法修正案的关键议题

尽管在以修宪为中心议题的政治博弈中，各派利益集团的相关提案不胜枚举，但从重要性看，各方争执主要集中在可能改变既有政治格局的三项制度安排。

其一是参议员任命制度的存废问题。

基于权力制衡的多元宪政架构，参议院有权对众议院立法权、政府内阁行政权以及宪政机构监督权进行督导监管，并有权受理选民请愿，有权罢免国家公职人员等，因此，对面临政治边缘化压力的军人集团与王室—保皇派而言，参议员任命制度为其提供了重要的干政渠道，将有助于继续保持在制衡圈层的政治独立地位。

修宪派与中间派高举"民主选举"的旗号，要求通过修宪废止参议员任命制度，其用意就在于将维宪派的影响力逐出国会，避免其权力边界受到约束与压制。

其二是众议院选举制度的改革问题。

2007 年的众议院选举结果，使得各派利益集团都对《2007 年宪法》的制度安排有所不满，从而产生修宪的共同愿望，但对如何修订存在明显分歧。

对"挺他信"阵营而言，《2007 年宪法》对他信派系形成明显制约。尽管得益于新资本集团与农民群体的"资金—选票"组合，他信派系最终赢得 233 席，占到众议院全部议席的 48.5%，依然是国会第一大党，但与 2005 年选举后拥有众议院全部议席 75%的绝对优势相比，还是存在明显差距。因此，修宪派要求恢复《1997 年宪法》有利于大党发展的制度安排。

对"反他信"阵营而言，《2007 年宪法》的制度安排并未完全达成预期目标。尽管"反他信"阵营的民主党在选举中赢得 165 席，占到众议院全部议席的 34.4%，相较于 2005 年选举后仅占全部议席的 19.2%已有显著提升，但依然无法制衡他信派系，难以形成稳定的两大党格局。因此，维宪派与中间派有意通过改革选举制度，进一步压制他信派系的生存空间。

其三是强制解散政党条款的存废问题。

鉴于泰国政客普遍的"贿选国会议席—组成掮客政党—分配内阁职位—舞弊敛财—再次贿选"的恶性循环，《1997 年宪法》增设强制解散政党的条款规定：如果宪法法院认定存在"采取与宪法相背离之方式取得国家执政权的行为"，可以做出强制终止相关行为的决定，包括判决解散政党。[①]《2007 年宪法》进一步规定：如果有证据表明，贿选行为人所在政党的主席或执行委员会存在纵容或包庇之行为，则视为该党存在"采取与宪法相背离之方式取得国家执政权的行为"，从而使得强制解散政党条款更具有可操作性；并增补规定：如果政党被强制解散，则政党主席与执行委员会委员将自政党解散之日起 5 年内不得从政，从而使条款更具有威慑力。[②]

从现实需要来看，增设强制解散政党的条款确有其合理性，有助于迫使政党切实承担起对党员的监管职责，特别是在掮客政党相当普遍的情况下，有助于促进政党正规化与组织化，从而保证政党政治的有序发展。但是，从贯彻执行来看，该条款却成为"反他信"阵营压制他信派系的重要政争工具。2007 年，他信派系的泰爱泰党被强制解散，包括他信在内的 111 名执行委员被禁止从政 5 年；2008 年，他信派系的人民力量党以及与其联合执政的泰国党和中庸民主党被强制解散，三党共计 109 名执行委员被禁止从政 5 年，从而为民主党取代他信派系的执政地位铺平道路。

对于强制解散政党条款的政治化倾向，修宪派表现出了强烈不满，斥之为"司法政变"，并要求废止强制解散政党条款。与此相对，维宪派与中间派坚决反对废止相关条款，旨在保留对他信派系的杀手锏。

（三）权力边界修正的妥协与冲突

2008 年以来，泰国各派利益集团在权力边界重构问题上，展开了持续的政治交锋。从国会争执，到街头运动，再到流血冲突，泰国社会为此付出了沉重代价。2011 年，泰国出台了《2007 年宪法》第一号修正案，其内容主要涉及众议院选举制改革：在选区制方面，废止大选区制，恢复

---

① 《1997 年泰王国宪法》第 63 条。
② 《2007 年泰王国宪法》第 237 条。

小选区制，并将议席从原先的 400 席降至 375 席；在政党名单制方面，恢复全国单一选区制，并将议席从原先的 80 席增至 125 席。[①]

作为权力边界重构的政治妥协，第一号修正案的出台，一方面是修宪派持续施压的结果，另一方面则是中间派与维宪派对权力结构的误判。2008 年人民力量党被强制解散后，他信派系重组的为泰党拥有的众议院议席降至 39%，而民主党则增至 36%，再加上 2010 年"红衫军"街头暴动引起的社会舆论对他信派系的不满情绪，都使中间派与维宪派确信 2011 年的众议院选举将有利于民主党。于是，第一号修正案很大程度上恢复了《1997 年宪法》有利于大党发展的选举制度，力求巩固民主党主导的两大党格局。但在 2011 年的选举中，新资本集团与农民群体的"资金—选票"组合却再次胜出，赢得众议院 53% 的议席，而民主党仅赢得 31.6% 的议席，明显低于预期。

前总理他信幺妹英拉于 2011 年出任总理后，试图通过修宪进一步重构新资本集团的权力边界，但遭到中间派与维宪派的坚决抵制。2013 年 4 月，他信派系提出了包括废止参议员任命制度、废止强制解散政党条款等内容的三份修宪议案，并依托国会议席优势强行通过一读，从而在修宪议程上迈进一大步。不过，他信派系的做法很快引起"反他信"阵营的强硬反击。

2013 年 11 月 20 日，泰国宪法法院判决《2007 年宪法修正案》的程序与内容违宪，依法无效。11 月 23 日，"反他信"阵营开始在曼谷举行 10 万人的大规模反政府集会；次日，"挺他信"阵营的红衫军也聚集了 4 万多人，开始在曼谷举行大规模示威集会，矛头直指宪法法院。12 月 9 日，英拉政府宣布解散众议院，提前举行全国大选，但是政治局势并未好转。

2014 年 2 月 2 日的众议院选举中，由于"反他信"阵营在全国尤其南部各府通过暴力方式阻碍选票运输，结果造成甲米、普吉、宋卡等 9 个府因缺少选票而被消投票，全国共有 28 个议席因抗议活动未能产生合法议员。3 月 21 日，宪法法院以 6 票对 3 票判决英拉政府通过王室法令解散众议院违宪，理由是该法令影响到选举，使得 2 月 2 日选举未能在全国范围内当日完成选举工作。

---

① 《2011 年泰王国宪法（第 1 号）修正案》，[泰国]《皇家公报》2011 年 3 月 4 日。

2014 年 5 月 7 日，宪法法院在"反他信"阵营的支持下，通过对一起职务调动争议的旧案判决，罢免了英拉及其他 9 名同意职务调动的内阁部长。他信派系随即推选副总理兼商业部部长尼瓦塔隆出任看守政府总理，但曼谷局势进一步恶化。5 月 20 日，泰国陆军司令巴育上将援引 1914 年颁布的《戒严法》所赋予的权力，宣布在全国范围内从当地时间凌晨 3 点开始实行戒严。从 5 月 20 日到 22 日，军方两次召集冲突各方谈判，试图达成和平解决方案，但未能取得成效。

2014 年 5 月 22 日晚，巴育上将通过电视讲话，宣布军方接管国家权力，正式发动政变，推翻看守政府，设立"全国维持和平与秩序委员会"执掌行政权。随后，维和委宣布废止《2007 年宪法》。5 月 24 日，维和委解散参议院，全面接管立法权，并开始通过指令方式督导司法权运作。5 月 26 日，拉玛九世正式任命巴育上将治国，从而为其提供了政治合法性背书，标志着军方政变成功。

2014 年"5·22 军事政变"后，泰国政治紧张局势趋于缓和。各派力量在军方戒严令的压制下，保持了隐忍和克制。以巴育上将为首的政变集团，也并未像 2006 年政变集团那样刻意地保持低调，而是以相当高调的态度，表达出主持和推动国家改革的强硬立场。5 月 30 日，巴育上将在电视讲话中提出了"三步走"民主路线图。其中，第一阶段是调停国内矛盾；第二阶段是成立过渡政府，起草新宪法；第三阶段是在民主制度下，进行各方都能接受的选举。

2014 年 7 月 22 日，拉玛九世批准了巴育呈递的临时宪法草案，从而使得泰国自 1932 年以来的第 19 部宪法正式生效。7 月 31 日，拉玛九世批准了维和委遴选的国家立法议会的议员名单，其中过半数为现役或退役军警。8 月 21 日，维和委主席巴育作为唯一候选人，通过国家立法议会审议，以 191 票赞成、3 票弃权，顺利当选泰国第 29 任总理。8 月 31 日，拉玛九世批准了巴育总理选定的 32 名内阁成员名单，其中近半数是军方将官，从而为军方主导第二阶段制宪和改革工作奠定了坚实的权力基础。巴育执政期间，如何通过起草新宪法重新划定各派利益集团的权力边界，将成为决定泰国政局走向的核心议题。

四　宪政体制的多元化前景

从短期来看，随着新兴利益集团政治崛起，宪政体制与权力结构很有可能出现配对错位，从而引发社会矛盾与利益冲突，影响政治体系的有序运作，但从中长期来看，随着新旧利益集团在暴力或非暴力的政治博弈中不断达成妥协，宪政体制与权力结构将逐渐趋同并相互契合。

泰国宪政体制的发展在根本上将取决于政治权力结构演化。从中长期来看，新资本集团的政治资金优势将更加明显，从而为其权力边界扩张提供有力支撑；城市中产阶级的人数将进一步增加，从而形成规模效应，并在信息技术支持下，掌握更有效的动员与组织网络；地方豪强集团在中央的生存空间受到抑制，但是地方权力根基在"权力下放"过程中将得到巩固；军人集团将随着新生代职业军人的升迁而逐渐退出政治舞台；王室—保皇派的政治影响力将随着王位更迭而进一步弱化；司法官僚集团的权力扩张后继乏力，从而将回归传统的政治中立地位；农民群体将逐渐形成明确的政治意识，从而依托选票优势成为重要的政治力量，并开始拥有独立的话语权。因此，有理由相信，随着政治权力结构日趋多极化，泰国宪政体制也将在"权力制衡"的多元化道路上继续前行，进而为社会经济发展提供平稳有序的政治环境。

第六章　马来西亚

1957 年从英国获得独立以来，马来西亚的政治权力基本上是掌握在执政联盟手中，前期是马来人、华人和印度人等族群政党组成的三党联盟，后期则是"国民阵线"（Barisan Nasional or National Front）。在独立之后的半个世纪里，大多数的马来西亚人似乎对这种政治权力架构的安排相对比较满意。而且，随着生活水平的进一步提高，大多数的马来西亚人尤其是马来人非常乐意在这种政治权力结构之下安静地生活。不过，21 世纪以来的十多年中，各种经济、政治和社会力量已经开始打破原来的政治权力架构，旧的政治权力集团正在重新分化组合。马来西亚似乎正在见证一场缓慢的、静悄悄的、基本上是和平的社会政治革命，未来有可能将最终导致马来西亚政治权力版图的彻底改观。

第一节　马来西亚政治权力集团的演变

在马来西亚，族群边界十分明显，因此依族群来划分政治权力集团是很有必要的。根据 2010 年的人口普查，在马来西亚的人口结构中，63.4% 是马来人、24.6% 是华人、7.3% 是印度人、0.7% 是其他种族群体。其中，马来人是最主要的民族，占马来半岛总人口的一半以上。

考察整个马来西亚历史，在英国殖民统治时期，不同种族就被区分对待，甚至彼此隔离。而且，在政治上，区分不同政治权力集团的依据往往是种族，而不是政治理念。[①] 目前在马来西亚，由巫统（马来民族统一机构）主导并以种族性政党联盟为特征的政治权力结构一直维持着有效运

---

① 杨元庆：《马来西亚发展面临的挑战》，载《中央社会主义学院学报》2012 年第 2 期，第 22—24 页。

转。这种政治权力架构安排源于 20 世纪 50 年代的马来西亚的政治发展。
虽然一直维持到今天，但通过仔细考察，可以发现这种政治权力架构安排
已发生了一些变化。

一　权力协商时代

在英国殖民者统治马来半岛时，殖民地政府采取分而治之的手段统治
当时的三大主要民族——马来人、华人和印度人。不过，自成为英国殖民
地时期以来，马来西亚传统权力架构大体是马来人主导政治，华人主导商
界。这种族群分治的结构之形成，源自巫统与华人商会结成的利益集团。

20 世纪 50 年代，马来商人阶层欠发达，工人阶级数量也不多。白领
中产阶层很少而且大多数是非马来人。大多数马来人是农民和乡村工人。
马来官僚政治精英和华人商业精英主导了当时的马来亚社会。① 由于华人
经济实力较强，马来统治阶级的政党巫统出于自身利益需要，与华人政党
马华公会结成同盟，成立了马来人和华人联盟。马来西亚华人公会（Mal-
aysian Chinese Association），简 称 马 华 公 会（Party MCA），或 马 华
（MCA），成立于 1949 年 2 月 27 日，原名马来亚华人公会，马来西亚成立
后改为现名。马华公会是一个代表马来西亚华人的单一种族政党。马华公
会的领导层以商人和专业人士为主。这是一个种族性的政商联盟，共同主
导当时马来亚的政治与经济，其活动经费由主要华商提供资助。这就使当
时的马来亚形成了两大政治权力集团：马来人官僚和华人商人的政商分治
的族群政治权力治理结构。

在马来亚人民和马、华等联盟党的强烈要求和共同推动下，英国殖民
者允许马来亚于 1955 年 7 月举行首次联合邦大选。大选结果是，联盟党
占据全部 52 个选举议席中的 51 个，并获得了 81% 的选民支持率。大选
举行前，马来亚的另一个族群政党印度人国民大会，也在 1955 年 2 月 14
日宣布加入联盟，从而使得马来亚三大族群政党实现了最终的联合，三个
政党各自代表自己族群的利益。在新成立的自治政府中，巫统领导人拉赫
曼亲自担任首席部长和内政部长，在内阁成员中，华人部长占了 3 人。可
见，20 世纪 50 年代，种族性的权力联盟在马来西亚政治与经济中已占据

---

① Vidhu Verma, *Malaysia: State and Civil Society in Transition*, Lynne Rienner Publishers, 2002,
p. 149.

主导地位。

随后，马来西亚在 1957 年宣布获得独立，这是在马来人和华人的政治领导人达成一致谅解的基础上实现的。当时马来人和华人领导人达成的核心谅解是：马来人在政治领域占主导地位，而商业强大的华人则继续在经济部门作为特权群体。总之，最重要的马来人和华人政党——巫统和马华公会进一步巩固了权力同盟，政商联盟权力分治结构得到强化。

华人领导人控制了财政、贸易及工业等经济部门的重要岗位，巫统领导人拥有最终的政治权力，而主要华商则获得特许经营权（如银行业和享受关税保护的制造业等）以及商业垄断地位（如糖业垄断）。例如，当时华商郭鹤年的公司几乎包揽了与糖有关的一切业务：种植、提炼、包装、交易、运输等。

两大政治权力集团对这样的制度安排都非常满意。因此，这段时期马来西亚的政治权力集团主要是马来人上层及其政治同盟居于支配地位，更明确地说，是以巫统居支配的政治权力同盟。这从 20 世纪五六十年代马来西亚的历次大选结果中得到体现。例如，在 1959 年的马来亚联合邦大选中，以巫统为首的联盟获得全部 104 个国会席位中的 74 个，其中巫统 52 个，马华公会 19 个，印度人国大党 3 个；而在 1964 年的马来亚联合邦大选中，三党联合的执政联盟再次大获全胜，夺得国会 104 个席位中的 89 个，比上届大选多 15 个，其中巫统 59 个，马华公会 27 个，印度人国大党 3 个。

1957 年独立以来，巫统一直都是政党联盟中的独大政党。在三党联盟初期，巫统的地位是政治权力联盟时代的相对独大政党，在政治权力架构中处于相对优势地位。当时巫统领导层的精英以出身农村的领袖、教师、王室成员、商人、宗教学者、官僚以及知识分子阶层为主。从 1957 年独立到 1969 年"5·13 事件"，马来人政治权力集团巫统与华人政治权力集团马华公会保持着密切而稳固的同盟关系，甚至巫统的主要竞选经费都是由马华公会提供。① 美国学者利普哈特曾将 1955 年至 1969 年"5·13 事件"的马来西亚，称为成功的"多元共存式民主国家"，即通过各种族的政治权力精英阶层的协商来解决政治问题，将种族间的潜在冲突和

---

① In－Won Hwang, *Personalized Politics*: *The Malaysian State Under Mahathir*, Singapore Institute of Southeast Asian Studies, 2003, pp. 50 – 51.

对立削减到最低状态。① 无论如何，三党组成的政党联盟在表面上营造了马来西亚国内族群和谐的气氛。

因此，从权力结构来看，这一时期马来西亚的政治权力核心圈层主要是由国民阵线构成的政治权力集团，主要包括三大族群的政党精英。马来人政党巫统处于相对独大的地位，但从总体来看，各种族权力精英处于平等地位，通过协商来分享政权和解决政治问题。可以说，在多元共存形态下，呈现出"协商"的特征（见图6.1）。

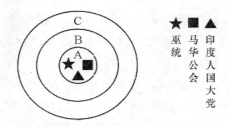

图6.1　1955年至1969年的权力协商时代

二　权力霸权时代

20世纪60年代，马来政界与华商结成的政治权力集团逐渐受到各种因素影响。其中，马来人对经济地位的诉求是主要因素。例如，当时很多马来人认为，"用割让经济权利来换取政治主导的安排已经不再是可以接受的协议了……执政党巫统既不能有效地满足其同族选民的利益，也不能以一种足够有力的方式来促进伊斯兰教的价值"。② 于是，主政的马来领导人制订了各种各样的计划来扶持本地马来土著，但却未能阻止1969年5月吉隆坡爆发的种族暴乱。③

1969年的大选结果引发了一场大规模族群冲突。三党联盟在1969年5月10日的大选中保住了国会中的多数席位，但是获得的总席位却从上次大选的89个下降为66个，特别是代表华人利益的马华公会获得的席

① A. Lijphart, *Democracy in Plural Societies: A Comparative Explorations*, New Haven, Yale University Press, 1977.

② ［澳大利亚］米尔顿·奥斯本：《东南亚史》，商务印书馆2012年版，第193页。

③ ［美国］乔·史塔威尔：《亚洲教父：香港、东南亚的金钱和权力》，复旦大学出版社2011年版，第28页。

位，从上次大选的 27 个减至 13 个。而反对党则取得了前所未有的胜利，例如，华人反对党民主行动党获得的席位，从上届大选的 1 个激增到 13 个，选举前刚成立的民政党也获得 8 个席位。马来人政党回教党从 9 个席位增加到 12 个，而执政党巫统则从 59 个席位减少到 51 个。联盟党除了未在国会中获得 2/3 的绝对多数议席之外，在州议会选举中的表现也非常不理想，失去了数个州的控制权。大选结果公布后，华人青年上街庆祝反对党在大选中获得的佳绩，马来青年也上街庆祝巫统获得大选胜利，两者发生冲突，最终酿成"5·13 事件"。[①]

根据马来西亚全国行动理事会事后公布的报告书，此次冲突造成 196 人死亡（其中华人 143 人，马来人 25 人，印度人 13 人，其他种族 15 人），439 人受伤（其中华人 270 人，马来人 127 人，印度人 26 人，其他种族 16 人），39 人失踪。当然，实际数字可能比官方公布的数字还要高。可以说，1969 年举行的马来西亚大选在某种程度上成为种族冲突的导火线。种族冲突的直接后果是马来西亚政府宣布紧急状态以及解散议会，并且将所有的权力都集中到国家行动理事会的手中。

1969 年 5 月 13 日发生的种族暴乱对马来西亚的政治经济发展都产生了深远的影响，时至今日依然存在。可以说，1969 年的"5·13 事件"成为马来西亚政治发展过程中一个重要的历史分水岭。有西方学者甚至认为，"事实上，近来所有关于马来西亚独立后历史的描述都将 1969 年视为一个分水岭，它标志着国家政治、经济和社会发展开始进入一个新的时期"。[②]

在政治方面，"5·13 事件"后，以巫统为代表的马来人政治权力集团的地位得到进一步巩固，而华人政治权力集团的地位则受到削弱。

面对大选以及其后的种族冲突的压力，1970 年 9 月 22 日，拉扎克接替拉赫曼成为巫统主席和内阁总理。拉扎克上台标志着拉赫曼时期所奉行的协商温和路线的终结。拉扎克逐渐放弃了拉赫曼执政时期的种族融合和协商政策，全面推行马来人优先政策。其中最重要的措施之一是修改宪

---

① 对于"5·13 事件"的原因，目前有几种说法。第一种说法认为是华人对马来人的挑衅，第二种说法是拉赫曼的种族融合在马来人社会中造成的不安，第三种说法是巫统党内激进派所策划的阴谋。

② 芭芭拉·沃森·安达娅、伦纳德·安达娅：《马来西亚史》，中国出版集团 2010 年版，第 357 页。

法，凭借法律力量禁止公开议论各种政治敏感问题，例如苏丹的地位、马来人的特权和非马来人的权利，以及伊斯兰教的国教地位等。另外，拉扎克对内积极整顿联盟，对外积极吸纳拉拢反对党的力量。最终，一个新的政治权力集团同盟开始形成，即"国民阵线"（简称"国阵"，Barisan National，BN）。当时加入国民阵线的成员党除了原来的巫统、马华公会和印度人国大党之外，还有泛马来亚伊斯兰党、人民进步党、沙捞越人联党、沙捞越土著党、沙巴联盟党以及民政党等。1974年，国民阵线正式以一个政党的身份注册。因此，马来西亚原来的巫统、马华公会、印度人国大党三党执政联盟被以巫统为首的国民阵线所取代。

国民阵线建立之后，以马来人为代表的巫统的政治权力集团的力量得到了进一步的巩固和加强。最明显的标志之一是以巫统为首的国民阵线在随后的几次马来西亚大选中获得大胜，每次基本上都会获得4/5的席位（见表6.1）。[①]

表6.1　　　　　　　　20世纪七八十年代马来西亚历次大选情况

年份	总议席	执政党/反对党议席	执政党议席（%）	执政党/反对党得票率（%）
1974	154	135/19	38	60.1/39.3
1978	155	132/23	85	57.2/42.8
1982	155	132/23	85	60.5/39.5
1986	177	148/29	84	57.4/42.6

资料来源：笔者根据历年的马来西亚选举数据分析整理。

与此形成鲜明对照的是，国民阵线的组成，虽然促成了更多华人政党加入执政阵营，改变了华人政治力量的布局，但是马华公会却从三党联盟中的第二大党变为多党联盟中的大党之一，地位明显削弱。而且，由于执政阵营成员党数目的大量增加，华人政党的政治影响力被政党联盟中其他非马来人政党稀释，巫统支配地位则进一步强化。可见，华人的政治影响力并未提高，反而是华人社会的利益在某种程度上受到削弱，华人政治权

---

① 祝家华：《解构政治神话：大马两线政治的评析（1985—1992）》，马来西亚华社资料研究中心，1994年，第254页，转引自孙振玉《马来西亚的马来人与华人及其关系研究》，甘肃民族出版社2008年版，第153页。

力集团的统治地位和影响力进一步被削弱。这种状况一直延续到现在。①

在经济方面，在种族冲突和暴乱之后，马来西亚政府于 20 世纪 70 年代初期出台了具有明显偏袒马来人倾向的新经济政策，其实施在客观上造就了新的特殊政治权力集团。

新经济政策阐明的目标是消除贫困和重整经济结构，以平衡各种族间的经济差异。其两大主题内容是：第一，通过提高所有马来西亚人（无论种族）的收入水平、增加就业机会，减少并消除贫困；第二，加速马来西亚社会重组进程，纠正经济不平衡状态，借助经济功能减少消除种族差距。

表面上看，新经济政策以公共利益为出发点，以解决社会公平为宗旨，并无任何不妥。但细究其内容，则有明显偏袒马来人的倾向。马来人多生活在农村，贫困问题最突出，新经济政策强调消除贫困，消除种族差距，受益最大的无疑是马来人。而且，在新经济政策的一些具体目标设计上，其种族倾向更为明显，在资本、教育、就业和企业经营等多方面确保马来人的特权。根据该政策的设计，其中主要目标是到 1990 年，马来人在公司的股份占有率要达到30%（马来人在 1970 年的股份持有率仅有 2.4%）；经济比重上最初提出的目标是要将土著∶非土著∶外国人的经济比率由 24∶33∶63 调整至 30∶40∶30，以实现"种族经济平衡"；部门雇佣劳动力必须和人口的种族构成相一致（由于马来人逐渐成为第一大族群，这点也是倾向马来人）；在教育领域，大中专院校所招新生中，马来族学生必须占 55%。② 马来西亚政府还组建了大型国有公司，并采取"建设—经营—移交"的方式促进马来人成为国有企业的股东。新经济政策本质上是一项种族色彩浓厚的政策，其根本出发点是通过马来西亚国家政权的行政力量，对各种族资本所有权进行重新组合，从而提高马来人与国内其他种族的经济竞争力，同时全力扶植马来人在工商领域发展，培养马来人资本家。其核心目标就是通过全面扶植马来人的经济力量，在 20 年内建立以马来人为中心的社会经济结构，使马来人不仅在政治上具有统治地位，而且在经济上也占据主导位置。

① 张应龙：《马来西亚国民阵线的组成与华人政党的分化》，载《华侨华人历史研究》2002 年第 2 期，第 15—22 页。

② 王子昌：《集团博弈与公共利益——以马来西亚政治为例的研究》，载《东南亚研究》2002 年第 3 期，第 22—29 页。

　　实际上，新经济政策实施至 1990 年，根据马来西亚政府数据显示，马来人在公司股份中的持有率已达 20.3%，加上政府通过"土著信托基金"托管而代表马来人持有的股份，马来人所占股份已达 30% 左右，基本上达到了其预期目标。不过，马来西亚政府在 1990 年新经济政策届满时，仍然用另一种形式——国家发展政策（National Development Policy）来延续马来人优先的政策。国家发展政策对于政府主导经济以及赋予马来人各种特权的做法并没有做出根本修正。

　　毫无疑问，新经济政策实施 20 年，普通的马来人确实获得了一些好处。普通马来人缩小了与非马来人的经济差距，收入和就业状况也得到了很大改善。然而，通过新经济政策真正大量获益的是拥有政治和经济实力的马来权贵阶层，而不是普通的马来民众。

　　首先，新经济政策最大影响之一是马来西亚官僚机构的庞大化、执政党化和公共部门的膨胀化。马来西亚官僚机构原本在政治上应保持中立立场，但却是对以马来人为中心的巫统效忠，并被要求支持巫统的政治目标。更为重要的是，马来西亚政府中的一些部门基本是执政党巫统的附属部门，例如政府信息部所辖的马来西亚广播电台，乡村发展部的社会发展司，总理公署所辖的国家公民局。这些政府行政性机构都是直接为巫统利益服务。[1] 因此，在马来西亚，马来人通过巫统主导着马来西亚政治。新经济政策的引入和实施，进一步强化了马来人主导的政府官僚机构，基本上形成党国一体化的政治状态。[2]

　　其次，在新经济政策的实施过程中，一些马来人和少部分华人企业家通过与巫统的密切关系获取了大量财富，成为了新的政治权力阶层。无论马来人还是部分华人，这些权力精英的共同特点是与巫统存在密切的关系。在公司上市或者重组的时候，按照规定土著人必须占有 30% 的股份，通常这些股份都转移到巫统拥有的或与巫统有关系的公司。巫统成为把政府股份转移到私人或半私人公司的工具。巫统成员身份成为致富的渠道和工具。这样，在很大程度上，巫统成了马来西亚最大的政治利益集团。

---

　　① ［澳大利亚］约翰·芬斯顿主编：《东南亚政府与政治》，北京大学出版社 2007 年版，第 161 页。

　　② 同上书，第 177—179 页。

1971—1990 年的 20 年间，为提升马来人的经济地位而实施的新经济政策在扩大马来西亚国家资本的同时，也制造了一批严重依赖政府的新兴马来人企业家团体。这个新兴的马来人企业家集团处处需要政府的保护和扶持。

实际上，从新经济政策实施开始，与巫统有联系的马来人企业家和商人就开始扮演重要的角色。马来人得到的私人股权一般都会落到特定的政治权力团体手中，诸如马来皇室家庭、巫统领导人、接近巫统的马来人企业家。20 世纪 80 年中期，马来西亚政府推行的私有化改革更是进一步促进了这种关系。① 依靠新经济政策，这些私人企业通过与政府领导人的关系，从而获得了大量工程项目和财政资助，累积了巨额的财富。根据统计，到 1992 年，州和联邦政府大约有 1150 个企业受到政府的保护和政府资源。而且，"一些私人企业的商业人士由于与巫统政府领导人有私人关系，因此，他们获得了过多的财政资助。政党卷入商界也扩大了政客实施保护的机会。在经济重建中，某些个人已积蓄了巨大的财产，因为他们获得总理或者控制着国民阵线的执政党巫统领袖的恩宠"②。进入 20 世纪 80 年代后，在 70 年代的新经济政策上受惠的新企业家精英开始大量登场，成为巫统内部的重要政治势力。

在新经济政策时期也涌现了一些华人企业家，他们采取了与马来政治经济权势人物合作的方式，以支配巫统的政治精英作为靠山。"这些企业家利用该法令（即《工业协调法》），在自己的企业中吸收了与政界有密切关系的马来保护人兼合作者，以便能借助其影响来实现自己的目标，尤其是达到清除官僚所设上市障碍的目标。巫统领袖、资深官僚、高级军官、皇室成员等作为少数民族股东加入华企，充任公司董事，为企业获得许可执照、经营特许权、商业合同和其他机会等打开了方便之门……华巫企业联盟的形成是新经济政策时期华人经济成功的一个关键要素。从'阿里—峇峇'的象征做法到真诚合作，华巫联盟使得华裔企业家与马来

① Edmund Terence Gomez and Jomo K. S., *Malaysia's Political Economy：Politics，Patronage and Profits*, Cambridge University Press, 1999, p. 88.

② 芭芭拉·沃森·安达娅、伦纳德·安达娅：《马来西亚史》，中国出版集团 2010 年版，第 378 页。

企业家之间，建立了一种有益的合作。"①

因此，尽管新经济政策的本意是要消除种族之间的不平等，提升马来人的经济地位，但是在某种程度上被一些政治经济权力精英利用，普通马来人得到的益处相对较少。总之，巫统、政府官僚机构以及与之存在密切关系的马来人和一部分华人企业家构成了马来西亚的既得利益集团，具体包括经济精英、军事精英、宗教精英、皇室精英、官僚精英以及政治精英等。②

除了1969年至1971年2月"国会终止"期间之外，1971年2月以后的马来西亚政治权力结构开始发生变化，以马来人的政治特权作为前提，逐渐构建出巫统一党独大的政治格局。不仅马来人欣然接受这种政治权力结构，非马来人（不管积极或消极）也不得不接受。可以说，"5·13事件"后，马来西亚的政治权力已经逐渐集中到巫统手中，或更准确地说，集中在巫统与总理身上。马哈蒂尔执政时期出现了完全集中在其个人身上的现象，权力个人化的现象凸显，后来甚至演变为马哈蒂尔个人支配政党。

从1981年5月起，马哈蒂尔连续22年担任巫统主席和政府总理，直到2003年10月辞职退休。马哈蒂尔在20世纪八九十年代的巫统内部分裂和权力的冲突斗争中，权力不但没有削弱，反而成功地将所有党内的反对派排挤出权力核心，开创了个人独霸甚至独裁时代。

国阵在历次选举中的胜利（见表6.2），进一步巩固了马哈蒂尔以及巫统的政治权力地位，使得政治权力进一步集中，最终造成了政党（巫统）国家化，行政党派化（巫统），权力个人化，在野党无用化的政治权力独霸架构。无论是在马来西亚国会、内阁、制定政策方面，还是与其他政党的关系方面，巫统都拥有一党独大的地位。

---

① 转引自孙振玉《马来西亚的马来人与华人及其关系研究》，甘肃民族出版社2008年版，第174—175页。

② Barry Wain, *Malaysian Maverick: Mahathir Mohamad in Turbulent Times*, Palgrave Macmillan, 2012, pp. 114 – 116.

表6.2 历次马来西亚大选巫统在执政联盟中的席位比例

年份	联盟/国阵	巫统	巫统比例（%）	总席位	巫统比例（%）
1959	74	52	70.2	104	50.0
1964	89	59	66.2	144	61.8
1969	66	51	77.3	144	45.8
1974	135	61	45.2	154	39.6
1978	131	69	52.7	154	44.8
1982	132	70	53.0	154	45.5
1986	148	83	55.7	177	46.9
1990	127	71	55.9	180	39.4
1995	161	88	54.7	192	45.8
1999	148	72	48.6	193	37.3
2004	198	109	55.0	219	49.8
2008	140	79	59.4	222	35.6
2013	133	88	66.2	222	40.0

资料来源：笔者根据历年马来西亚大选的各种资料汇编。

与此相对，华人政治权力集团的力量则受到进一步削弱。在20世纪五六十年代，华人政治权力集团的代表马华公会即使不能说是与巫统平起平坐，至少政党利益集团也是互相协商、共享权力的关系，但进入60年后期，马华公会开始处于弱势，尤其是在"5·13事件"后，政治权力上从相互依存、共享权力，逐渐被边缘化。这主要是因为巫统不再看重与华人的政治同盟关系，双方的政治领导人也缺乏前任之间密切和默契的关系。另一方面，由于实行新经济政策后，部分马来人政治家、退休的前政府官员等利用该政策中关于马来人的特殊政策发财致富，形成了新的马来人企业家群体，并开始对巫统领导人施加压力，对政府的决策产生影响。同时，由于不满意1971年的宪法修正案，当时马华公会会长陈修信主动宣布退出内阁，随后巫统从马华公会手中夺取了对财政部、贸易部和工业部等重要部门的实际控制权。表面上看，马华公会仍然是巫统最重要的合作同盟，但20世纪70年代以后，马华公会在执政联盟内的影响力逐渐下降，其领导人对政府决策近乎是毫无话语权的。①
总的来说，马华公会虽然属于执政党联盟的最重要成员之一，但在议会
中的席位日益减少，相应地，其在政府机构中占据的重要职位也在逐渐
减少。因此在国民阵线中，马华公会的地位从与巫统对等逐步演变为从
属角色。

以 1999 年马来西亚大选为例，虽然以巫统为首的国民阵线再次获胜，
但是由于当时马来人内部分裂，巫统仅获得了 72 个席位，首次没有达到
国民阵线席位的一半。但是，与此形成鲜明对照的是，华人政党却获得大
选佳绩。马华公会得到 28 席，民政党 7 席，砂人联党 7 席。这些华人政
党获得的席位确保了国民阵线在大选中获胜。但是骄人的大选成绩并没有
确保华人政党增加在内阁中的高级职位，马华公会仍只获得 4 个部长
职位。

廖小健指出，"由于内阁部门不断增加，从 1959 年的 14 个增加到
1999 年的 24 个，但马华部长数量依旧数十年不变，马华部长在内阁的比
重也从 1959 年的 28.57% 或 1/4 强降到 1999 年仅占 16.67% 或 1/5 弱。而
且，马华出任部长的部门曾经包括财政部（1959—1974 年）和工商部
（1959—1968 年）两个具有重要决策权力的政府部门，其重要性远非
1999 年人力资源部、房屋及地方政府部、交通部、卫生部四个部门可以
比拟的。马华公会的行政代表权的持续弱化，使华人政党的政治权力地位
日趋边缘化。马来西亚华人学者无奈地指出，华族人口虽然仅次于马来人
口，但在政治的势力上却无法反映其人口比例。马华公会虽是执政党之
一，但就整体而言却是马来政党巫统的附庸。在行政权上，更能看出华人
距离权力中心甚远"②。

再以 2008 年马来西亚大选之后组成的内阁政府为例。在巴达维总理
办公室的五位内阁部长中，其中四位来自巫统，另一位则是来自沙巴的
UPKO 党。来自巫统其他内阁的部长还包括财政部部长，国防部部长，内
政部部长，公共工程部部长，能源水利及交通部部长，农业及农工部部
长，国际贸易及工业部部长，外交部部长，教育部部长，高等教育部部

---

①　Edmund Terence Gomez and Jomo K. S., *Malaysia's Political Economy: Politics, Patronage and Profits*, Cambridge University Press, 1999, p. 80.

②　廖小健：《战后马来西亚族群关系：华人与马来人关系研究》，暨南大学出版社 2012 年版，第 143 页。

长，国家整合、文化及传统部部长，工业及合作发展部部长，乡村及区域
发展部部长，国内贸易及消费部部长，青年及运动部部长，资讯部部长，
旅游部部长以及联邦属地部部长等，基本都是权势部门。与此形成鲜明对
比的是，马华公会成员担任内阁部长的人数则很少，仅有四个并都是权力
相对弱势部门：内地及地方政府部部长、交通部部长、妇女家庭及社区发
展部部长、卫生部部长。

事实上，直到21世纪初，以巫统为首的执政党联盟国民阵线、政府
官僚机构以及与之存在密切关系的马来人和极少部分华人企业家基本上构
成了马来西亚的政治权力核心。

在执政党联盟中，巫统作为最大政党，在国阵中居于核心和霸权地
位。巫统主席是国阵最高理事会常任主席，也是政府总理，具有绝对权
威，有权决定执政联盟内外一切重大事情。其他成员党则处于从属地位，
听从巫统的安排和协调。

在政府中，形成了政党合一的政治体制。巫统主席成为政府总理，内
政、外交、国防、财政、新闻等重要权力部门则是巫统的人员亲自掌管，
其他部门的部长职位则会由巫统分配给其他成员党，按照大选中的具体表
现来进行分配，一般是"大党得大头，小党得小头"。

在执政党和政府政策制定方面，也是由巫统统一决定。政策一旦确
定，各成员党及政府各部门必须无条件贯彻执行。总之，巫统为主的国阵
执政联盟长期执政，马来人主导政权，政局总体稳定。马来西亚正副部
长、各州首长和大臣、重要政府机构领导，多半是由巫统领袖出任，巫统
领导层就是政府领导层。

2003年10月31日，长期执政的马哈蒂尔辞去党政职务，巴达维接
任马来西亚总理以及国阵、巫统主席，政权平稳过渡。2004年3月21
日，马来西亚举行第11届全国大选，巴达维领导国民阵线获得压倒性胜
利，赢得下议院90%以上席位。可以说，从1969年"5·13事件"到
2004年，马来西亚的政治权力结构并未发生根本性的变化。马来西亚历
次大选的结果也基本反映了这种政治权力状况（见表6.3）。

表6.3　　　　　　　　　　历届执政党和反对党的席位和得票率

年份	总席位	执政党		反对党	
		席位	选票（%）	席位	选票（%）
1955	52	51	80.0	1	20.0
1959	104	74	51.8	30	48.2
1964	104	89	58.5	15	41.5
1969	103	66	48.5	37	51.5
1974	154	135	58.0	19	42.0
1978	154	131	55.3	23	44.7
1982	154	132	60.5	22	39.5
1986	177	148	57.4	29	42.6
1990	180	127	52.0	53	48.0
1995	192	161	63.3	31	36.7
1999	193	148	56.5	45	43.5
2004	219	198	63.8	21	36.2
2008	222	140	50.6	82	49.4
2013	222	133	48.6	89	51.4

资料来源：笔者根据马来西亚历年大选结果的统计汇编。

　　纵观这一时期，马来西亚的政治权力结构呈现出单极多元形态。单一政治权力集团巫统占据政治权力的核心圈层，马华公会、印度人国大党和其他的反对党势力占据制衡圈层，其他集团分布在边缘圈层（见图6.2）。尽管马华公会和印度人国大党同属于执政联盟，但由于巫统不断上升的霸权地位，马华公会的地位从与巫统对等逐步演变为从属角色，被排挤出了核心圈层。从权力结构来看，这一时期尤其是马哈蒂尔执政时期，马来西亚政治权力结构呈单极多元形态的发展趋势，权力关系呈现出霸权特征。

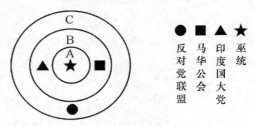

图6.2　1969年至2004年的权力霸权时代

三　权力制衡时代

从最近两次大选结果看，马来西亚的政治权力结构似乎正在悄然变化。2008 年 3 月 8 日，马来西亚举行第十二届全国大选，执政的国民阵线赢得 222 个国会议席中的 140 个，刚过执政所需的半数，得以继续维持其执政地位。不过，值得关注的是，这是 20 世纪 70 年代以来国阵议席首次未达 2/3 多数的优势地位；而且国阵在马来西亚的政治经济重心——马来半岛（或称西马地区）完败，得票率仅为 49.65%，低于反对党联盟的 50.23%。此外，执政党联盟的一些主要领导人和内阁部长，包括马来西亚印度人国大党主席、民政党代理主席许子根，以及妇女家庭和社会发展部部长赫利扎特，都在大选中落马。

马来西亚的反对党伊斯兰教党、民主行动党和人民公正党共夺得 82 个国会议席，并获得槟榔屿、吉打、霹雳、吉兰丹和雪兰莪 5 个州的执政权，较上届有较大突破，基本上占了西马地区 11 个州的一半。其中，雪兰莪是马来西亚经济最发达的州，GDP 约占全国的 1/4。因此，虽然国阵还是取得多数地位，但却是"惨胜"。

从选举结果看，国民阵线遭遇前所未有的挫折。在马来西亚政党政治中，国会的 2/3 多数地位十分重要。以巫统为首的政党联盟一直占据执政地位，而国会中 2/3 多数地位使其可以任意修宪及制定法律，并可以随时宣布解散议会进行大选和确定大选日期。由于失去国会 2/3 的多数席位，使得国阵在推动宪法和重要法律修改或做出重要人事任免时，将遇到反对党前所未有的抵制或阻止。

面对大选的不利结果，时任巫统主席的总理巴达维受到来自党内和党外要求其辞职的双重压力。巴达维新的任期可到 2013 年，但在内外压力下，却不得不在 2008 年 7 月宣布要在 2010 年 6 月提前将政权交给副总理纳吉布。然而，党内要其提前退位的压力依然存在，2008 年 9 月巫统最高理事会特别会议上，多名巫统领袖联合"逼宫"，要求巴达维尽快退位。巴达维最后妥协为将 12 月的党选推迟到 2009 年 3 月，届时他退出党选，从而将权力移交给党的署理主席（第一副主席）纳吉布。

2009 年 4 月纳吉布就任巫统主席并接任政府总理。执政党联盟的主要领导人在大选后被迫下台，这在马来西亚政坛尚属首次，其政局有可能进入执政轮替的新时期。这对马来西亚政府长期的社会经济发展计划的连续性和稳定性，都将产生很大影响。

2013 年 5 月 5 日的马来西亚第 13 届大选中，超过 1000 万人参与投票，以 80% 的投票率创下了历史纪录。由 13 个政党组成的执政联盟国民阵线（国阵）获得过半数席位，赢得大选。执政联盟国民阵线赢得议会222 席位中的 133 席，与 2008 年获得的席位相比下降 7 席，未能夺回上次选举中丢掉的国会 2/3 绝对多数优势。多名原内阁部长和首席部长在选举中落败，失去了议会席位。不过，同期举行的州议会选举中，国阵在举行选举的 12 个州中赢得 9 个州的执政权，但没有收复 2008 年大选时失去的雪兰莪州政权。

执政联盟国民阵线（国阵）保住了中央政权，但主要成员党马华公会、民政党、国大党等却都未取得理想成绩，唯有最大成员巫统赢得 88个国会议席，比上届还多 9 个。执政党第二大党、最大的华人政党华人公会遭遇历史性失败，多位候选人出师不利，竞逐 37 个国会议席仅赢得7 席。

与此形成鲜明对比的是，由 3 个政党组成的反对党人民联盟在此次大选中，喊出了"五月五，换政府"的口号。在选举结束之后，反对派领导人安瓦尔曾经一度在推特（twitter）上宣布人民联盟获得胜利。最终人民联盟获得的议会席位由 2008 年的 82 席增至 89 席，民主行动党在反对党执政的北部槟榔屿州、中部雪兰莪州以及原属于国阵"票仓"的南部柔佛州获得多场压倒性胜利。因此，虽然国民阵线在此次大选中赢得了胜利，但他们在国会拥有绝大多数席位的优势已经不复存在。

从 1955 年或 1957 年独立开始一直到 1969 年，马来西亚的政治权力结构是以三党联合或国民阵线为基础的马来人—巫统权力集团的相对政治优势，而 1969 年 5 月 13 日的种族暴乱事件之后则逐渐形成以国民阵线为基础的马来人—巫统权力集团的绝对政治优势。

不过，由于绝对独大的执政党巫统内部的利益矛盾和随之产生的内部冲突和斗争，再加上马来西亚各种政治经济和社会因素的影响，尤其是受到巫统舞弊丑闻和种族歧视问题影响，进入 21 世纪以来，尤其 2008 年大选以来，马来西亚的政治权力结构正在发生分化和重组。

最重要的是，从执政集团巫统内部分裂出来的、以安瓦尔为首的人民公正党的力量一直在壮大，并且开始与其他反对党建立联盟，例如民主行动党和伊斯兰党。在最近举行的马来西亚两次大选中，反对党联盟的力量与执政党联盟的力量开始逐渐接近，并对执政的统治集团巫统构成权力制衡作用，更重要的是未来可能挑战其统治权，从而取代巫统成为统治集团。

与此相对，马来人统治集团巫统的政治权力集团开始减弱，未来有可能被反对党联盟权力集团替代。而且，在执政联盟内部，由于巫统的强势地位以及马华公会的内部斗争，马华公会的地位和影响力大不如以前，已经无法为华人争取权益。2008 年大选中马华公会仅得 15 席，比选前的 31 席相比少了一半；2013 年大选中马华公会的竞选结果更糟，"只赢 7 席，比上届大选的 15 席再减一半，令号称拥有逾百万党员的马华，从国阵第二大成员党，沦为微不足道的小党。而马华在选举失利后宣布不会入阁，意味新内阁可能没有华人，华人的政治影响力会被进一步削弱"。[①]

从目前来看，马来西亚的政治权力结构依然呈单极多元形态，巫统一家独大占据政治核心圈层，马华公会等执政盟党进一步边缘化，无力再对巫统形成有效制衡，而反对派的力量却得到明显增强，不仅从边缘圈层跨入制衡圈层，而且开始对核心圈层形成实质性压力（见图 6.3），有可能在未来的发展进程中跻身核心圈层，从而改变马来西亚的政治权力结构，推动衡平多元形态的形成与发展。

图 6.3　2004 年至今的权力制衡时代

第二节　马来西亚政治权力集团演变的原因

21 世纪以来的十多年中，各种经济、政治和社会的力量开始打破马

---

① 赵灵敏：《马来西亚大选折射出的华人地位》，新浪网（http://finance.sina.com.cn），2013 年 5 月 9 日。

来西亚原来的政治权力结构，旧的政治权力集团正在重新分化组合。马来西亚似乎在见证一场缓慢的、悄然的、基本和平的社会政治革命，未来可能导致马来西亚政治权力结构的彻底改观。促成演变的主要因素包括：

一　经济发展

1957 年获得独立后，作为后发追赶型国家，马来西亚的经济发展一直保持相对稳定快速的增长，可以说是东南亚地区经济表现较好的国家之一（见表6.4）。20 世纪 70 年代马来西亚通过利用本国相对廉价的劳动力资源吸引外资和技术发展劳动密集型产业，大力发展出口贸易，迅速走向工业化，经济得以快速发展。早在 1977 年，马来西亚的人均 GDP 已达到 1030 美元，跨入中等收入国家行列。1997 年亚洲金融危机前，马来西亚的全球经济竞争力排名跃居第 21 位，人均年收入从 1986 年的 1830 美元增加到 1996 年的 3627 美元，国民富裕程度在东南亚地区仅次于新加坡和文莱，是泰国的 2 倍和印尼的 5 倍。作为一个开放市场经济体，马来西亚毫无疑问会受到全球经济震荡影响，不过马来西亚政府每次都能渡过难关。经历过 1997 年亚洲金融危机后，马来西亚吸取经验教训，切实增强了抵御风险的能力，经受住了 2008 年全球经济危机的考验。

总之，在独立后的 50 多年时间里，马来西亚成功地让大部分曾处于绝对贫困的民众脱贫，并从一个原材料出口国转变为制造业出口国。2010 年马来西亚的人均 GDP 为 8691 美元，位于世界中等偏上收入水平。目前，马来西亚已成为东南亚国家中经济较为发达的国家之一。

表6.4 马来西亚经济增长

年份	1965—1980	1981—1990	1989	1990	1991	1992	1993	1994	1995	1996	1997	1998
增长率（%）	7.4	5.2	9.2	9.7	8.7	7.8	8.3	8.5	9.5	8.6	−7.3	−7.4
年份	1999	2000	2001	2002	2003	2004	2005	2006	2007	2008	2009	2010
增长率（%）	6.1	8.5	0.5	5.4	5.8	6.8	5.3	5.8	6.5	4.8	−1.6	7.2

资料来源：1965—1996 年数据来自亚洲开发银行；1997—2000 年数据来自东盟秘书处；2001—2010 年数据来自亚洲开发银行。

经济发展给马来西亚带来的重要影响之一是大量中产阶级的产生，尤其是大批的城市马来中产阶层的出现。1971 年实施新经济政策之后，马来人社会经历了一场剧烈的城市化、工业化以及教育高学历化过程，大量的乡村马来人开始移居城市，城市中的马来人中产阶层逐渐形成。最重要的是，经济发展带来了马来人受教育水平的进一步提高，教育水平的提高也促进了中产阶级参政意识增强，要求进一步改革政府。

正如亨廷顿所言，"那些受过更多教育、有更多收入、从事更体面职业的人通常要比那些贫穷的、没有受过教育、从事地位较低职业的人更能参与政治"[①]。许利平认为，"马来西亚的穆斯林中产阶级基本上可以划分为两部分人，一部分是受惠于新经济政策富裕后的'新马来人'，他们具有现代意识，积极进取；另一部分是具有专业背景的政府公务员，对马来西亚的政治民主具有决定性影响。这些公务员大都是马来西亚的文官，即行政精英。他们在很大的程度上不仅影响着政府的决策，而且有可能改变着政府的政治结构"[②]。这些新的马来中产阶层随着民主意识的不断增强，对执政党的不满日益增加，开始摒弃狭隘的种族政治，并质疑执政党的执政能力。此外，政府的舞弊丑闻，也成为这些中产阶级不满的根源。

马来中产阶级参政议政的主要表现之一是在最近马来西亚大选中的积极表现。在 2013 年 5 月的马来西亚议会选举中，连续执政 56 年的国民阵线虽然赢得大选，但是未能取得修宪所需的 2/3 多数国会议席。与此相比，尽管反对党联盟人民联盟获得 89 个席位，比 2008 年大选中的 82 个议席增加不是太多，但在槟城、雪兰莪和吉兰丹三个州议会的战绩却是相当突出的。他们在这三个州议会选举中大获全胜，不但维持了执政地位，而且均获得超过 2/3 的绝对多数议席。值得留意的是，"槟城和雪兰莪是马来西亚的工业重镇，占马来西亚经济总量近 40%，人民联盟在这两个州的绝对优势，很大程度上显示崛起的中产阶级超越了马来西亚传统的族群政治之分，形成一股新兴的政治力量，并发出打破贫富差距、政府不透明等制约马来西亚经济发展因素的政治诉求"[③]。因此，不断崛起的中产阶级的政治诉求，已成为决定马来西亚政治权力结构走向的重要力量。

马来西亚经济发展的另一大影响是贫富差距的进一步扩大。20 世纪

---

① 转引自王虎《马来中产阶级与马来西亚非政府组织关系探讨》，载《南洋问题研究》2008 年第 4 期，第 27 页。

② 许利平：《印尼和马来西亚民主化进程中的伊斯兰因素》，载李文主编《东亚：宪政与民主》，中国社会科学出版社 2005 年版，第 83 页。

③ 王宇：《中产阶级突围马来西亚改革困境》，载《新华月报》2013 年第 14 期，第 80 页。

80 年代中期马来西亚的基尼系数就在 0. 45 左右，到 90 年代末进一步增至接近 0. 50，进入 21 世纪以来，马来西亚的基尼系数始终保持在接近 0. 5 的水平上，远超 0. 4 的国际警戒线，成为亚洲财富分配最不均衡的国家之一。从最低 10% 收入阶层和最高 10% 收入阶层的收入比来看，马来西亚为 22. 1%。"根据世界银行的统计，马来西亚 15% 最富有的阶层掌握了 80% 的社会财富，而 85% 的社会大众仅仅掌握了 20% 的社会财富。15% 最富有阶层人均收入为 36784 美元，85% 的社会大众人均收入为 1623 美元，两个阶层收入相差 22. 7 倍。2009 年仍有 2. 3% 的马来西亚人生活在每天 2 美元的贫困线之下，3. 8% 的人口生活在国家贫困线之下，8. 2% 的农村人口生活在农村贫困线以下……2004 年至 2009 年马来西亚 20% 低收入群体收入占总收入比重由 6. 5% 下降至 4. 5%，60% 中间收入群体收入占总收入比重由 48. 8% 下降至 44. 0%，而 20% 高收入群体收入占总收入比重由 44. 8% 上升至 51. 5%。"[1] 可见，经过半个多世纪的经济发展，马来西亚的贫富差距已经非常严重。

由于收入分配结构失衡，贫富差距加大等因素影响，20 世纪 90 年代末以来，马来西亚经济增长明显放缓。马来西亚 1977 年人均 GDP 为 1058 美元，跻身世界银行定义的中等收入国家行列；1995 年增至 4010 美元，跻身中等偏上收入国家行列，2010 年增至 8519 美元，但却始终未能突破 1 万美元关口，长期徘徊在高收入国家行列的门槛前，很大程度上陷入典型的"中等收入陷阱"。[2] 相应地，马来西亚经济增长率也从 1990—1997 年的年均 9. 1% 下降到 2000—2008 年的 5. 5%。[3] 贫富巨大差异以及经济发展速度放缓，导致马来西亚社会内部对巫统领导下政府的严重不满情绪弥漫，对执政党的统治造成了不小的威胁。

二　巫统内部的分裂和斗争

目前执政联盟马来西亚国民阵线主要由代表马来人的巫统、代表华人

---

① 郭惠琳：《马来西亚陷入"中等收入陷阱"的原因和政策应对》，载《亚太经济》2012 年第 5 期，第 98 页。

② World Bank, *World Development Report2006*：*Equity and Development*, World Bank and Oxford University Press, 2006, p. 15.

③ 曾铮：《马来西亚应对"中等收入陷阱"的经验和启示》，载《中国市场》2010 年第 46 期，第 8—10 页。

的马华公会和代表印度人的印度人国大党组成。自 1957 年马来西亚从英国独立后，执政联盟开始执政至今，巫统在国民阵线内部一直独大，马来西亚总理一直由巫统领袖担任。在其执政期间，巫统利用马来民族根深蒂固的种族政治，维护了马来民族的特权，而且推行各种政治经济和文化政策保护大多数马来人的利益。不过，巫统内部并不是铁板一块，内部矛盾和纷争一直存在，从而了削弱了执政联盟的实力。

20 世纪 80 年代以来，巫统曾经历过三次重大的党内分裂。第一次党内分裂发生在马哈蒂尔与东姑·拉扎利（Tengku Razaleigh）之间。1987 年 4 月党中央选举过程中，巫统内部出现重大分裂和斗争。前财政部部长、贸易和工业部部长东姑·拉扎利出面挑战时任巫统主席和政府总理的马哈蒂尔。最后，马哈蒂尔以 761 比 718 的优势获得了党主席职位。党选之后，马哈蒂尔迅速清除了中央政府和各级巫统中的反对派，拉扎利本人也被迫宣布辞职。但在随后的党选举上诉案中，巫统被宣判为非法组织并遭到取缔。马哈蒂尔不得不在 1988 年组建"新巫统"（The New United Malays National Organization），而拉扎利则组建了"四六精神党"，意指其才是真正发扬和继承 1946 年巫统精神的政党，并与反对党结成联盟，直到 1996 年才重返巫统。[①] 当时所有与拉扎利密切的商业集团都遭到严重冲击，造成了无法弥补的损失。

第二次党内分裂出现在马哈蒂尔与安瓦尔之间。其中，对巫统政治实力影响最大的是"安瓦尔事件"。1997 年肇始于泰国的亚洲金融危机席卷马来西亚，使其经济受到重创。时任马来西亚总理的马哈蒂尔与副总理安瓦尔对如何挽救本土经济产生重大分歧。同时伴随着东南亚各国政权的更迭，安瓦尔欲推翻马哈蒂尔取而代之的传闻甚嚣尘上。在 1998 年 9 月初，马哈蒂尔革职了安瓦尔，指责其不道德和腐败行为。安瓦尔则辩解说他下台实际是政治观念上的差异以及领导了一系列主张政治改革的示威活动。1998 年 9 月，马哈蒂尔以不道德行为为由将安瓦尔开除出党。随后，安瓦尔被捕，在监狱被殴打，并被指控腐败行为。1999 年 4 月，他被判 4 项贪污罪名并被判处 6 年监禁。2000 年 8 月，安瓦尔被判鸡奸罪并被判

---

① Harold Crouch, *Government & Society in Malaysia*, Cornell University Press, 1996, pp. 114 – 129; Gordon P. Means, *Malaysian Politics: the Second Generation*, Singapore: Oxford University Press, 1991, pp. 199 – 206.

处有期徒刑 9 年。安瓦尔的入狱引发了席卷整个马来西亚的声势浩大的"reformasi"（马来语"改革"）政治改革运动（马来西亚人称之为"烈火莫熄"运动），形成了一场反马哈蒂尔、反巫统的政治动员。广大马来族群众卷入这场斗争，并成为主导力量，从而给执政党带来极大压力，大大削弱了巫统的政治实力。

由于受到"reformasi"政治改革运动影响，巫统在 1999 年 11 月的大选中所得议席大量减少，从 94 席降至 72 席。不过，国阵还是获得了议会 3/4 的席位，保住了执政地位。而在野党联盟则收获颇丰，席位增至 42 席，回教党收获最大，得到 27 席，从而取代民主行动党领导反对党阵营（后者仅得 7 席），新兴的人民公正党则获得 5 席。在州政府方面，回教党不仅保住了吉兰丹政权，还夺下了丁加奴州政权。2008 年马来西亚大选中，安瓦尔率领由人民公正党、民主行动党和回教党三大反对党组成人民联盟，打破国阵 50 年独大局面，令其失去修宪所需的国会众议院 2/3 多数席位，并一举拿下马来西亚 5 个州政权。

第三次党内分裂出现在马哈蒂尔与巴达维之间。马哈蒂尔于 2003 年退位，将职位让给培植多年的副手巴达维。巴达维担任马来西亚总理后，在 2004 年的全国大选中，赢得有史以来最漂亮的选战，在当时总共 219 个国会议席中，夺下 199 席，并在 505 个州议席中，夺下 453 席。巴达维随后展开大刀阔斧的改革，许多改革触及了马哈蒂尔利益。例如，巴达维中止了许多马哈蒂尔时期计划推行的大型工程，其中包括马新大桥（连接该国与新加坡）和巴贡水坝；马哈蒂尔在任时的一些巨大的基础建设被巴达维削减了经费，一些政府控制的大公司被改革，而马哈蒂尔担任顾问的大汽车公司也在改革之列。这就使得两人发生冲突。2008 年 3 月马来西亚大选中，执政联盟遭受史无前例的大败。马哈蒂尔趁势要求巴达维辞职下台，为大选败绩负责，并指责巴达维贪污、搞裙带风及软弱，导致选民不满巫统主导的国阵，"我们从来没有过这么差的成绩，难道我们还要支持这些导致败选的人，让他们完全摧毁这个党？"巴达维拒绝下台，并公开批评马哈蒂尔"滥用政治势力，维护执政党"。① 两人关系进一步恶化，并最终造成巫统内部分裂为以两人为中心的派别。这就在一定程度

---

① 《马来西亚总理巴达维拒辞职，与马哈蒂尔骂战升级》，搜狐网（http：//news.sohu.com），2008 年 4 月 8 日。

上削弱了巴达维在政府和人民中的威信，最后被迫辞职。更严重的是，巫统党内高层的内部斗争严重损害了党的声誉，破坏了凝聚力，造成了内部精英成员流失，从而给反对党以可乘之机。实际上，"巫统的每一次分裂，都导致不少党内高级干部与党员流向反对党，同时也带走一大批政党支持者"。①

三　根深蒂固的腐败

官商勾结的政治腐败是导致马来西亚政治权力结构发生变化的另一重要原因。作为后发型国家，马来西亚是通过一党独大的威权政体实现经济高速增长，党国一体的体制发挥了重大作用。然而，在经济发展到中等偏上收入水平后，马来西亚继续沿用政府主导的经济增长模式，使得腐败问题、权力寻租等现象大量浮现，导致民众严重不满。

在马来西亚执政联盟中，巫统一党独大，党政官僚和商人政商分治的权力格局下，政治精英与经济精英相互依赖，相互利用，官商勾结与权钱交易遂成为常态。官员给予商人特权与庇护，商人让渡经济利益以为回报，双方沆瀣一气，共同瓜分社会经济利益。在马来西亚，存在一个"潜规则"：一方面巫统官员给予企业家诸多关照，另一方面企业家往往将公司的股份和董事职位作为回报给予关照自己的巫统官员之家人。② 公司职位蜕变为利益输送的工具，政商合谋攫取私人利益的操作几乎比比皆是，例子不胜枚举。

在新经济政策下，严重偏向于马来人的种族配额制度涉及银行贷款、营业执照、政府合同以及就业等经济活动的诸多方面，为寻租行为提供了大量机会，导致腐败成为常态。正如马来西亚前总理巴达维的一位政治秘书曾就马来西亚的政治体制评论说："模板本身就是腐败。"③ 更为严重的是，"巫统领袖、总理纳吉布涉嫌在担任国防部长期间参与法国军购，由于金钱回扣和利益分配问题，导致一名蒙古女翻译被保安杀害，其个人形象受到严重污损。2011年纳吉夫人罗斯玛又被指拥有2400万令吉的昂贵

---

① 陈家喜等：《马来西亚巫统的执政危机及其根源分析》，载《领导科学》2013年7月，第54页。

② ［美国］乔·史塔威尔：《亚洲教父：香港、东南亚的金钱和权力》，复旦大学出版社2011年版，第83页。

③ 同上书，第84页。

戒指，陷入争议漩涡。此外，在现任内阁当中，有3名巫统部长受到腐败指控，包括巫统妇女组主席莎丽扎、掌管回教事务的总理署部长贾米尔及财政部副部长阿旺阿迪。莎丽扎被指涉及国家养牛中心，涉嫌滥用2.5亿令吉政府低息贷款，贾米尔被控滥用回教义捐支付个人的律师费，阿旺阿迪则涉嫌收取商人捐款而卷入贪污丑闻"。①

由于一党独大，马来西亚国内缺乏对权力坚强有效的监督机制，腐败问题非常严重。国际组织"透明国际"（Transparency International）公布的2011年全球腐败印象指数排名中，马来西亚的腐败印象指数（CPI）仅为4.3，世界排名第60位，成为1995年以来排名最差的一次。就连当时的马来西亚总理署部长纳兹里·阿卜杜勒·阿齐兹也不得不承认，在反腐败方面，"马来西亚还有很多事情要做"。

与此同时，在2012年"透明国际"进行的商业行贿调查中，马来西亚得分也不高。该调查面向来自30个国家的3000名管理者，问及在过去的一年中是否曾因对手行贿而丢掉生意。在马来西亚，回答"是"的比例竟高达50%。"透明国际"马来西亚区主席保罗·刘表示，"该报告反映出马来西亚私营企业的普遍态度，表明公共部门的腐败已形成体系，并在某种意义上被制度化了"。②

政治腐败直接侵害了马来西亚的制度肌体，造成了制度的僵化。首先，商人在官员庇护下形成垄断势力，限制了市场的公平竞争和充分竞争，直接导致市场配置资源的效率受损。其次，受保护的商人一心巩固和扩大垄断利益，为此将大量资源投入勾结官员的活动中，资源的效用体现在利益的再分配而不是新价值的创造上，创新动力严重不足，社会总财富的"蛋糕"并没有做大。因此，政治腐败的毒素直接造成制度僵化，导致马来西亚人均收入水平长期徘徊不前，造成了人们对执政的权力集团的严重不满。

官商勾结对马来西亚的政治影响已经在大选中显现出来。在大选中，反对党紧紧抓住执政党的腐败和滥用职权行为，极大地削弱了执政党的形象，造成了选票的大量流失。例如，在2008年3月的马来西亚大选中，

---

① 陈家喜等：《马来西亚巫统的执政危机及其根源分析》，载《领导科学》2013年7月，第54页。

② 《马来西亚被评为商业腐败最严重国家》，环球网（http://world.huanqiu.com），2012年12月13日。

巫统及其联盟组成的国民阵线未能像以前一样赢得 2/3 以上议席。安瓦尔领导的反对党人民联盟不仅赢得 222 个议席中的 82 个，还掌控了马来西亚 13 个州中的 5 个，造成巨大的"政治海啸"。马来西亚媒体认为，反对党人民联盟的胜利显示马来西亚普通民众对马来西亚官商勾结造成的"金钱政治"的巨大厌恶和唾弃。根据马来西亚独立机构 Merdeka Center 的民意调查，巫统已经被视为腐败、脱离民众的代名词，甚至前总理马哈蒂尔也不否认这一观点。①

四　社会抗争

执政党联盟国民阵线的舞弊丑闻以及滥用权力，促使马来西亚各族民众发起了大量的社会抗争，维护自己的权益。除安瓦尔的"reformasi"政治改革运动之外，马来西亚的华人群体和印度人群体也进行了社会抗争运动。马来西亚学者潘永强认为，"自独立以来，马来西亚华人社群除了透过政党政治、利益游说等体制内方式从事政治参与和影响政策以外，也通过动员体制外力量，以社会运动的形式，试图介入政策制定过程"。② 与华人社会抗争相类，马来西亚印度人群体在 20 世纪末安瓦尔事件之后也掀起了族群抗争运动，"将自身的利益诉求融入马来西亚社会的民主诉求之中并得到巨大的社会支持"③。另外，2007 年 11 月，两万名印度人民众在吉隆坡游行示威，要求政府在教育和宗教方面消除对他们的歧视，则是另一个明显例证。④

除各种族的社会抗争行为之外，马来西亚还出现跨种族的社会抗争运动，最出名的是"净选盟"运动。该组织的全称是"干净与公平选举联盟"，是由马来西亚公民社会组织及政党组成的联盟，其前身是 2005 年 7 月成立的选举改革联合行动委员会，首要宗旨是推动马来西亚的选举制度和程序改革，以促进自由与公平选举，英文名称为"Bersih"。"净选盟"通过把执政党与在野党之间的斗争变成了"腐败制度"与"人民"的抗

① 参见 Merdeka Center 网站（http：//www. merdeka. org）。
② ［马来西亚］潘永强：《马来西亚华裔的社会运动（1957—2007）》，载《东南亚研究》2009 年第 3 期，第 84 页。
③ 阮金之：《民主转型环境下的当代马来西亚印度人族群抗争运动》，载《东南亚研究》2010 年第 2 期，第 64 页。
④ 《吉隆坡爆发近年最严重游行示威，警方全力制止》，搜狐网（http：//news. sohu. com），2007 年 11 月 25 日。

争，通过合法、民主的途径来改变社会。①

　　"净选盟"自成立以来，已发动三次大规模的群众和平集会。2007年11月10日，"净选盟"发动首次Bersih 1.0和平集会，旨在抗议现有选举制度的不公，即过分偏向于自马来西亚独立以来一直执政的国民阵线。不少论者认为此次集会对2008年大选产生了决定性影响，导致在野党第一次以非常接近的选票数量和执政党抗衡，虽然没有获得完全胜利，但在三个主要州的选举中获得胜利（槟城、霹雳、雪兰莪），使得马来西亚政治格局开始发生微妙转变。

　　2011年7月9日，"净选盟"发动第二次Bersih 2.0大集会。此次集会获得多个非政府组织的支持，人民联盟旗下三个政党（回教党、公正党、行动党）以及亲民联的社会主义党也一致响应集会，不同种族的公民都涌上街头要求选举廉洁和公正。11月11日，马来西亚政府短暂拘留了事实上的反对党领袖安瓦尔，以及其他的人权律师和十余名反对派领导人。

　　由于"净选盟"第二次集会所提出的八项选举改革诉求并未得到执政者的全盘落实，他们再度发动群众于2012年4月28日展开Bersih 3.0大集会。除了在吉隆坡的集会地点以外，4月28日当天在全马多个州都有声援"净选盟"诉求的集会活动，也得到旅居世界各地的马来西亚公民的支持，使得全球有35个国家85个地点的海外马来西亚人在这天声援吉隆坡的集会参与者。

　　"净选盟"组织的一系列社会集会，触发了马来西亚人公民参政意识的觉醒。这些集会以追求正义和公平为出发点，容易得到各族群认同与响应，从而达到超越种族政治的效果。马来西亚著名评论人陈亚才指出，"净选盟在2007年第一次举行大集会时，参与者以马来人为主，华人仅占10%左右，而且大部分是年轻人。去年7月9日第二次净选盟集会，华人占了约30%。今年4月28日的第三次集会，华人的比例上升至40%左右。这显示净选盟的诉求获得跨族群的认同与支持"。②

---

① 参见"净选盟"组织网站（http://bersih.org）。
② 《大马年轻一代公民意识觉醒，华人参与政治热情提升》，中国新闻网（http://www.chinanews.com），2012年11月22日。

五　新媒体的崛起

在马来西亚，国家媒体主要掌控在政府和执政联盟手里。2007 年马来西亚通讯及多媒体委员会甚至发布指令，所有私人电视台和广播电台必须停止广播反对党领导人的演讲。尽管马来西亚官方的意识形态鼓励"尊重多元宗教和多元文化社会"，但巫统"种族、宗教、民族"话语也作为非官方意识形态存在。两种意识形态"通常被用来加强一个保守的政治意识形态，就是以马来人为中心"。

不过，随着信息技术和互联网技术发展，新媒体开始在马来西亚大量涌现。由于马来西亚传统的主流媒体受政府及亲政府财团控制，民众难以得到足够政治信息，因此许多马来西亚人使用社交媒体来发出自己的声音。很多民众都会透过网络，如社交网站"脸书"（Facebook）、"推特"（Twitter）以及电子邮件等途径去交流政治信息，讨论政治议题。网络的热烈讨论引发来自各国的国际声援，从而给政府造成强大的政治压力。

例如，张醒宇通过分析 2011 年 7 月 9 日马来西亚"净选盟"的第二次集会，探讨了马来西亚民众如何应用新媒体作为工具形成反抗霸权的力量，并得出结论，新媒体在社会运动中有四大意义：一是替代性公共领域，成为民意的出口；二是情感动员，提供感知舆论和评论风险的依据，有助于实际动员；三是文化抵抗，强化年轻族群的认同；四是民族凝结，进行全球串联。①

事实上，从 2008 年大选之后，马来西亚 Facebook 和 Twitter 使用者的数量急剧上升。例如，Facebook 的使用者已经从 2008 年大选期间的 80 万人上升到目前的 1300 万人。近年来，一系列的独立新闻网站如 Malaysia-Kini 也开始出现，逐渐成为政治事件的披露者，并揭露政府舞弊和其他滥用职权行为等。社交媒体的广泛使用开始冲击传统的政治氛围，马来西亚的年轻人的政治意识开始觉醒，个人权利意识也逐渐高涨。

马来西亚人口约 2900 万，"根据追踪 Facebook 用户数据的网站 Socialbakers. com 统计，马来西亚的 Facebook 用户多达 1360 万人，占全国人

---

① 张醒宇：《新媒体在民主转型中的角色：以马来西亚为现场》，2012 年"中华传播学会年会"论文，http://ccsonline - conference. nccu. edu. tw。

口 48%，其中 29% 的用户年龄介于 25 岁至 34 岁"。①2013 年马来西亚的合格选民总人数约 1350 万人。由于在 2008 年大选中被反对党利用网络新媒体占据先机和优势，执政党在 2013 年大选开始前，就积极利用新媒体争取年轻选民，尤其是年轻网民的选票。

国民阵线的青年团为了与反对党争夺年轻网民选票，在大选期间专门培训了约 3000 人的"网络兵团"，在博客、推特（Twitter）与 Facebook 等网络上即时回应对执政党的各项指责。总理纳吉布也非常重视新媒体的作用，在 Facebook 中文"脸书"开通专页"阿 Jib 哥"及推特账号，还积极在视频网站 YouTube 马来西亚版上为国阵发布竞选广告。纳吉布 2013 年 2 月就声称 2013 年的大选将是"马来西亚第一次社交媒体选举"。其他国阵成员党领袖也纷纷效仿，开设脸书及推特账户，如巫统青年团团长凯利、马华青年团总团长魏家祥等，在网上展开宣传攻势，积极拉拢年轻选民。

马来西亚三大反对党民行党、人民公正党及伊斯兰党也不甘示弱，在此次大选中还是主打网络战，民行党甚至开办自家网络电视，现场直播重要政治讲座及群众大会。反对党领导人安瓦尔也有一个"阿华哥"中文脸书专页。② 而且，"反对党利用新媒体在选举中吸引了很多年轻选民。有一段花费仅 200 林吉特的视频在网络广泛传播：一名家庭妇女面对越来越脏的衣服（暗指国家政治），发愁用'国阵'（即执政党）牌的洗涤剂怎么也洗不干净，换了'民联'（即反对党）牌洗涤剂后，肮脏的衣服马上干净了，飘出'公正、民主、廉洁'的字符"③。

马来西亚执政党和反对党争相利用新媒体，这种趋势在将来可能进一步扩大。新媒体将在马来西亚的大选中发挥越来越大的作用。

第三节　马来西亚政治权力集团演变的前景

尽管马来西亚正在经历着政治权力结构的缓慢演变，但问题是：未来将如何演变？马来西亚的各种政治权力集团又将如何应对这种趋势？

---

① 庄礼伟：《马来西亚大选展望：威权的末路》，载《南方都市报》2013 年 5 月 3 日。
② 《面簿、推特、Youtube 全面开打，马国大选网络战升级》，［新加坡］联合早报网（ht-tp://www.zaobao.com），2013 年 4 月 28 日。
③ 《东南亚警惕新媒体"威胁"》，载《环球时报》2013 年 7 月 31 日。

一 超越族群政治

族群政治是马来西亚政治的鲜明特点。长期以来，马来西亚各政党一般都建立在族群基础之上，并以维护族群利益为宗旨。从 1955—1969 年各族群政党的权力协商，到后来巫统主导权力霸权，都具有浓重的族群政治色彩。不过，随着马来西亚经济、政治和社会发展，族群牌似乎不再是一切。

毫无疑问，过去 50 年马来西亚政治权力结构相对稳定，但是政府和执政联盟等力量交织在一起构成的党国同质，造成了大量的贪污腐化和权力滥用。21 世纪以来，马来西亚民众对政府缺乏透明、腐败，以及对执政联盟收买选票和欺骗选民的不满在上升，支持反对联盟的情绪在高涨。事实上，政府和执政联盟的舞弊和滥权现象，已促成了马来西亚各族群的政治醒觉，逐步形成超越传统族群政治的大联合。

除了跨族群的社会运动，跨族群的公民参与也在上升。在刚刚结束的第十三次马来西亚大选中，除执政的国民阵线（BN）和反对党人民联盟（PR）激烈较量之外，还有各族群普通公民参与的上升。许多普通公民通过不同渠道以不同的方式积极主动参与。2013 年 5 月 5 日参与投票的选民数量也许反映了这种转变趋势。根据马来西亚选举委员会统计，85% 的合格选民参与投票选举国家议会席位，86% 的合格选民参与投票选举州议会席位。这是马来西亚历次大选中最高的投票率。许多人称之为"人民的选举"。

在马来西亚，族群牌似乎不再是一切。在最近的马来西亚大选中，执政的国民阵线获得 222 个议席中的 133 个，但对反对联盟来说也是一个胜利。这一切表明在城市化和马来人主导统治之下，以族群为基础的马来西亚政治似乎正在崩溃。执政联盟中的最大党巫统的权力目前主要是基于庇护和对政府的控制机制，而不再是马来人的忠诚。大选之后出现的大规模抗议选举舞弊浪潮，反映了各族群选民的愤怒。

毫无疑问，大选存在着舞弊问题，尽管没有充分的证据表明可以推翻选举结果。在此次大选中，反对党联盟获得 53% 的选票，但是却仅仅获得 40% 的席位。执政联盟每一个议席获得的选票是 39400 张，而反对联盟则是 63200 张。由于极端的反城市偏见和对选区相对大小规则的取消，最大的选区拥有的选民数量可能是最小选区的 9 倍。在此基础上，再考虑到激烈竞争席位的数量，那么反对党联盟也许要获得至少 58% 的选票才能赢得多数席位。这种选区设置最初的目的是减少以华人为主的政党民主行动党的席位，其势力在城市非常强大，但现在的目的也是为防止混居且以马来人占多数的城市化的卫星城镇和郊区。

最明显的例证就是环绕吉隆坡的雪兰莪州，其选民超过 10 万人，但却仅有 9 个席位。这种对所有族群城市选民选举权利的大规模剥夺，使族群在大选过程中不再是突出的政治问题。这对族群和谐是好消息，但对执政联盟中的巫统却是坏消息。而且，随着人口增长和城市化进程，这种情况可能更加突出。因此，执政联盟可能不得不进行选举改革，避免进一步激怒所有族群的选民。

诚然，上述事实并不意味着族群政治在马来西亚已经终结，仅表明族群政治的影响在逐渐减弱。2013 年 5 月 5 日的大选是自马来西亚 1957 年脱离英国殖民统治获得独立以来最激烈的一次选举。选举中，约占 1/4 的华人选票从国阵大量流向反对党人民联盟（民联），总共约有 80% 的华人倾向支持反对党。大选中执政联盟其他成员党溃败的结果可能会让巫统领导人意识到，未来应该专注于争取马来选民的支持，而不是满足非马来人及非土著的要求，从而进一步巩固族群路线。

大选结果揭晓后，马来西亚总理纳吉布召开记者会，声称这是"华人海啸"，把矛头指向华人。马来西亚前总理马哈蒂尔更是认为这要归咎于"忘恩负义"的华人选民和一些"贪婪"的马来选民。因此，在未来一段时期内，族群政治还将在马来西亚发挥重要作用，多元民主政治的未来发展道路依然是荆棘满途。

二　政党轮替

1957 年独立以来，马来西亚主要政党巫统就和其他政党组成执政联盟。通过族群政治，牢牢控制政权。执政联盟能够取得历次的选举成功，关键在于快速的经济增长和铁腕的政治控制相结合。然而，近年来执政联盟国民阵线的权力开始弱化，尤其是 2008 年有史以来最差的一次选举之后。反对党获得了超过 1/3 的国会席位并控制了 13 个州的 4 个。而且，三个最具竞争力的反对党人民公正党、伊斯兰党和民主行动党组成的反对党联盟的实力正在逐步上升，未来有可能分庭抗礼。

反对党联盟人民联盟能否取代执政联盟国民阵线从而实现政党轮替，

取决于诸多因素。但是，不可否认的是，巫统内部充满了纷争与不和。纳吉布的主要批评者，以前总理马哈蒂尔为首，指责他对华人做出太多的让步，却没有获得足够的选票回报。不过，对于马哈蒂尔而言，族群牌仍然是强有力的武器。然而相比其前任，纳吉布已经开始意识到时代的变化。他将自己定位成一个具有改革意识的领导人，更关注年轻化、城市化的中产阶级的态度和看法。他实施了大量的经济自由化措施，放松了严格的国家安全法律、新闻检查制度以及对大学的限制。纳吉布试图通过"一个马来西亚"的口号来强调民族团结而不是族群分裂。当然，对大量的马来农民而言，族群牌尤其是保留马来人和穆斯林的特权，仍然具有吸引力。而华人选民和城市马来人则更关注经济议题而不是族群议题。马来西亚政府需要从内部改变政策，将国家作为一个整体，而不是推行偏袒马来人的族群分裂政策。

主要参考文献

一　学术论文

曹云华：《民主、政党与经济发展——以印尼为例》，载李文主编《东亚：政党政治与政治参与》，世界知识出版社 2007 年版。

陈家喜等：《马来西亚巫统的执政危机及其根源分析》，载《领导科学》2013 年 7 月。

陈尚懋：《塔克辛执政前后的泰国政商关系》，载台湾《问题与研究》2008 年第 47 卷第 2 期。

龚勋：《爪哇传统的"家""国"观与印尼现代精英政治的嬗变》，载《东南亚研究》1993 年第 Z1 期。

郭惠琳：《马来西亚陷入"中等收入陷阱"的原因和政策应对》，载《亚太经济》2012 年第 5 期。

洪德律：《1987 年以后政府与财阀关系的变化》，载《经济与社会》，1996 年夏季号。

何新华：《机运与局限：发展型威权政体的政治合法性》，载《东南亚研究》2005 年第 2 期。

黄阿玲：《苏哈托执政的成就与问题》，载《东南亚研究》1990 年第 2 期。

漓源：《苏哈托：一个富可敌国的腐败家族》，载《经济世界》1998 年第 11 期。

阮金之：《民主转型环境下的当代马来西亚印度人族群抗争运动》，载《东南亚研究》2010 年第 2 期。

王虎：《马来中产阶级与马来西亚非政府组织关系探讨》，载《南洋问题研究》2008 年第 4 期。

王宇：《中产阶级突围马来西亚改革困境》，载《新华月报》2013 年第 14 期。

王子昌：《集团博弈与公共利益——以马来西亚政治为例的研究》，载《东南亚研究》2002 年第 3 期。

许利平：《印尼和马来西亚民主化进程中的伊斯兰因素》，载李文主编《东亚：宪政与民主》，中国社会科学出版社 2005 年版。

许利平：《印度尼西亚的多元民主改革及前景》，载《南洋问题研究》2011 年第 1 期。

杨元庆：《马来西亚发展面临的挑战》，载《中央社会主义学院学报》2012 年第 2 期。

张锡镇：《印尼民主转型和民主化软着陆》，载李文主编《东亚：宪政与民主》，中国社会科学出版社 2005 年版。

张应龙：《马来西亚国民阵线的组成与华人政党的分化》，载《华侨华人历史研究》2002 年第 2 期。

曾铮：《马来西亚应对"中等收入陷阱"的经验和启示》，载《中国市场》2010 年第 46 期。

周方冶：《全球化进程中泰国的发展道路选择——"充足经济"哲学的理论、实践与借鉴》，载《东南亚研究》2008 年第 6 期。

周方冶：《泰国政治格局转型中的利益冲突与城乡分化》，载《亚非纵横》2008 年第 6 期。

周方冶：《泰国政治权力结构调整的动力、路径与困境》，载《东南亚研究》2011 年第 2 期。

周方冶：《政治转型中的制度因素：泰国选举制度改革研究》，载《南洋问题研究》2011 年第 3 期。

周方冶、郭静：《东亚外源型现代化国家政治发展的动力与路径》，载《探索》2012 年第 2 期。

周方冶：《泰国政治转型中的政商关系演化：过程、条件与前景》，载《东南亚研究》2012 年第 3 期。

［韩国］曹显然：《韩国的民主主义与军部垄断的解体过程研究》，载［韩国］《动向与展望》2005 年第 69 号。

［韩国］崔韩秀：《剖析"三星共和国"》，载［韩国］《文化科学》2005 年第 43 号。

［韩国］姜成九：《关于民主化过程中韩国军部退出政治的研究：以金泳三政府的军队改革为中心》，硕士学位论文，韩国外国语大学，2001 年。

［韩国］金光植：《韩国军部脱政治化过程研究》，博士学位论文，高丽大学，1998 年。

［韩国］李炳天：《反共开发独裁与突飞猛进的产业化："汉江奇迹"及其两难境地》，载［韩国］参与连带《光复 60 周年研讨会资料集》，2005 年。

［韩国］李光日：《"民主化以后"意识形态及知识垄断结构的变化》，载《民主化以后民主主义的复合型矛盾及危机》，圣公会大学民主主义与社会运动研究所，2006 年。

［韩国］李宗宝：《民主主义体制下资本对国家的控制》，博士学位论文，圣公会大学，2010 年。

［韩国］李宗载：《全国企业家联合会与青瓦台的权力游戏》，载［韩国］《话月刊》1991 年 7 月号。

［韩国］朴鲁英：《新自由主义的全球化与韩国财阀体制及劳动体制改革》，载［韩国］《社会科学研究》2002 年第 13 辑。

［韩国］孙浩哲：《韩国民主化 20 年：成果和局限性及危机》，载成均馆大学东亚地区研究所《面临危机的东亚民主主义》，2007 年。

［韩国］徐昌宁：《韩国政治的监护人与受惠者关系：第 5 共和国"一心会"关系网研究》，硕士学位论文，首尔大学，1993 年。

［韩国］徐冠模：《有关韩国军部精英退役后民间经历的研究》，硕士学位论文，首尔大学，1982 年。

［韩国］徐景教：《有关军部退出政治的比绞研究：以泰国、菲律宾、韩国为例》，载［韩国］《韩国政治学会报》1993 年第 27 辑第 3 号。

［韩国］赵熙然：《87 年体制的转折性危机与民主改革》，载［韩国］参与连带《光复 60 周年研讨会资料集》，2005 年。

［韩国］张英姬：《李健熙的受难时代》，载［韩国］《时事杂志》2005 年第 8 期。

［马来西亚］潘永强：《马来西亚华裔的社会运动（1957—2007）》，载《东南亚研究》2009 年第 3 期。

［马来西亚］张醒宇：《新媒体在民主转型中的角色：以马来西亚为现

场》，2012 年"中华传播学会年会"论文。

［印尼］里扎尔·苏克玛：《印尼的伊斯兰教、民主与对外政策》，载《东南亚研究》2009 年第 6 期。

Anek Laothamatas, "Sleeping Giant Awakens: The Middle Class in Thai Politics", *Asian Review*, Vol. 7, 1993.

Chai – anan Samudavanija, "Thailand: A Stable Semi – democracy", in L. Diamond, J. J. Linz and S. M. Lipset eds., *Democracy in Developing Countries: Asia*, Volume 3, London: Adamantine Press, 1989.

Chang – Hee Nam, "South Korea's Big Business Clientelism in Democratic Reform", *Asian Survey*, 1995, April, Vol. XXXV, No. 4.

Pasuk Phongpaichit and Chris Baker, "Chao Sua, Chao Pho, Chao Thi: Lords of Thailand's Transition", in Ruth McVey ed., *Money and Power in Provincial Thailand*, Nordic Institute of Asian Studies, NIAS Publishing, 2000.

Ted L. McDorman, "The 1991 Constitution of Thailand", *Pacific Rim Law & Policy Journal*, 1995, Vol. 3, No. 2.

二　学术著作

曹中屏、张琏瑰等编著：《当代韩国史》，南开大学出版社 2006 年版。

陈鸿瑜：《政治发展理论》，吉林出版集团 2009 年版。

丛日云：《当代世界的民主化浪潮》，天津人民出版社 1999 年版。

范若兰：《伊斯兰教与东南亚现代化进程》，中国社会科学出版社 2009 年版。

房宁等：《自由·威权·多元：东亚政治发展研究报告》，社会科学文献出版社 2011 年版。

郭定平：《韩国政治转型研究》，中国社会科学出版社 2000 年版。

韩锋：《泰国经济的腾飞》，鹭江出版社 1995 年版。

贺圣达、王文良、何平：《战后东南亚历史发展》，云南大学出版社 1995 年版。

李文等：《东亚社会运动》，社会科学文献出版社 2009 年版。

梁志明主编：《东亚的历史巨变与重新崛起：东亚现代化进程研究》，香港社会科学出版社有限公司 2004 年版。

廖小健：《战后马来西亚族群关系：华人与马来人关系研究》，暨南大学出版社 2012 年版。

林震：《东亚政治发展比较研究：以台湾地区和韩国为例》，九州出版社 2011 年版。

刘宏：《中国—东南亚学：理论建构·互动模式·个案分析》，中国社会科学出版社 2000 年版。

刘洪钟：《韩国赶超经济中的财阀制度研究》，光明日报出版社 2010 年版。

刘志杰：《泰国总理塔信传奇》，世界知识出版社 2005 年版。

骆沙舟、吴崇伯：《当代各国政治体制——东南亚诸国》，兰州大学出版社 1998 年版。

罗荣渠：《各国现代化比较研究》，陕西人民出版社 1993 年版。

潘一宁：《国际因素与当代东南亚国家政治发展》，中国社会科学出版社 2004 年版。

任一雄：《东亚模式中的威权政治：泰国个案研究》，北京大学出版社 2002 年版。

孙振玉：《马来西亚的马来人与华人及其关系研究》，甘肃民族出版社 2008 年版。

王振锁等：《日本政治民主化进程研究》，上海三联书店 2011 年版。

温北炎、郑一省：《后苏哈托时代的印度尼西亚》，世界知识出版社 2006 年版。

燕继荣主编：《发展政治学：政治发展研究的概念与理论》，北京大学出版社 2006 年版。

张锡镇：《当代东南亚政治》，广西人民出版社 1995 年版。

张蕴岭：《亚太地区发展报告（2000）》，社会科学文献出版社 2001 年版。

张蕴岭、孙士海：《亚太地区发展报告（2002）》，社会科学文献出版社 2003 年版。

朱振明：《泰国：独特的君主立宪制国家》，香港城市大学出版社 2006 年版。

周方冶：《王权·威权·金权：泰国政治现代化进程》，社会科学文献出版社 2011 年版。

［澳大利亚］米尔顿·奥斯本：《东南亚史》，商务印书馆 2012 年版。

［澳大利亚］约翰·芬斯顿主编：《东南亚政府与政治》，北京大学出版社

2007 年版。

［韩国］安清市等编：《转换期的韩国民主主义：1987—1992》，首尔：法文社 1994 年版。

［韩国］财务部、产业银行编：《韩国引进外资 30 年史》，1993 年。

［韩国］曹东成：《韩国财阀》，首尔：每日经济报社 1997 年版。

［韩国］参与连带：《三星人际关系网调查》，2005 年。

［韩国］崔长集：《民主化以后的民主主义》，首尔：人文科学出版社 2002 年版。

［韩国］崔长集：《民主化以后的民主主义》（修订版），首尔：人文科学出版社 2005 年版。

［韩国］大韩商工会议所：《韩国经济 20 年回顾与反省》，1982 年。

［韩国］东亚日报特别采访组编：《失去的五年》，首尔：东亚日报社 1999 年版。

［韩国］公报处：《第 6 共和国实录：卢泰愚总统政府五年》，1992 年。

［韩国］韩熔源：《韩国的军部政治》，首尔：大旺社 1993 年版。

［韩国］金成焕等编著：《19 世纪 60 年代》，首尔：肥田社 1984 年版。

［韩国］金载洪：《文民时代的军部与权力》，首尔：罗南出版社 1993 年版。

［韩国］经济企划院编：《经济白皮书》，1972 年。

［韩国］经济企划院：《贸易白皮书》，1984 年。

［韩国］李汉彬：《社会变动与行政》，首尔：博英社 1983 年版。

［韩国］柳寅鹤：《解剖韩国财阀》，首尔：草光社 1991 年版。

［韩国］民主化运动纪念事业会：《民主化运动年表》，2006 年。

［韩国］朴世吉：《重写韩国现代史 2》，首尔：石枕社 1994 年版。

［韩国］朴正熙：《我们国家的道路》，华夏出版社 1988 年版。

［韩国］申珏澈等编：《韩国经济百年史》，首尔：经济评论社 1982 年版。

［韩国］首尔经济新闻特别采访组编：《韩国要员网络谱系与派阀源流》，首尔：《韩国日报》，1993 年。

［韩国］杨成哲：《韩国政府论：历代政权高层行政精英研究（1948—1993）》，首尔：博英社 1994 年版。

［韩国］郑周永：《有挫折但未失败》，首尔：第三企划出版社 1991 年版。

［加拿大］诺曼·赫伯特：《日本维新史》，吉林出版集团有限责任公司

2007 年版。

［美国］ 哈罗德・D. 拉斯韦尔：《政治学：谁得到什么？何时和如何得到？》，商务印书馆 1992 年版。

［美国］ 亨廷顿：《第三波——20 世纪后期民主化浪潮》，上海三联书店 1998 年版。

［美国］ 霍华德・威亚尔达：《新兴国家的政治发展——第三世界还存在吗》，北京大学出版社 2005 年版。

［美国］ 詹姆斯・L. 麦克莱恩：《日本史（1600—2000）》，海南出版社 2009 年版。

［美国］ 科恩：《论民主》，商务印书馆 1994 年版。

［美国］ 乔・史塔威尔：《亚洲教父：香港、东南亚的金钱和权力》，复旦大学出版社 2011 年版。

［苏联］ 格・伊・米尔斯基：《第三世界：社会、政权和军队》，商务印书馆 1980 年版。

［日本］ 安世舟：《漂流的日本政治》，社会科学文献出版社 2011 年版。

［日本］ 坂本太郎：《日本史》，中国社会科学出版社 2008 年版。

［日本］ 富森睿儿：《战后日本保守党史》，上海译文出版社 1984 年版。

［日本］ 井上清：《日本军国主义》第二册，商务印书馆 1985 年版。

［日本］ 井上清、铃木正四：《日本近代史》，商务印书馆 1972 年版。

［日本］ 升味准之辅：《日本政治史》，商务印书馆 1997 年版。

［日本］ 田中角荣：《我的履历书》，商务印书馆 1972 年版。

［日本］ 小山弘健、清水慎三：《日本社会党史》，上海人民出版社 1973 年版。

［日本］ 正村公宏：《战后日本经济政治史》，上海人民出版社 1991 年版。

［泰国］ 朗讪・塔纳蓬潘：《泰国经济政策的决策机制：历史与政治经济学分析（1932—1987 年）》，曼谷：经理人出版社 1996 年版。

［泰国］ 萨穆德・苏拉卡伽：《泰国的 26 次革命与政变（1546 年—1964 年）》，曼谷：媒体印刷出版社 1964 年版。

［新西兰］ 尼古拉斯・塔林主编：《剑桥东南亚史 II》，云南人民出版社 2003 年版。

A. Lijphart, *Democracy in Plural Societies*：*A Comparative Explorations*, New Haven, Yale University Press, 1977.

Anek Laothamatas, *Business Associations and the New Political Economy of Thailand*: *From Bureaucratic Polity to liberal Corporatism*, Boulder, Col.: Westview Press, 1992.

Barry Wain, *Malaysian Maverick*: *Mahathir Mohamad in Turbulent Times*, Palgrave Macmillan, 2012.

David A. Wilson, *The United States and the Future of Thailand*, New York, NY: Praeger Publishers, 1970.

David K. Wyatt, *Thailand*: *A Short History*, 2nd Edition, Yale University Press, 2003.

David M. Engel, *Code and Custom in a Thai Provincial Court*: *The Interaction of Formal and Informal Systems of Justice*, Published for the Association for Asian Studies by the University of Arizona Press, 1978.

Edmund Terence Gomez and Jomo K. S. , *Malaysia's Political Economy*: *Politics*, *Patronage and Profits*, Cambridge University Press, 1999.

Fred W. Riggs, *Thailand*: *The Modernization of a Bureaucratic Polity*, Honolulu: The East – West Center Press, 1966.

Gordon P. Means, *Malaysian Politics*: *the Second Generation*, Singapore: Oxford University Press, 1991.

Harold Crouch, *Government & Society in Malaysia*, Cornell University Press, 1996.

In – Won Hwang, *Personalized Politics*: *The Malaysian State Under Mahathir*, Singapore Institute of Southeast Asian Studies, 2003.

Thak Chaloemtiarana, *Thailand*: *The Politics of Despotic Paternalism*, Southeast Asia Program Publications, Cornell University, Ithaca, New York, 2007.

Vidhu Verma, *Malaysia*: *State and Civil Society in Transition*, Lynne Rienner Publishers, 2002.

World Bank, *World Development Report* 2006: *Equity and Development*, World Bank and Oxford University Press, 2006.

后　记

从 2008 年在房宁教授倡议下参与东亚政治发展比较研究以来，转眼已过 7 年。在研究过程中，我们感受最深的就是目前国内政治比较学科面临的发展困境，一是缺乏规范化和系统化的国别积累，二是缺乏可操作的中国理论范式。

学科建设的万丈高楼平地起，首先要解决基础建材问题，否则就是空中楼阁。政治比较研究的基础建材是国别积累。亨廷顿等西方知名学者的重要成果，无一例外都是建立在扎实可信的第一手国别资料基础之上。反观国内，由于科研条件所限，多数学者都很少有机会走出国门调研，更多是依靠二手甚至三手资料研究，普遍存在滞后性与片面性问题。

其次要有可靠的设计图纸，否则就可能盖出危楼，甚至根本盖不成楼。政治学研究从来不存在价值中立，简单照搬西方理论范式的取巧做法，将很难满足中国发展的客观需要。欧美国家的政治学派之争，很大程度上折射出国家利益的话语权竞争。反观国内，长期以来学习西方的思维惯性，使得不少学者以积极融入西方话语体系为目标，缺乏理论创新的信心与气魄。

面对两大现实难题，我们在开展东亚政治发展比较研究的时候，始终强调国别问题专家与政治理论学者密切合作，积极构建交叉学科的优势互补，努力整合政治比较研究的可信素材与有效范式。2012 年中国社会科学院启动创新工程建设，进一步为交叉学科的跨机构协同创新提供了制度保证。作为中国社会科学院亚太与全球战略研究院及政治学研究所的联合研究成果，本书在立项与撰写的过程中得到了各方面的关心与帮助，部分阶段性成果在《南洋问题研究》《东南亚研究》《新视野》《探索》等核心期刊发表，得到业界同行积极回应，为我们进一步完善研究工作提供了很多建设性的意见与建议，特此表示诚挚感谢！

　　本书从构思到成稿前后跨越 4 年，最初的想法源于本人在撰写《王权·威权·金权：泰国政治现代化进程》一书的过程中对政治权力集团的观察与思考，之后通过与郭静博士的学术争论与思辨，共同完善了东亚政治发展的权力结构模型，并得到了房宁教授、韩锋教授、李文教授、朴键一教授、许利平教授等领导与同事的指点和帮助，从而为后续研究奠定了坚实基础，特此深表感谢！

　　本书是各位学者通力合作的成果，具体分工如下：第一章绪论由本人与郭静（中国社会科学院政治学研究所副研究员）撰写；第二章日本由周石丹（中国社会科学院政治学研究所博士）撰写；第三章韩国由李永春（中国社会科学院亚太与全球战略研究院博士）撰写；第四章印度尼西亚由唐慧（解放军外国语学院印尼语教授）撰写；第五章泰国由本人撰写；第六章马来西亚由郭继光（中国社会科学院亚太与全球战略研究院博士）撰写；全书由本人与郭静统稿。由于成稿时间较紧，行文难免有所疏漏，万望诸位方家不吝赐教指正！特别感谢中国社会科学出版社重大项目出版中心王茵主任在本书编辑出版过程中的支持与帮助！

　　随着"一带一路"建设成为我国中长期发展战略，如何更好地理解和把握周边国家的政局走势与政治态势，开始成为政界与商界的迫切需求。值此大势，中国政治比较研究当有大发展，吾辈学者当有大作为。本书权且抛砖引玉，愿与诸君共勉，为中国政治比较研究的繁荣与发展添砖加瓦！

周方冶

2015 年 10 月 10 日于北京苹果园